汉语教学谈

——南开对外汉语教学及管理文集

石　锋　施向东　主编

南开大学出版社

天　津

图书在版编目(CIP)数据

汉语教学谈：南开对外汉语教学及管理文集 / 石锋，
施向东主编. —天津：南开大学出版社，2009.3
ISBN 978-7-310-03106-1

Ⅰ.汉… Ⅱ.①石…②施… Ⅲ.①对外汉语教学－教学
研究－文集②对外汉语教学－教学管理－文集 Ⅳ.
H195-53

中国版本图书馆 CIP 数据核字(2009)第 028458 号

南开大学出版社出版发行
出版人：肖占鹏
地址：天津市南开区卫津路 94 号 邮政编码：300071
营销部电话：(022)23508339 23500755
营销部传真：(022)23508542 邮购部电话：(022)23502200
*
河北省迁安万隆印刷有限责任公司印刷
全国各地新华书店经销
*
2009 年 3 月第 1 版 2009 年 3 月第 1 次印刷
787×960 毫米 16 开本 23.625 印张 2 插页 389 千字
定价：50.00 元

如遇图书印装质量问题，请与本社营销部联系调换，电话：(022)23507125

目　录

南开模式

石　锋
施向东

南开汉语教学新模式的探索

一、探索汉语教学新模式的概况

南开大学汉语言文化学院自从 2004 年开始，经过三年的时间，进行了新的汉语教学模式的实验和探索。

学院首先在零起点的基础班开始实验新的模式，我们称为实验班。开始一句汉语也不会讲的学生在新模式下经过一个学期的汉语学习，可以流利地用汉语讲话，能够通顺地用中文写文章。实验班的学生大部分取得了汉语水平考试的三级成绩，一小部分取得了四级成绩，还有少数同学甚至达到五级水平。实验班取得了很大的成功。

基础班的实验成功以后，我们逐步提高新模式实验班的层级，在一、二年级汉语言专业的留学本科生和初中级汉语进修生中间依次向上延伸。每个学期增加一个层级，到目前已经在基础一级、基础二级、一年级上（初级一）、一年级下（初级二）、二年级上（中级一）、二年级下（中级二）共六个层级中间全面实行了新模式的汉语教学。学院的课堂面貌有了很大改进，取得了良好的教学效果。

我们的新的汉语教学模式，是基于以学生为中心，以教师为主导的教学理念，以最大限度地调动学生学习主动性、促进学生语言能力的发展，从而提高学习效能为目的，在教学管理、教学方法、教材使用、测试方式等各个方面进行的全面改革。新的汉语教学模式提倡教师系统性地教学，鼓励学生全方位地学习，我们将其命名为"系统型、全方位的汉语教学模式——南开教学模式"。

二、南开教学模式的四个来源

南开汉语教学新模式的形成是学院长期致力于教学质量的提高，开展国内外的教学研究的交流，不断努力进取所获得的成果。新模式有四个方面的源头。

1. 南开五十多年对外汉语教学丰富经验的总结和发展。南开大学是新中国最早接收留学生学习汉语和最早派出教师赴国外进行汉语教学的先驱学校之一。南开对外汉语教学有五十多年的历史，特别是改革开放以来得到全面发展。几代南开人在这个领域挥洒下汗水，付出了心血，积累了经验，作出了贡献。南开成为国家对外汉语教学和研究基地。这是南开新模式的最重要的基础。

2. 南开—爱大合作项目教学管理模式近十年成功运作的启发和示范。日本爱知大学跟南开合作进行汉语现地教学，每年约两百名学生到南开学习汉语五个月。单独进行管理，单独组织教学，在分班、课程、教材、考勤、实习、测试等各个方面都有细致周密的计划和安排，受到教师和学生的欢迎，成为融教学和管理为一体的南开—爱大模式。到现在这个模式在南开已经成功运作十年，实际上已经为我们进一步在全学院建立新的教学和管理相结合的汉语教学模式提供了一个初步的示范。

3. 对国外欧美主流学校汉语教学模式的学习和借鉴。我们跟美国哈佛大学、哥伦比亚大学、威斯康星大学、普林斯顿大学等有着很好的交流和联系。学院有多名教师曾在美国和欧洲担任汉语教师，对于欧美主流学校的汉语教学模式非常熟悉，很有经验，很有热情，从而成为我们根据南开实际探索新的教学模式的先头部队、骨干教师、中坚力量，在南开模式的建立过程中，功不可没。

4. 近年来对外汉语教学事业迅速发展的实际需要。到南开学习汉语的留学本科生和进修生近年来越来越多，成倍增加，为此学院也补充了一批新教师。新的教学模式可以促进新老教师共同备课、彼此听课、互相交流、统一管理，保证教学水平稳步上升。在对外汉语教学的新形势下要继续保持南开多年来高质量的汉语教学的声誉，采用新的教学模式势在必行。

三、新模式的几种新做法

南开汉语教学新模式的主要做法分为几个方面，包括组织管理、教学安排、教材整合、测试评估等。下面分别说明。

（一）组织管理的四个制度

主任教师制

我们在每一个教学层级设立一名主任教师，负责整个层级的教师配备、课程安排，主持集体备课，协调教学进度，检查教学质量。根据学生人数，一个层级可以分为几个大班，一个大班再分成两三个小班。主任教师负责组织管理所有大班和小班的老师。

集体备课制

新模式要求同一个层级使用统一的教学计划，统一进度，统一要求，统一测试，所以必须集体备课。同一个层级所有的大小班教师在一起备课，一般每周进行 1~2 次。备课会议的主要内容有：

a. 交流总结本周教学情况：问题反馈、对应措施等；

b. 修订下周大班和小班的教学计划；

c. 落实教学计划中的各项材料（作业、小考、补充训练等）；

d. 准备小班课：教学重点难点、操练方法、辅助手段、时间分配等；

e. 教学研讨：针对教学问题商议对策；

f. 整理周考勤成绩档案。

此外，学院建设了网上教学平台——教学在线，供老师们及时交流教学信息，如每次课后学生掌握知识的情况、作业的情况、发现的问题等等。有的层级还设立了公共信箱，教师之间能够及时交流情况。

教师轮换制

在同一个层级里，大班教师轮换给每个班上课，小班教师也轮换给每个班上课，大班教师有时候也上小班课。教师轮换的目的是：使学生接触所有的老师，增加他们的目的语国语境的实现度；平衡各个大班小班的教和学的水平、活跃课堂气氛；轮换也是对每一位教师教学水平和工作责任心等方面的检验，有利于教师之间互相促进和互相交流，共同致力于教学质量的提高。

培训上岗制

新模式对于大多数教师都是新的，我们对所有进入这一模式教学的教学人员都要求经过岗前培训。学院设有培训部，负责对他们进行培训。我们除了请本校本院的优秀教师介绍经验外，还聘请海外的客座教授、讲座教授进行培训。一些短期班对教学有类似的要求，我们也利用这些短期班的岗前培训，训练我们的教师。此外，我们还利用与美国明德学院的合作，派出教师和研究生参加明德学院的暑期教学工作，同时学习国外的教学组织和教学方法。

（二）教学安排

新教学模式最重要之处就是把教和学作为一个系统，通过精讲多练，使学生全方位地掌握知识。

1．大班导入

大班小班有不同的分工。大班课导入重点词语、语言点等方面内容，进行精讲；小班课对重点内容反复操练。大班以老师讲为主，让学生充分理解，但是也要有20%的时间让学生练习。

2．小班操练

小班则以学生练习为主，让学生充分掌握所学知识，练习要占80%的时间。小班人数少，使得每个人在课堂上都有实践练习的机会，更便于因材施教、师生交流，让学生愉快地学习。

3．听说读写全面发展

新模式整合了听说读写互相分离的几门课程，使学生在课上有大量时间练习。以基础班为例，每节课有大量的课上练习，每天有作业（包括汉字、词汇、完成句子、完成对话、阅读理解），每周2~3页的复习题（大约100题），一个学期共7~9次周考试、7~9次口头报告、7~9次作文、2次口语考试、15次补充阅读。这样就全面提高了他们听说读写的能力。

4．提倡使用生词卡片、图片和课件

通过"教学在线"平台和网上公共信箱，公布课程重要语言点的讲义，建立学生总档案，包括考勤、成绩、作业、课堂表现等，实行对同一层级学生的统一管理。

由于课上学生开口时间大大增加，老师对学生的了解增多，实行教师轮换，使每个教师能接触到本层级的每个学生，集体备课又使教师所掌握的学生情况得以交流，所以新模式使教师对学生的管理加强了，教师可随时掌握学生的情况，增强了教学的针对性。

（三）教材的改革和使用

1．整合教材

配合各课型的统合，教材也相应地进行整合，原先按技能分课型的教材往往不能很好配套。每本教材各出各的生词，致使生词量比较大，但复现率很低。语法点的安排也是难以协调统一：有些语法点各门课都讲，但是讲的深浅角度不同，学生无所适从；有些语法点各门课都不讲，给学生的学习造成不便。整合过程中，将相应的课组成一个单元，每个单元作为一个整体，统一进行教学设计和教学安排。对教材内容进行合理取舍，避免重复，避免分歧，既节省了时间，又提高了效果。对于语法点，根据教材内容选出要讲练的部分，按照这些语法点的难易度及相关性加以调整，安排到教学过程当中，排序不再受课型限制。对于生词和词语，选出那些常用、搭配性强的词语安排练习。根据一个单元的内容安排口语练习的内容，并且和听力练习结合起来进行听与说的综合训练。写作方面则是安排与单元主题相关的内容进行练习。

2．编制教师用书和学生练习册

配合教材，我们还整理出教师手册和学生练习册。制作了一系列的教学辅助材料，生词卡片、图片、课件等。这些教学资源既是本层级的共享资源，也是学院的共享资源。新来的老师很快就可以利用它们熟悉教学，避免了重复劳动。

（四）测试和评估

新教学模式加强了对学生的测试和评估。

1．实行阶段考试

以教学单元为基准实行阶段考试，一学期有4～5次阶段考试，学期成绩为各阶段考试的平均值，改变了将期末一次考试作为衡定学生成绩标准的做法，促使学生平时就很重视学习的过程，及时进行预习、复习，改进了日常的教学。

2. 课堂测试

按照新模式，几乎每天的大课都有小测验，两周就有一次小考，这样教师随时都能对学生掌握教学要求的情况做到心中有数。

3. 作业和讲评

每天的作业，由大班老师布置，小班老师收交和判分，并通过网络平台和公共信箱登录成绩，交换有关作业情况的信息，使轮换接替的老师及时了解学生对课程要求的掌握程度，便于讲评和把握讲课内容以及后续练习的分寸。

四、师生对于新教学模式的反映

1. 学生方面

通过问卷调查，88%的学生对大小班、教师轮换这种形式持正面的评价，74%的学生对进行大剂量的操练持肯定态度，81%的学生对先写作文、老师批改后进行口头报告的方式给予肯定，81%的学生欢迎课堂上使用生词卡。采用新模式后，教学质量全面提高。以基础班（零起点班）为例，通过一个学期的教学，学生普遍能够流利地进行口语表达，与他人交流没有障碍，能写500字左右的短文。许多人要求下一个学期跳过初级班，升入中级班学习，还有些学生要求直接升入高级班学习。

2. 教师方面

通过问卷调查，教师反映，新教学模式是把语言技能教学引向科学规范的有益探索，有系统、有成效；在提高学生水平的同时，也提高了教师的综合素质，使教师能胜任不同课型的教学。教师们认为新模式的计划性强，安排科学、合理；集体备课的形式很好，效率很高，有针对性；备课材料都非常宝贵，可以资源共享；集体讨论加深了对教材的理解，对语言点和词语的把握更准确，上课时可以更加有的放矢。

通过三年来的试验探索，我们已经培训出一批适应这种新模式的优秀的主任教师和一支优秀的教师队伍，其中包括一批年轻的教师和研究生。

南开大学汉语言文化学院实行这种新的教学模式以来，在留学生中引起了良好的反响，比如在韩国的一些网站上，就有"学汉语，到南开"的说法。韩国外国语大学孟柱亿教授将这种新模式称赞为"南开模式"。

五、前景

对于新教学模式的探索，我们学院内部也经历了一个艰苦的认识过程。目前已经基本上达成了共识，在全院初中级汉语技能课程中实行了新模式的教学改制。其实，新的模式是一种开放的形式，对于不同级别的学生完全可以有不同的方法和安排。我们鼓励教师在新的教学模式中发挥积极性和主动性，创出自己个人的讲课风格和教学特色。实际上，这种新模式给教师带来的好处更为明显，经过勤奋努力的实践，很多年轻的老师在短时间内就成为了教学的骨干力量。

我们的新教学模式仍然在探索和改进之中，还有不少问题需要积极恰当地解决：教学管理的方法需要进一步完善，教学和教材的研讨需要进一步改进，教学计划和教学规范需要进一步加强，新教师培训工作需要寻求更合理更高效的方法。随着工作的进展还会有一些新问题不断出现，等待我们妥善处理。在这些方面还要下大力气，花大工夫，才能使新模式的优点充分展现出来。

我们过去所做的事情只是一个开头，只是一个起点。万事开头难，我们要准备在以后的道路上迎接更大的困难，使南开汉语教学新模式成为一个不断发展不断完善的过程。我们希望能够尽力搞好南开的对外汉语教学和研究基地，为汉语更快走向世界作出一份贡献。

关　键　　# 初级班教学改革的实践

多年以来，我们进行对外汉语教学的模式基本只有一种，按语言技能分课型。最基本的课型包括精读、口语、听力，这三种课型从初级到高级都有。从中级开始再增加新的课型，如阅读、写作、视听说、报刊阅读，等等。这种教学模式取得了不小的成绩，培养出了大量的汉语学习者。

但这种教学模式存在着一些不足，最主要的问题是各课型各自为政，学生操练不足，而且负担重。主要表现为以下三点：

1. 技能课分课型的教材多不能很好配套。虽然有些教材在主题上有一定的相关性，但词语、语法等缺少配合。每门课各出各的生词，生词量都比较大，且复现率低。语法点的安排不尽协调统一：有些语法点每门课都讲，但有时讲解不同，学生无所适从；有些语法点每门课都不讲，学生不清楚这个语法点的用法。

2. 按技能分课型，初衷是分项训练各种语言技能。但实际是分而不清，每种课型都要讲练词语、语法，专项技能的训练并不突出，各技能课无大区别。按周 20 课时安排，精读课 8～10 节，口语 6～8 节，听力 4 节。口语课、听力课大多时间在处理生词和语法，与精读课相似。真正的口语及听力训练的时间所占比例很低，学生操练不够。加之听力课连续两节课，即便都在听，学生也不可能一直集中精神，很难达到理想的效果。多年来，口语课、听力课是学生意见比较大的课。

3. 各课型之间难度协调不够，有的课过于简单，有的课过于复杂，有的课过易，有的课过难。

其实，各种语言技能无法截然分开，特别是初级阶段，哪种类型的课都要有听，听老师的，听其他同学的；也都要有说，练习所学的词语、语法，回答问题；课文都离不开读；作业都离不开写。技能课并不是只有某一项语言技能操练，口语课也要听，听力课也要说。按语言技能分课型并不是一种理想的教学模式。

自 2005 年 9 月起，我们在初级（下）这个层次进行了为期一年的教学改革实验。这种教学改革，总的来说是改变原有按精读、口语、听力、阅读、写作等语言技能分课型的模式，改为综合课与操练课的教学模式。

我们对现有的精读、口语、听力等不同课型的教材进行整合，将相应的课组成一个单元。每个单元作为一个整体，统一进行教学设计和教学安排。具体从以下六方面进行：

1. 语法点，选出要讲练的部分，分到不同的教学日中，排序不再受课型限制，而是根据这些语法点的难易度及相关性进行安排。

2. 词语，选出那些常用、搭配性强的词语。

3. 口语练习不仅限于口语课本，根据一个单元的内容安排口语练习的内容。

4. 听力练习按难易度及时间分成不同的部分。

5. 设计与单元主题相关的写作练习。

6. 补充阅读材料及阅读训练。

在这个过程中，教师集体备课，分工合作。大家一起讨论确定该课的课程进度、计划和教学。主要包括以下六个部分：

1. 语法点和词语在该课讲练到什么程度，难点是什么，如何处理这些难点。最重要的是讨论怎么练习，用什么样的方法。

2. 课文的大纲，用哪些问题检查学生。

3. 口语练习的话题，要求使用哪些词语及语法，进行哪项交际练习。重要的是教师如何在课堂上组织练习。

4. 听力练习中的难点及补充练习。

5. 写作的题目，词语、语法点的使用要求。

6. 怎样进行阅读训练。

在教学中，根据综合课及操练课的不同的目的和特点，进行学生人数上的调整。综合课为大班课，学生人数相对多些；操练课为小班课，学生人数相对较少。

综合课进行课文理解、语法点讲练与词语讲练。通过问答式方法检查学生对课文的理解，带出重点讲练词语，词语的意义、用法及搭配都在精心设计的问题中进行。每天的词语在 10 个左右。语法点每天有 3 个，在一定的语境中，使学生初步了解该语法点的语法结构要求及使用语境。另外还有从课文引发出的话题的讨论、补充阅读，等等。

操练课主要进行语法点、听力和口语的练习。语法点是综合课上已讲练过的，在操练课上进行更大量的操练，语境更为丰富、多样，练习的句子更多。学生在一定的语境中操练运用语法点，通过这样的操练，巩固综合课上所学。听力练习每天 15 分钟左右，对于较难的表达式，通过补充练习使学生理解掌握。口语练习有按照功能项目进行的交际性练习，也有与课文内容相关的话题讨论和调查报告等，所有口语练习的项目都在教学计划中，要求学生课前作准备。

这样的教学改革受到教师和学生的肯定。教师们普遍认为这种教学模式统一计划，统一安排，有针对性，重点突出，操练充分。听力、口语操练分散到每一天，量大、到位，词语、语法点复现率高。学生现在每学期、每一单元都有统一的计划和安排，练习的时间多了，课上开口率增加，进步显著。特别是听力，每天进行 15 分钟的听力练习，比一周两次，一次两节课收获大，听力水平提高得很快。

我们的教学改革虽取得了一定成绩，但还存在着一定的困难。一是教材，二是教师。现在还没有适应这种教学模式的教材，改造现有教材有诸多掣肘之处，亟待编写出高质量的教材。这种教学模式课堂训练量大，要求教师改变观念，变过去的"怎么讲"为现在的"怎么练"，能掌握并熟练运用多种操练的方法，这对教师提出了更高的要求，亟需尽快培训出更多的能胜任的教师。

梁晓萍　　　**随风潜入夜，润物细无声**

——论初级一阶段实验班整合教学中文化因素的应用

　　语言与文化是不可分割的、互相依存的共生体，人类语言一经产生，便积淀着文化的内容，沾染了文化的色彩，成为文化的载体和文化发展的基础。在语言教学中，相信大家都有这样的共识：语言的学习离不开对语言潜在的文化背景和语言中丰富的文化内容的理解，语言的教学离不开文化的教学，语言习得与文化习得是不可分割的。

　　围绕着在对外汉语教学中如何进行文化教学这个问题，学界也曾经进行过广泛的探讨，出现过四种不同的观点，即"文化导入说"、"文化揭示说"、"文化融合说"和"文化语言有机化合说"。剥离了对这些新名词的阐释，我认为这些观点都集中讨论了一个共同的问题，即在对外汉语教学中如何处理文化教学的内容。

　　长期以来，人们似乎认为文化教学是中、高级汉语教学的任务，与初级汉语教学无涉，这就使我们的汉语教学形成了这样一个局面：低年级集中进行语言技能教学，中高年级集中进行文化教学，二者并不同步。结合自己近年在初级一阶段实验班教学中的实际体会，我认为对语言习得者来说，坚持语言习得与文化习得的同步，在掌握第二语言的过程中往往具有事半功倍的效果。

实验班进行集精读、口语、听力为一体的整合教学（扩而广之，整个初级阶段的汉语教学也如此），虽然由于学生汉语水平的限制不可能以独立的文化课样式进行文化知识的传授，但这一阶段注重文化因素的导入对汉语习得者来说具有更重要的启蒙意义，有助于语言习得和文化习得的同步进行。就这一问题，本文着重从汉语言文字的特性、语言习得者的习得方式、语言的得体性、成段表达能力的提高四方面对我们的做法作一简单的介绍。

一、汉语言文字的特性与汉字文化的导入

过去，我院主要面对的是日韩学生，欧美学生、东南亚学生较少，汉字教学的问题不太突出。近几年，不仅欧美学生多了，日韩学生中不熟悉汉字的学生人数也有明显增加。我从 2004 年开始一直担任初级班的教学，一个明显的感觉是对汉字有隔膜的情况相当严重，甚至可以说有汉语学习障碍的学生基本上都在汉字习得上存在相当大的问题。因此，实验班的整合教学应该把汉字教学视为首要任务，在学期初集中对汉字文化作一些介绍。

汉字是中国文化的传播媒介，作为一种表意文字，汉字中体现着中华民族的传统思维方式和审美观点，掌握一定的汉字知识，有助于帮助学生记住汉字，避免一些常见的书写错误，甚至可以帮助学生理解字意和词意。比如，学生常因分不清"宀"和"穴"、"礻"和"衤"、"目"和"日"等而写出错别字，这些错误的形成，不仅仅是因为注意力不集中、马虎大意，更重要的是因为学生不清楚这些偏旁部首之间的区别。在教学中，我们有意识地利用图片将象形、指事、会意、形声的知识介绍给学生，提醒学生按部首记忆汉字而非按笔画记忆，注意各部首偏旁的区别和不同的意义，学生不仅对这部分知识表现出浓厚的兴趣，而且在作业中出现错别字的机率也降低了。

在学生刚进入初级一阶段时，有计划、有步骤地进行汉字知识的介绍，可以帮助学生逐步掌握汉字书写、表达的一般规律，为日后的学习打下良好的基础，对需要度过文化震荡期、打破文化隔膜的欧美学生来说显得更为重要。

二、语言习得者的习得方式与词汇教学

语言习得是一种循序渐进、逐步领悟的过程，第二语言的习得由于习得者为成年

人，因此在这一过程中又介入了从母语到目的语、从已有文化向未知文化的转移和推断。进入初级班的第二语言习得者，正处在从知之甚少到知之渐多的阶段，这种迁移更为明显、突出。他们在学习词汇这种语言的外在形式和表层意义时，也常常伴随着对语言文化背景的思索和探寻，常常会依照自身的知识结构，将习得的相对稳定而笼统化的语言，从一般到个别，推广而之。而在这一"学以致用"的过程中，难免会因为语境差异、文化差异、情感差异等发生种种问题，带来文化的碰撞和交流。

比如，在我院编排的汉语课本中出现了相当多的夫妻称谓，如"老公"与"老婆"、"丈夫"与"妻子"、"先生"与"太太""爱人"等，学生在学习过程中就产生了可不可以随便用的疑问。有的同学就提出了以下问题："老师们常常说'爱人'，不说'老公、老婆'，这是为什么？""我的房东总说'对象'，这是什么意思？"甚至有的韩国学生直接把汉语中的"爱人"和韩语中的同音词等同起来，将"爱人"视为男女朋友和夫妻的统称。学生的问题，常常与一些中国现代社会的人际交往问题以及当地文化有关，一般最先集中反映在称谓语上，这也是他们在日常生活中交际需要的一种反映，毕竟称谓是在跟中国人交往的过程中首先要面对的问题。

再如在"ABB"式形容词重叠后缀的教学中，出现了"红扑扑"、"美滋滋"、"阴沉沉"、"乱哄哄"等词汇。这些词汇对学生来说，一来记忆困难，二来不知为什么要用这些词，三来不知怎么运用这些词，所以学生学习的积极性不高。事实上，这一部分词汇恰恰反映了中华民族善于具象思维的特点。可是依照学生的汉语程度，教师不可能用"形象"、"逼真"、"生动"之类的词作出解释。经过几次试验，我们在教学中用提供典型图片的办法让学生去体会"脸很红"与"红扑扑的脸"、"交通很乱"与"乱哄哄的交通"有何不同，学生很容易就理解了，而且觉得这些词很有意思、很好玩儿，课下也很喜欢运用这些词汇来开玩笑，表达自己对事物的强烈感觉。

学生在词汇教学中产生的疑惑常常看起来简单，解释起来却不那么容易。例如形容词重叠后缀的教学在初级一阶段并非教学重点，面对学生的疑问我们也完全可以置之不理，但这么做无异于放过一个进行文化教学的好机会。我们认为初级阶段的学生正处在对汉语似会非会的阶段，学习积极性最高，学习自主性最强，对一切都充满了好奇心，也正因为他们对汉语的一切还比较陌生，所以对文化差异的反应更敏感，从中得到的印象也最深刻。此时如果处理得当，会引发学生对文化学习和汉语学习的强烈兴趣，显然比在日后的中高级阶段学习中集中介绍相关的中国文化效果来得更好。因此，在初级汉语的教学中，我觉得教师应该善于抓住上述时机，有计划、有步骤地介绍一些相关的文化内容，激发学生的学习兴趣，使语言习得和文化习得得以同步进行。

三、语言的得体性与语法及口语教学

众所周知，语言是一种交际工具，交际活动不仅是语言的交流，也包蕴着文化心理的交流，语言的得体性正如王希杰先生在《修辞学通论》中指出的那样，指"语言能够在各种场合中都持之以节"。由是观之，语言的得体性对母语习得者来说也是具有相当难度的，对第二语言习得者而言其难度也就更毋庸置疑了。虽然语言的得体性是连教师都难以达到的目标，但这并不意味着在汉语教学中失去了关注这一问题的必要。因为教师如果能从初级阶段就有意识地引导学生留意语言的得体性，也许能更好地解决学生在中高级阶段汉语水平难以达到"中高级"的问题。

我们常常说习得地道的第二语言对成人来说相当难，这不单单是指成人在语言习得过程中容易产生语音、语法的负迁移，其实更重要的是母语文化的迁移。成人语言习得者不像儿童习得母语那样从个别的、具体的、特定的情境中下意识地习得语言，而是有意识地利用已有的语言素材对某一情境产生反映，语言的得体性问题也就更为突出。比较常见的例子有大家熟知的"问候语"中"吃饭了吗"的老问题，在我们的教学中碰到的其他例子也不少，这里估且举两例：

例 1：在课堂教学中，我们曾经做过一个"其实"的完成句子练习："他看起来很年轻，其实……"。学生无一例外地回答"其实年纪大了"。这样回答语法完全正确，乍看之下完全没有问题，但细细思量，显然没有"其实年纪不小了"来得好。初级阶段的学生如果对中国人说话委婉的心理有一定的了解，显然有可能说出后一种更为得体的句子。在我们提醒学生"不要太直接了"，"考虑一下听话人心里会怎么想"之后，类似的情况比以前少多了。

例 2：口语课本中讲到中国人在面对赞美时喜欢表示谦虚，说"哪里哪里"、"不敢当"、"你过奖了"之类话语，而不会说"谢谢"。学生马上提出置疑："我很少听到中国人这么说"；"我的中国朋友在我说她漂亮时，她说'谢谢'"。这里面就涉及了文化变迁的问题。也就是说，近二十年来由于受到西方文化的影响，我们的文化也并非铁板一块，在老年人中当面对赞美时表示谦虚也许还比较常见，但在年轻人中表示坦然接受的则更多。口语由于使用者的年龄层次不同、文化心理不同、表达方式各异，在教学中不能大而化之、笼而统之，有必要对学生作出解释。

诸如此类的问题还有一些，虽然我们不可能从根本上解决语言的得体性问题，但在语言教学中引领学生注意说话者的心理，考虑语言运用的文化背景，对避免语言的不得体性是有一定效用的。从初级阶段就注意这一问题，可以培养学生形成良好的语言习惯，在使用汉语进行交际时能有意识地筛选出适合当时场合、情境与身份的语言，并从中体验和领悟中国人特有的文化心理，提高他们的汉文化适应能力。

四、成段表达能力的提高与篇章教学

现存的一种比较普遍的看法是，语言习得的中高级阶段是培养成段表达能力的合适时机，初级阶段教学不管是在书面表达方面还是口头表达方面，似乎都更应该侧重从字到词、从词到单句的教学。我认为这种看法是值得商榷的。从实验班的教学实践来看，因为进行的是集精读、口语、听力于一体的整合教学，如果在教学中注重文化因素的教学，将三本书的内容有效融合在一起，能帮助学生较快地实现从句到篇的过渡。

我们的具体做法是：在实验班的教学中注重课文的篇章分析，注重《精读》、《口语》、《听力》三本书的配合，每一单元学习结束之后，都要帮助学生作主题总结，从三本书中提炼出一个共同的话题来，导入文化的内容。如果现有的篇章跟我们的教学意图不能完全匹配，就自己动笔用学生已掌握的词汇编写补充阅读材料，组织学生观看内容相关的电影，运用图片加深学生对这一问题的理解，引导学生对中国文化产生浓厚的兴趣。每个学期我们都会带领学生关注的问题有中国的传统节日、中国的特色饮食、中国的交通问题、中国的环境问题、中国的住房问题、中国的独生子女问题、中国的农村问题、中国的高考与教育问题、送礼的讲究、中国的家庭结构、中国人的名字、中国的改革开放、中国人的休闲方式等。学生对这些话题比较感兴趣，在口语课上能围绕这些问题运用所学的词语和语法展开讨论。另一个有趣的现象是，我们在教学实践中发现，对文化问题产生高度兴趣的学生往往汉语水平提高得相当快，口头表达能力和书面表达能力都比较突出。

由是观之，初级一阶段的学生虽然掌握的语言材料有限，但只要教学措施得当，仍可说出和写出成段的句群；并且学生在产生了解中国文化的需求之后，在教师的鼓励之下，往往也是乐于应用不复杂的句型，说出内容相对丰富的语段来满足自己的表达欲望的。这种做法不仅会帮助学生从学习中获得成就感，而且会形成学生进一步学习汉语的良好动因。

最后，需要指出的是，初级一阶段的文化教学不同于中高级阶段，它的具体表现形式不应是文字式的知识灌输，而应是以图片、声像、表演、编写适合学生汉语程度的相关文化小短文等方式进行的因势利导和借题发挥，是渗透在汉字、词汇、语法、篇章教学等各个教学环节之中的，通过"随风潜入夜，润物细无声"的方式进行的，与语言教学紧密结合在一起的一个有机体。在初级阶段的汉语整合教学中，教师首先要有一个鲜明的文化意识，意识到语言习得与文化习得的同步性与不可分割性，并将这一信息传递给语言习得者；其次是应该善于发现那些相异的文化涵盖符号，通过鲜活的方式将其渗透、揭示给学生；再次，教师应该注意通过文化因素的导入提高学生的学习兴趣，培养学生良好的学习习惯，为中高级的学习打下坚实的基础，这样他们日后才能真正地学会并能尽量得体地运用汉语，而不是只掌握汉语的标准符号。

刘　平　　# 教学改革：内容重于形式

——中级汉语教学模式改革回顾

我国的对外汉语教学，即汉语作为第二语言教学，近十年里有了突飞猛进的发展，教学的规模，留学生的人数，教学的手段、方法以及教师队伍与教材建设等各项工作，都呈现出了蓬勃发展之势。与此同时，国际汉语推广活动也大步走向世界，孔子学院如雨后春笋般在世界各地一个个地建立起来。这一切表明我们的国力在日益增强，已有能力把汉语及汉文化的传播与普及活动作为我们国家民族的大事来做。

对外汉语教学是国际汉语推广工作的一部分，也是重中之重，这项工作在新形势下给我们提出了新的任务和要求，促使我们不断向更高的标准发展，不断吸取国外新的外语教学理论和方法。为了更好地适应汉语热在全球的迅速升温，我们本学期进行了中级汉语教学模式的改革尝试。本文想就改革实践作一个回顾，并提出几点自己的看法，为改革的进一步深入提供一些经验。

一、新模式的建立

南开大学作为国家对外汉语教学基地，具有教学领先地位，几年前就开始进行了各种教学改革尝试，如今取得了一些成果和经验，其中最突出的一项就是教学模式的转换。新的教学模式在一定范围内替换了传统的教学模式，这种新型的教学方式在国内对外汉语教学界独树一帜，它借鉴了美国汉语教学的整套方法，以国外外语教学理论为指导，采取一体化教学管理，对学生进行大量的技能训练，以期在尽可能短的时间内使学生在语言能力上有大的提高。

这套模式最初的实施对象是汉语基础水平的学习者，在此基础上逐渐向高一层次扩展，本学期在中级水平铺开。具体做法和形式是：针对这一层次的教学对象进行教学组织，摒弃以往一个教师一个班的单兵作战方法，将承担这个层次所有语言技能课教学任务的教师组成一个小组，形成一个团体，统筹调配。其特色之一是制定统一的教学计划，排课、上课、讲授语言点、操练、测试以及教学实践等都是统一步骤、统筹安排，教学内容和进度完全相同；特色之二是教师实行轮换教学，在教学计划一定的情况下，以一个教学单位或单元作周期，一个教学小班该一阶段的教学任务由若干个老师共同完成，老师进行互动式教学，大量应用模仿式、问答式教学技巧，提高学生的开口率；特色之三是集体备课，教师们定期一起备课，共同选取语言点，确定操练方式，共同编写所需的操练导语及例句。除此以外在学生的教学管理细节上也是全体教师分工合作，协作完成，比如考勤管理、成绩管理、作业批改、试卷编写等，称得上是一个群策群力的集体行动。

在整个的教学活动中，教师各有分工，各负其责，各有侧重。作为教学组组长责任尤其重大，工作量比传统教学模式增加了很多，除了担任正常的教学任务以外，还要考虑全盘，避免疏漏，及时调整和解决教学中的各种问题，可以说是教学活动良性运转的关键。

二、新模式的优势评估

1. 教师的使用合理

新模式的教学实施采用的是大小班授课形式，学生被划分出若干个大班和小班，小班是从大班中拆分出来的，因此大班的学生人数相对较多；大班课侧重普讲知识点、语法点，作适当的操练；小班则围绕大班所讲内容选取其中重点结构内容，根据制定好的训练计划，进行有针对性的强化操练，不出现新的知识。由于大小班的教学任务不同，对大小班教师的要求也不同，大班一般指派教学经验丰富、教学效果较好的老师负责，小班老师要求可放宽，适合年轻、活泼、反应快的教师担任。这样的教师组合比较合理，比起原来将学生平均分班，教师任务等同要求来，具有明显的优势：可以把力量均衡搭配，既可以节省专业师资，又可以带动新教师尽快进入较好的教学状态，对新教师是一个实战磨练，避免由于教师不足引起的教学质量下滑、课堂教学各自为政、教学效果不平均的现象，特别是在汉语热的今天，这种模式可以缓解专业教师严重不足的问题。

2. 教学内容明确统一

这种模式的教学要求把所有听说读写教材打通，利用大班课将涉及的语言点集中讲深、讲透，然后在小班课上分别进行操练。对学生来说，所学和所练的知识是那些提前可以预知的内容，从学到练目的明确，从感知到记忆有一个明显的过程，改变了过去分课型教学时，教材不成系统、内容重复或毫不相关的情况，学生可以集中精力理解和学习重点知识，摆脱了由于课型单立、分散或重复讲解可能带来的学习负担，因此和传统的分课型教学比较，这是一个明显的优点。

3. 教学资源共享

通过集体备课，把有关教学材料的准备工作分派给每位老师去做，包括课件、操练材料、作业、练习、小考、试卷等。这些工作在传统式教学模式下都由任课老师一人承担，如果一个层次有几个教师，大家需要做同样的工作，客观上是一种资源的浪费；而集体备课的好处是可以资源共享，避免重复劳动，一人一次的准备工作，可供几位老师使用，既可以发挥不同教师的经验和创造力，使教学材料丰富多彩、各具风格，也可以使教师的劳动成果得到充分的利用，而且教学进行到第二轮，可以大大减少备课的工作量，并可根据第一轮教学的经验对材料进行完善、补充和调整，从而形成一套完备的教学成果，这对教师对学生都是非常有益的。

4. 技能操练充分

新模式将讲练两个环节分开，给了学生更多消化体会新知识的时间。学生在大班课上感知和认识到的新知识，通过小班课的反复操练，记忆得到了强化，加速了语言技能巩固和内化的过程，比起以往在一堂课上随讲随练更符合语言习得的规律，这是语言教学的一个进步。

三、实践引发的思考

1. 课堂课件使用的利与弊

新模式提倡使用课件，我们中级大班课将每堂课要讲解的内容都制作成课件，这样做的结果是成倍地增加了课堂信息量，提高了学生学习的效率，给学生提供了可视材料，便于其进一步复习，给教师组织教学也提供了方便，特别是一些可以通过直观理解的语言点，在图片、动画、色彩等多项刺激下，非常便于学生掌握，学生反映良好。不过事物总是具有两面性，教学中还是存在着一些问题值得我们思考：形式上的效果是否掩盖了学生掌握语言技能的实质效果？现代科技手段的使用使学生的主动输出语言被被动输入代替，因为精美的课件把学生的注意力都吸引住了，干扰了他们与教师间的互动，减弱了教师与学生之间的亲和力，学生对教师的依赖转而变成了对课件的依赖，他们关注教师各种表情和体态语言少了，而是忙于抄写课件上的内容，与教师的呼应变得不那么流畅。可见高科技既带给我们方便，也不可避免地带来不足，这应该引起我们的重视。如何利用好现代技术，也是我们教学改革的内容，要使课件的应用既达到辅助教学的目的，又不影响学生课堂注意力，使学生和老师之间继续保持一个良性关系，否则教师的作用就被减弱。

2. 怎样提高学生在课堂教学中的自主性

新教学模式的训练方法所依据的教学法理论是 20 世纪 40 年代的听说法，强调的是把语言作为一种习惯来习得，从行为主义理论出发训练学习者的语言技能，因此模仿和反复操练是语言教学的基本要领。对于初级水平的学生，这种方法是十分奏效的。在语音语调及词语掌握都非常不熟练的情况下，大量的模仿练习可以增强学生的语感，带动他们开口说话，能够用目的语表达，即使是模仿，对学生也是一个激励，可以刺激他们学习的积极性；而中级水平的情况不一样，在这个阶段的教学技巧应该有很大的不同，因为这些学生大部分人至少都有超过 800 学时以上的汉语学习经历，日常表达基本过关，对他们来说，能够更加完美准确地应用语言，特别是学会用自己的方式表达个性化的愿望，才是他们最希望学习的，单纯的模仿是不够的，特别是采取合唱的方式去学习教材或教师给出的语言形式或例句，对他们来说不啻是浪费时间。我们认为中级汉语的教学还采取行为主义的操练法是行不通的，至少效果不佳。严格说来，这个问题跟采取什么教学模式无关，无论采取什么样的教学模式都应该对这个课题深入研究，要研究怎样把篇章学习的技巧应用于中级汉语教学的环节中去，体现语言的丰富多样性，这是提高中级汉语教学水平的根本，如果我们的改革只在形式上改变了，而内容没有改变，则很难说这个改革是成功的，因此要真正在这个科研课题上下功夫，解决好这个问题才称得上是真正具有实践意义的改革。

3. 学生习得过程的情感因素

心理语言学研究证明，学习者学习过程中的情感因素对学习的效果是有影响的，虽然有一部分是个体本身的因素，但学习的环境、教师的态度、同学间的相互关系等都可能对学生的认知方式和习得效果产生影响，而这些是要在一个和谐的课堂环境中建立的，这一点每一位教师都是有体会的。新模式采取教师轮换、课件使用等方式，能给学生一个多变的语言环境刺激，增加学生语言输入的途径。但老师对学生的了解、学生对老师的依赖和信任度相对要减弱一些，与此同时教师没有自己固定的学生，责任心也相对弱一些，现代的语言教学非常关注学习者的习得过程，所以我们需要作一些深入调查，考察一下学生的实际情况，使我们的教学更贴近学生的要求，符合他们的愿望。

4. 教学管理中的协调问题

一体化管理的优点是主要的，但也不可避免地存在某些不足，主要表现在必须预先对教学对象和教学内容非常熟悉，对每一个阶段的计划和安排都要恰当合理，否则在教学过程中可能会出现衔接上的问题，一旦出现这样的问题就将打乱教学安排。这些问题主要是由于教学条件的限制，不能做到大小班之间及时交流，相信随着我们改革的深入、教学条件的进一步改善，这些问题都会迎刃而解。

教学改革无论何时都是大势所趋，最初阶段会有一些不适应和不习惯，但一切成功都在于我们的坚持。从长远的观点出发，形势要求我们这样做，我们应该学会改变，改变旧的模式的同时也改变自己，要把注意力集中在怎样使教学为学生服务上，只有这样才能使我们不在原有的水平上止步不前，从而跟上汉语教学走向世界的脚步，也只有这样才能使汉语作为外语教学得到更大的发展。

汉语基础班教学试验的新模式

李 伟

从 2004 年 9 月至今，我们在基础班进行了 5 个学期的教学试验。现在基础班已经形成了较为成熟的教学模式，具有固定的教学计划和相对固定的教学流程，同时也具有较为丰富完整的教学材料。作为一个具有系统型特征的教学模式，基础班的教学模式对于提高教学质量是十分有益的。而提高教学质量也是这次教学试验的主要目的。同时，我们对于基础班的学生和老师进行了调查。下面是根据我们调查的结果对于我们的教学试验的思考和总结。

一、基础试验班在提高教学质量方面的工作

1."操练"意识对于提高教学水平是至关重要的

"精讲多练"是对外汉语教学的原则。然而如何把握"讲"和"练"的比例，以及"练"的原则和方法却很少有比较科学的论述。很多汉语教师在课堂上缺乏"练"的环节，或者有这一环节效果却不明显，我们认为，原因在于没有明确"练"的性质和缺乏"练"的意识。这里讲的"练"，我们认为不是一般意义上的"练习"，而是对于语言点的"操练"。操练是指运用多种方法让学生尽可能快地熟练掌握并可熟练应用所学的语法点。我们认为操练最重要的特征是具有交际性。操练的意识对于提高教学水平

是至关重要的。

2. 大量的操练和练习是提高学生汉语水平的关键

（1）基础班一个学期学生的练习量：每天有大量的课上操练，每天作业（包括汉字、词汇、完成句子、完成对话、阅读理解），每周2~3页复习题（大概100题），共7~9次周考试，7~9次口头报告，7~9次作文，2次口语考试，15次补充阅读。

（2）教学内容是反复操练的，周考试不单是为了检测学生的水平，还要达到让学生反复操练的目的。大班小班每天上新课之前都有复习时间，学生用每周的复习题复习准备周考试，两周考一次，每次临考之前学生还要复习两周之内的复习题，然后考一次，最后老师批改后学生再看一次。这样每周的重要语法点最少保证学生复习4~5次。

3. 系统科学的教学材料是提高教学质量的保证

基础班的教学材料包括教学计划、周计划、讲义、作业纸、考题、复习纸、补充阅读纸、听写纸。一个学期的材料和要求是整齐划一的，这样省去了很多解释时间。通过这些材料，师生之间可以互相监督，在较大程度上能保证教学质量。

4. 基础试验班在师资培训方面的工作

（1）小班课是一门独立的课。

兼职教师和新教师在试验班大部分都承担小班课的教学工作，但是在基础试验班，小班课是一门独立的课，它的90分钟的课堂教学包含复习的时间、语音和汉字训练的时间、语法操练的时间、课本练习的时间、领读课文的时间。内容非常丰富，而每天的教学任务必须当天完成，这就无形之中要求教师必须熟悉教学内容、充分备课、加快课堂节奏、提高教学效率。

在操练的量和课时分配上来说，小班也是独立的课程。大班课也操练，但是大班课更重要的作用是导入知识点。为了让学生更清楚明白，大班课只选择简单的词汇导入和操练知识点，不可能给学生扩充大量的语境。而小班没有讲解，在操练的量上大大地高于大班课。同时，在课时分配上大班课和小班课是平等的。

可见，小班课不是大班课的附属，更不是帮大班作练习，而是一门独立的课程。小班课对于学生提高汉语水平是相当有益的，也是相当重要的。

（2）小班课的重要地位在无形之中会推动新教师自主地改进教学方法，提高教学水平。

（3）由于教师是每日轮换的，因此每个小班课教师的操练质量很容易检测，学生也会对老师进行比较。因此也督促老师提高自己的教学水平。

5. 基础试验班在教学研讨方面的工作

基础班教学组每个学期都专门组织老师听课和研讨。基础试验班的老师每学期平均听课 10 次，课型组组织听课和讨论每学期至少 2 次。老师们互相听课，找缺点和优点，作详细记录，并记下当时的实证，统计每位老师的开口率，然后逐个讨论。通过这样的讨论，大家开始关注并探究所谓"试验教学"的实质，并开始关注自己和他人的教学方法。寻找"操练"的正确感觉，学习他人的教学技巧，并对具体的教学方法的优势和弱点进行评估，这些研讨活动得到了任课老师的赞同。在讨论中，大家表现出了非常高的积极性。虽然有时言辞较激烈，但是作为纯粹的学术探讨，大家都很欢迎，效果很好。

6. 基础试验班对于节约教学资源的作用

教学资源包括教学师资和教学备课时间以及教学设备等等。

【在师资力量上】 45～70 人的试验班需要 5 个全职老师最合适（大班老师兼任小班课），4 个老师也可以，但是每人承担的课时较多。传统班的教学大概要分成 3 个班，分 3～4 门课型（听说读写），由于排课等方面的问题，最少需要 6 个老师。试验班可以节约师资。但是现在很多都是兼职老师，不能排很多课，所以试验课型组的教师较多。从理论上来说，学生越多，试验班节约师资的作用就越大。

【在备课时间上】 基础试验班形成了一套较为完善系统的教学资料。所以任何一位教师接任这个班，都省去了很多做材料和备课的时间。基础试验班到第三个学期的时候，小班老师除备课之外基本上就没什么负担了。所以我们把大量的时间用在备课和教学研讨上，特别是对于教学方法的讨论和研究上。

【在教学设备上】 实施大班课教学，小班教室和别的班穿插安排，这样比较节约教室资源，但是每天复印比较浪费纸张。如果开学前作好准备，胶印材料较好。

【在教学成本上】 45～70 个人的普通班，3 门课，分 3 个班需要支付 60 课时的课时费，如果分 4 个班，需要支付 80 课时的课时费；基础试验班现在有 2 个大班，4 个小班，每周一共支付 60 课时的课时费。如果学生继续增加，大班可以不增加，小班增加一个，也只是多出 10 课时，共 70 课时的课时费。从理论上来说，学生越多，成本越低。当然，试验班有个别谈话，这些课和学生的水平提高是相应的。

二、学生的反馈

我们对于学生的调查总结包括客观选择（17 个）和主观描述（6 个）两部分。每一个客观选择题的后面都有"你的想法和建议部分"。这些问卷内容涵盖了对教学方法的评价、对教学中具体环节和方法的评价、对具体教学材料的评价、对学生学习情况的调查等内容。

【从教学方法的选择上】 对于教师轮换，53.8％的学生选择"不太好，但是我已经习惯了，对我有帮助"；34.6％的学生选择"很好，对我学习有帮助"；11.5％的学生选择"我对这事没感觉"。从我们的观察来看，学生对于基础试验班的教学是满意的。出现这样的结果，我们分析，可能每个小班老师的方法和操练质量不同，学生当然希望每天都是他喜欢的老师上课。有的学生写"有的老师好，有的老师不好"。

【从对教学具体环节和方法的评价来看】 大部分学生（74％）喜欢在合理程度上脱离课本内容进行操练的方法，他们觉得"我很喜欢，又有意思又有用"。但是有的学生说"有一些句子我听不懂"。我们分析，这和老师上课的节奏和技巧有关系。基础试验班最受欢迎的环节是口头报告，我们是先写作文，老师批改，再进行口头报告，并有录音和语音纠正，带适量的讨论。80.8％的学生选择"很好，对我帮助很大"，他们写道："帮助特别大"、"写作文是学习语言的最好办法"。

【从对具体的教学材料的评价来看】 学生对于周计划等很肯定，53.8％选择"有用，我每次都看"，38.5％的学生选择"有用，我常常看"，有的学生很认真地写道"有很多好处，但是有时候周计划里有不对的"，也有的学生说"不太有用，但是应该有"。对于生词卡，80.8％的学生选择"我喜欢，好处很多"。接近一半的学生觉得每天听写是好办法，接近一半的学生想每天听写，但是听写以前需跟老师一起读生词。

【学生的学习情况上】 61.5％的学生选择"复习语法的纸和课文，大概两个小时"；11.5％的学生选择"复习语法的纸，大概两个小时，不看课文"；23％的学生选择"写作业，不复习"。

【反映出的问题】（1）老师的纠音不够，30.8％的学生选择"很多老师帮助我发音，但是不太有用"或者"只有很少的老师帮助我发音,不太有用"。有的学生写"我觉得老师改发音有很多好处","汉语发音又难又重要,所以老师应该教我,他应该告诉我我的问题在发音上"。(2)汉字教学不够,怎样教汉字还需要研究。有的学生写"汉字!汉字!汉字","汉字课的时候,老师告诉我汉字的故事,我觉得很有意思","早一点儿用汉字,因为我们用汉字越早,在学期的学习中我们改变越快"。(3)老师的操练质量不均衡。

三、教师的反馈

我们对于教师的调查总结包括 12 个问题,全部都是主观描述题。

备课时间:一般得每天 3~4 小时。

内容包括以下主要方面:

试验班对学生有益的方面;

试验班对教师自身有益的方面;

在试验班教学中,教师在哪些方面得到了提高;

试验班教学中的感受、问题和困难;

试验班教学和管理不太科学的地方;

对试验班特点的认识;

努力和实际教学效果的对比;

教师们反映在提高教学水平上收获较多。

问题主要集中在:备课和批改作业的时间太长。

四、目前基础试验班存在的问题

1. 老师的纠音不够,怎样纠音还需要研究

拼音教学阶段的教学方法是我们需要研究的问题。

2. 汉字教学不够,怎样教汉字还需要研究

随着学院汉语教学事业的发展,原有的较为单一的韩日学生生源变得更加多样化。越来越多的非汉字文化圈国家的学生来到中国学习汉语。对于他们而言,汉字很容易成为汉语学习的障碍。可是由于教学进度和教学节奏较快,并且教学法坚持以听说为

主，在教学中很容易忽略汉字教学，使学生出现畏难情绪，因而也丧失了学习汉语的信心。

3．学生课下复习的问题

由于教学节奏快，环节紧凑，学生在课堂上可以获得大量的语言信息，但是下课以后如何复习从而完全掌握课堂上获得的信息，成为一件很重要的事情。如何帮助学生解决课下复习的问题，是老师们应该思考的。

4．个别谈话课的问题

65.4％的学生选择"有用，但是我常常忘了来"。23％的学生选择"有用，但是20分钟太少了，所以我不想来"。有的学生写"有用，但是我真的忘了，以后不忘了"、"用30分钟最好"、"我没去，因为时间对我不方便"、"我每天都来，因为有意思"。

梁　磊　　　# 基础(二)层次新模式教学心得*

在学院的安排下，笔者已经在基础（二）层次的新模式教学班中工作了两个学期。无论对于这种新的对外汉语教学模式，还是对于基础（二）层次的留学生汉语课的教学，都有了一点儿自己的看法和经验。这里写出来和同行交流。

一、新模式教学

众所周知，语言是人类最重要的交际工具。教语言就是要让学习者掌握这个交际工具，培养他们运用语言进行交际的能力。吕叔湘先生说过："学习语言不是学一套知识，而是学一种技能"。因此，语言课首先是技能课、工具课。（刘珣，2000：19）实验班倡导的就是在教师的引导下，由学生进行语言的操练。在大量的操练、训练中，学生和老师之间，甚至是学生和学生之间一直是在进行不断的对话。我想这样可以很好地模拟出一种真实的交流场景，让学生更快掌握用汉语交流这一方式。

新教学模式相比于传统的教学模式对教师提出了更高的要求。它要求教师能真正掌握"操练"这一教学技能，担任好"教练"这一角色。它要求教师在一个团队中工

＊本教学组除作者以外，还有孙雪、姜小墨、景天婕、张文萱、尹国岚、董芳诸位老师，他们均对本文的完成作出了贡献，特别是姜小墨老师提出了诸多重要见解，在此谨致谢忱。

作：在完成自己的教学任务的同时，还一定要兼顾并配合好整个教学组的进度和管理工作。

对比传统的教学模式，大小班的教学模式系统性更强，效率更高，然而依赖性也更大。我们认为，大小班的教学模式依赖于：

1. 科学系统的教学体系。大小班的模式只是有利于教学系统性的发挥，但它本身并不是一个教学系统，因此如果没有一个科学的教学体系的支持，大小班模式的系统性将受到影响。科学系统的教学体系由几个方面构成，比如一套合适的教材，大小班教学的顺序、教师的轮换等等。以基础（二）的试验情况看，我们教学的系统性、科学性受限于教材。虽然我们已尽可能地依靠大小班模式去照顾教学的系统性，但是由于教材中语法点、口语材料等安排得不尽合理，我们在教学内容的系统性上存在一定的不足。

2. 合理的进度安排。大小班的模式强调合理的进度安排。所谓合理的，应当是指适合学生接受能力的，而并非是明显快于传统模式的。我们提到大小班的模式总是要提到效率，我们认为效率高，模式就好。这种思路没有问题，效率高当然好，可有一点我觉得我们应该认真考虑：试验班的效率来自哪里？是来自这个模式的系统性与科学性，还是来自它高强度的进度安排？我们倾向于前者：如果大小班的模式效率高仅仅是因为进度快，那么提高传统模式的进度就是了，何苦引入新模式呢！想清楚这一点，我们也许可以更好地去确定一个"合理"的进度，让大小班的教学模式更科学。那么，何谓"合理"的进度呢？根据我们的经验，每次大班课 4～5 个重要语法点，20～30 个生词；小班课除了操练以上大班课的内容外，每次应该留有半节课左右的时间进行听力或者口语表达的训练。这样安排，大班课可以细致地把语法点讲透并适当练习，小班课可以充分操练每个语法点和重要生词，而且能够训练学生的听、说能力。

3. 学生良好的学习习惯。新的模式要求学生有课前预习、课后复习的学习习惯，并且能够承受较大量的课后作业与阶段测验。如果学生不能以积极的态度完成自己应完成的任务，那么在这种模式下的学习很可能成为他们不愉快的学习经历，他们会经常觉得累，跟不上进度，无法在学习中找到乐趣。

除以上提到的几点，大小班的教学模式还依赖于优秀的教师资源以及出色的团队合作。我们认为，在所有这些条件都具备的情况下，大小班的教学模式在基础至中级的汉语教学中确实有比传统模式更好的表现。

二、基础二教学

学院的留学生汉语教学以前并没有基础（二）层次，零起点（基础）层次以上就是初级（一）了。在经过了基础和初级（一）两个层次的新模式教学探索之后，学院决定增设基础（二）层次的教学班，以适应那些入学前短期学过一点汉语（一般为三个月至一年左右），既不是完全的零起点，也不能去初级班学习的留学生的需要。因此，可以说我们没有很多可以借鉴的教学经验，需要边工作边摸索。

经过两个学期的实践，我们在教学上取得了一些成果，学生们的汉语水平进步很快：开始学习时候的几乎无法完整表达一句话，到期末时基本可以和中国人进行基本的日常对话，HSK 最高考到了 5 级。从两个学期的期末评教结果看，学生们对我们的工作也是很满意的。下面首先对我们所做的工作进行简单总结，然后对现存问题及如何改进提一点看法。

经过两个学期的教学实践，我们发现基础（二）层次的留学生有如下几个特点。

第一，入学人数有相当的数量，大概在五十名左右。这表明确实很有必要为这些学生单独设立一个教学层次，因为他们入学前多多少少有了一定的汉语基础，不需要从头开始学，同时又跟不上初级（一）层次的教学进度。

第二，入学时的汉语水平参差不齐。入学前，这些学生有的是在本国的正规大学学过一年左右的时间，有的是在本国的一些语言培训机构学过一段时间，有的是在中国的大学学习过，有的是在中国的语言培训机构学过。学习时间最短的一个月左右，最长的近两年。可以说，情况很复杂，学生的汉语水平、听说读写各个方面的表现都很不一样。

第三，经过一段时间学习之后会有小部分学生升班。有些学生由于已经初步掌握了汉语的基础知识，加之开学初期我们的教学内容相对简单，会提出升班去初级（一）。这部分学生有的确实是水平够了，而大部分往往是实际水平达不到，需要我们反复解释继续留在本班学习。

根据以上学生的特点，我们的教学采取了相应的策略。

首先，在教学内容方面。在学院指定的和基础（一）班相同的精读和听力课本基础上，我们增加了口语课本，扩展学生的词汇和语法点的数量；对语法点的讲解尽量全面、深入，让学生从结构、语义、语用各方面掌握，既考虑到学生实际生活中的汉语交际，又考虑到 HSK 考试准备；除了课本上的练习以外，每天发给学生一份由我们根据当天语法点、生词编写的作业，两到三页，多种题型；适当增加课外内容，比如日常交际用语、旅游用语和中国传统文化知识等；一个学期中安排两到三次的汉字教学课，对汉字的构造、笔画和来源等进行简单介绍。

其次，在教学进度方面。由于本层次没有本科生，学院并没有给我们进度上的要求。我们根据学生的具体情况，在现有教材的基础上，尽量合理地安排了教学内容。开学初期，快速地把基础的汉语发音知识、基本语法结构和一些简单词汇讲解完，这样一方面可以为以后的学习打下比较好的基础，另一方面可以基本满足入学前不同汉语水平学生的学习需要。之后，我们以每天一课的速度、在一周之内依次进行口语、精读和听力课本上的词汇、语法点讲解、操练，并分别进行两次听力练习和口语练习。每周五的教学任务单独安排，进行如下内容：阶段考试、语法点复习和总结、汉字教学、课堂语言游戏、语言实践等。

最后，在教学形式方面。大、小班均充分利用各种教学手段和工具，如多媒体幻灯片、卡片、图片等等。另外，尚需特别介绍我们组织的语言实践活动。除了学院统一组织的一次外出语言实践活动以外，我们基础（二）班还自己组织了参观博物馆、游园、看中国电影、汉语小品表演等多项活动，而且每次活动都会给学生提前布置若干项需要用汉语完成的小任务，不仅寓教于乐，充分锻炼了学生使用汉语的能力，而且增进了学生之间的感情。

我们所做的工作取得了一些成果和经验，但是同时我们的教学工作也还存在一些不足，比较突出的可以归纳为以下两个方面。

第一，教学内容的安排不够科学。具体地说，前面的语法点偏多，后面的语法点偏少。当然，我们的教材不理想，是很大的问题。但在不更换教材的情况下，我想我们还是可以作一些调整。而且，到底选取哪些难易合适的语法点、某些语法点讲解到何种程度等也是需要认真讨论的问题。

第二，口语表达素材不够丰富，安排不够合理。课堂上的对话练习，有的题材学生不太感兴趣，缺乏表达的有效性，而且学生有时候是照着文本读，没有达到表达交际的目的。

三、结语

以上是我们对学院新模式教学在基础（二）层次实践的一个阶段性总结。综上所述，新模式教学确实提高了教学效率，真正做到了以学生为中心。同时，有一些具体的教学和管理工作上的问题尚待进一步的实践、探讨。

参考文献：

吕叔湘：《关于语文教学的两点基本认识》，《文字改革》，1963 年第 4 期。

刘珣：《对外汉语教育学引论》，北京语言大学出版社，2000 年版。

实验班大班课堂教学中的以点带面

冉启斌

实验班大班教学必须按照教学大纲（周计划）完整、透彻地讲解语法点内容及生词内容，否则会给第二天的教学积压下昨天的内容，实际上缩减了第二天教学内容的时间；更重要的是既打乱了学生的预习复习计划，使其不能按时完成作业，又使小班课的操练计划不能按时完成，从而带来一系列问题。实验班大班课教学是一环扣一环的，是一个整体，任何一环出了问题，都会给教学工作的其他方面面造成负面影响。在这种教学模式中，教师必须按照计划、按步骤一丝不苟地完成教学内容。但是由于语法点、词汇难度不是每次课都是完全平均的，在课堂时间上很难每次都做到恰到好处。我们觉得在课堂内容相对较少、时间较为宽裕的情况下，可以重点突出，抓住主要的难点，进行"以点带面"的教学，作为对于常规教学的一种补充。

所谓以点带面，就是从一个很小的"点"，例如一个特定的字、词或简单的语法开始，将与此有关的一系列词或语法的各方面知识由浅入深、由易到难较为细致地讲解给学生，这样既便于学生复习以往所学过的简单的知识，又便于学生循序渐进地了解相关的语言现象及其用法，从而对所学较难内容有较深入的理解。

下面对"以点带面"的方法作一些举例说明。

（1）"热腾腾"等形容词的教学。

"热腾腾"是一个形容词，表示液体、气体温度很高向上翻滚的样子。汉语中还有"热乎乎"等形容"热"的词，怎样让学生准确把握"热腾腾"的含义，可以有很多不同的教学方法。用以点带面的方法可以从汉字本来的意思讲起，经过一系列讲解，让学生明白"热腾腾"表示热气直冒的形象意思。"腾"字的右下边是一个马，其本义是马前脚立起或快速奔跑的意义，可以给学生出示马前足立起嘶鸣的图片。"腾"字后来也有跃起、腾空的意思，例如万马奔腾、腾飞等等。然后告诉学生新的词语"热气腾腾"，"热气腾腾"也就是形容物体表面的热气升起、不断往上冒的样子。再告诉学生"热气腾腾"→"热腾腾"的转换。经过这样讲解学生已经能够基本明白"热腾腾"的含义。还可以举一些实际的例子，以使学生能够通过实际的情景明白其特定的含义，强化理解，并熟悉这个词的用法。例如："王朋揭开锅盖，里面是一锅热气腾腾的馒头。"展示给学生一个蒸馒头时水开气腾的场景。又如："大冬天的，大家走了一天，又累又冷，阿姨端来一碗热腾腾的姜汤，大家真是喜出望外。"突出冬天的冷和大家看到热气直冒的姜汤时的喜悦心情。这样学生既了解了"热腾腾"的来历，也明白了它所表示的形象意义。从学习者的方面来讲，以后碰到类似的结构"Adj.+AA"时，学生也能够自主地通过了解相关字的含义进行学习理解。

（2）"做法"等名词的教学。

在讲"做法"一词时，也可以进行以点带面式的教学。"法"在汉语中基本的意思是方法、方式。汉语中通过"V法"的格式可以构成很多词（或短语）。例如"看法"、"想法"、"说法"等。这些词的基本意思是"V 的方法"，当然在成为词以后它们的意思有所变化转移，但是其基本意思没有太大变化。"看法"也就是看待一个问题的方式、角度和从此得出的结论意见等。明白了这种情况，再来看"做法"，就是指做事的一种方式、样式。一般认为在留学生汉语教学中不要讲太多的语法，但如果适当地作一些讲解对学生是有帮助的。这样学生不仅能够比较深入地理解这个词的意义，也能够把以前学过的词语联系起来，融会贯通。"做法"虽然并不是一个很难的词，但是通过这些简单的构词法讲解，以后学生在阅读中碰到新的词语（或短语），例如"写法"、

"听法"、"吃法"、"走法"、"穿法"等，也能够举一反三，通过所学的知识自主地理解它们的意义。

（3）"尽情"等副词、动词短语的教学。

在讲解"尽情"一词时，可以先告诉学生汉语中"尽"的意义。"尽"基本的意义就是完、用完。组成动词可以有"尽量"，例如："王朋的酒量是四两，这次他喝了二两，他还没有尽量。"就是他的酒量没有用完，没有完全达到他的酒量。作为副词的"尽量"表示尽自己的力量，尽可能，例如："李老师说他明天可能有事，不过他会尽量来参加明天的晚会。"同样的副词还有"尽力"、"尽心"等。作为副词的"尽情"就是完全达到了自己的某种心情。例如："同学们在晚会上尽情地跳、尽情地唱。"就是完全达到了自己想跳、想唱的心情。同样的例子还有："这次放假回家，王朋和童年时的朋友尽情地聊天、喝酒。""考试结束以后，一个人在海边，可以尽情地享受那里的阳光和海滩风光。"通过这样的讲解，学生以后在碰到相关的词语，例如"尽孝"、"尽我所能"、"人尽其材"等时就能够发挥他们的主观能动性，能够比较容易地进行学习和理解。

当然，以上所述"以点带面"的方法需要学生具有一定的语言基础，一般适用于初级以上的学生。对于基础班的学生来说，只要让他们明白词义即可。"以点带面"的方法在讲解时以简洁明快地告诉学生要点为宜，不宜作过多的生发，以免过于复杂的语法内容给学生造成不必要的负担。同时讲授时应该结合直观形象的方法进行教学，以使学生快速有效地接受。

综上所述，本文所说的"以点带面"也就是从一个词语现象或语法点出发，把相关汉语现象、用法等比较详尽地讲授给学生，以便于学生更明白透彻地理解该词语或语法的意义、来历、用法、含义等，同时也便于学生在遇到新的类似现象时能够举一反三，通过已有的知识自主地去理解明白新的语言现象。

王吉辉　　# 新模式课堂教学的组织和安排

一、新模式的甜头

我们学院实验班教学已经有两三年了。这种教学模式一改传统的教学组织方式，而尝试着分别以"讲"和"练"为主轴来实施教学，即，以"讲"为主的大班课和以"练"为主的小班课。大班课具体负责重点词语、语言点等方面的讲解，小班课具体负责操练。

本人这一学期有幸成为实验班的一员新兵，实打实地在其中摸爬滚打，虽然时间不算太长，但也初步尝到了这种新教学模式所带来的甜头。

首先，对外汉语教学的目标是培养学习者的汉语交际能力。这不是让已具备汉语运用能力的本族人掌握更多的汉语文化知识，而是让将汉语作为第二语言的学习者掌握用汉语进行听说读写的交际活动能力。不仅是让二语学习者掌握汉语知识，重要的是将语言知识转化为技能，使学习者能够熟练顺畅地运用汉语与人交流。使用实验班的课堂模式，可以使大班老师在课堂上有充分的时间讲解语言点，让学生充分理解这些语言点，然后在小班课上得到充分的操练。小班课就是为了让学生练习大班课上讲的语言点。小班老师会想各种办法，采用各种方式让学生反复练习语言点，巩固大班课上所学的知识，这样的学习效果比单上一堂课、讲练结合有效得多。学习者因此可以在较短的时间内较为迅速地提高自己的语言知识水平，特别是语言交际的能力。

其次，以前的教学中听力、口语、阅读等部分分别进行，各课型横向之间没有联系，各个部分都是自成一体的；各课型主讲老师之间更没有任何的联系。这就有可能导致同样的语言点在不同的课型上被反复地讲到，从而造成效率上的浪费。另外，由于缺乏横向联系，不同课型所学到知识的复现率不高，这就直接导致学习的遗忘率较高，等等。而实验班的课堂教学模式能较好地弥补传统教学模式上的这些不足，从而提高了学习的效率。

第三，对外汉语教学的原则之一是，以学生为中心，教师为主导，重视情感因素，充分发挥学生的主动性、创造性。传统的教学方式以老师为中心，"先生讲，学生听"，这对二语学习是十分不利的。而实验班的课堂模式可以尽量避免这种情况。小班课更容易活跃气氛，有趣味性。老师会启发学生使用语言点，让学生积极主动地参与。而小班由于人数少，使得每个人课上都有操练的机会，这样会使每个学生都得到锻炼，不会有照顾不到的现象发生。而且小班课更容易因材施教，学生的个体差异老师都了解，可以更有针对性地练习，比如：日本学生对于汉语的发音掌握不好，就要让他们多说；英美学生认为汉字不好学，在听写方面就要多帮助他们；而韩国的语法与我们不同，我们就应该关注这一方面。小班老师容易和学生交流，建立融洽的师生关系，这就方便排除学生的心理障碍，让学生愉快地学习。

以上谈到的几点都是针对学习者而言的。实际上，这种模式对主讲教师来说也会大有裨益。这是因为实验班实行的是集体备课制度。这意味着，一方面，在集体备课的过程中，老师们能互相学习，从而使得教学组老师们的教学水平在不知不觉中得到提高；另一方面，也可以避免因为老师们教学水平的客观差异而出现教学效果相差悬殊的情况，避免教学上的动荡，保持同级水平的基本同步。这里的一个关键是关注组织课堂教学问题。

二、组织课堂教学的原则

课堂教学如何组织、组织得如何，究其实质，这是一个形式上的问题。从理论上来说，这不会从根本上影响教学的质量。当然，这也是从"教"的角度来看的。如果换一个角度——从学习者的角度来看的话，往往会因为"教学内容"输出形式的不同而影响到学习者对所输出内容的接受程度，影响到学习的最终效果。这么看来，属于形式层面的教学组织又是非常重要的，我们必须予以充分的重视。

课堂教学要想组织得好，教学理念上须注意以下几个方面：

1. 定位要准

所谓"定位"，可以分成各种情况，这里只想涉及与课堂的教学组织直接相关的课型定位、课堂定位以及学生定位问题。

首先，课型定位问题。新模式对于大班与小班的授课有了明确的分工，课型定位也就是说，不要将大班的课上成小班的课，也不要将小班的课上成大班的课。否则，那将是一种很大的浪费。

课型定位对我们老师来说，是决定、指导实施一系列课堂教学的原则依据。换言之，与教学相关的所有活动、所有手段的运用都必须紧紧围绕着这些不同的定位来实施、来展开，并应该最终服务于它们。在原有小四门的教学中，就存在着一种情况，即把精读、口语、听力、写作都讲成精读课，不论什么具体课型，凡上课就必然地大量讲解语法点和词语知识。现在，新模式的教学也要避免把大班课和小班课混淆不分，没有区别。

其次，课堂定位问题。每次上课前都要备课，以确定本次课讲什么、不讲什么，也就是说，每次课都应该有打算讲解的重点内容。这是需要定位的。要知道，课堂教学时间毕竟有限，需要充分地利用，需要传授那些最需要传授的，需要练那些最需要练的内容。完成课堂定位后，教学的组织就应该主要地围绕着它们来展开，而不能是意识流似地想到哪儿就讲到哪儿。

最后，对学生的定位问题。课堂教学组织直接面对的是学生，是需要依靠学生的参与和配合才能来完成的。教案不能只是老师用来自我欣赏的"作品"。因此，了解自己的学生对教学组织的安排和最终实施就显得至为重要。正如大家所了解的一样，同样一堂课，同样一个语言点，其难易度会因学习者国别、文化背景的不同而存在着某些差异。诸如此类的这些因素，都会在某种程度上影响到课堂教学的组织、课堂教学组织形式的采用等。此外，对学生的定位还应该包括对学生水平高低的把握。中级水平的教学组织与实施应同高级水平的、初级水平的乃至于零起点的区别开来，而不应是不加区分地直接套用。

2. "动"学生，即要让学生动起来

以学生为中心的教学观念已经深入人心，但如何具体贯彻、践行这一理念，却并非一件容易的工作。我们所说的"动学生"就是对学生中心论的一种具体贯彻。所谓"动学生"，说白了，就是不要让他们闲着，不要让他们一坐到底，要尽可能动起来。对于这一点，有人会认为这与课型有很大的关系，小班课比较好办，大班课就不那么容易，或者口语课较为容易，而听力、精读就比较难办。的确存在这样的情况，不过，只要仔细琢磨琢磨，其实每种课型都不乏让学生动起来的方法与手段。当然，所有让学生动起来的手段都必须是为教学内容服务的，而不是用来做秀的。

要想让学生在轻松愉快的气氛中动起来，主讲教师自身先动起来就非常重要。教师在课堂上不应该只是站在讲台上讲，还要把自己的全身都调动起来，不仅要擅长肢体语言的运用，还应该有丰富的面部表情，这在我们的语言教学课堂上表现得尤为明显。主讲者先动起来，这对学生有一种示范作用，他们由此不再有害怕的心理，而能与主讲老师很好地进行互动与配合，从而使得整个课堂气氛非常活跃。

3. 求"变"

同一个老师讲同一门课，时间长了后，学生们很容易产生疲沓感，对学习、对主讲老师提不起兴趣来。怎么办？要想尽可能避免这样的情形或者尽可能使这样的情形延后出现，每次的课堂教学，其组织形式不能自始至终一成不变，而应该不断地求"变"。让学生对你永远保持有某种神秘的新鲜感，让他们猜不着你下次讲课所要采用的方式。这也是课堂教学组织时需要特别注意的。

实验班的形式是一种新的尝试，给我们的教学带来了新面貌，也给我们很多启发。当然，这种方式还在初步试验阶段，有些地方还有待于进行进一步的完善和改进，还需要我们不断努力进行新的探索。

课程、教材

王振昆　　# 对外汉语教学的理论与实践

随着对外汉语教学事业的不断发展，从事这项事业的同志们进一步认识到，任何一门科学都要有自己的基础理论和特有的研究方法。

对外汉语教学是一种语言教学，属于语言学范畴。关于语言的本质，一般认为包括以下四个方面：首先，语言是一种特殊的社会现象。语言是一种社会现象，每一个社会都必须有自己的语言，人与人之间的联系都需要语言来维持。但是语言不同于上层建筑和经济基础这些社会现象，它纵横上下，连接古今，社会内部任何阶级的成员都必须遵守社会的语言习惯。对于学习汉语的外国人来说，要想更好地掌握汉语，就必须了解汉语民族的生活习惯和文化，必须了解汉语社会的社会现象。此外，教汉语的老师，也必须了解学生母语民族的文化和习惯，这样，在教授某些熟语时，才能恰当地翻译，准确地对应，便于学生理解。例如，"夜走麦城"，如果翻译成"兵败滑铁卢"就可以与欧美文化准确地对应起来，易于欧美学生理解。再如，"一箭双雕"这个成语，在俄语中有类似的说法，叫做"一枪打中两个兔子"；"形影不离"我们也可以对应地翻译成"针到哪儿，线就到哪儿"。第二，语言是人类社会必不可少的思维工具。思维离不开语言，没有语言就没有思维。尽管各民族的语言是不同的，思维方式也各有差异，但全人类的思维能力是共同的。这就为我们学习语言提供了可能。第三，语言是人类社会最重要的交际工具，是文化的载体。这一点是众所周知的，没必要多说。最后，语言本身是一个音义结合的符号系统，这个符号系统是有规律的，并且这些规律是可认识的。人类语言有五千多种，都是有规律的，语言的这种规律性以及可认知性都为我们教授语言和学习语言提供了可能。

对外汉语教学属于应用语言学范畴，具有双重性质：首先，对外汉语教学是在教汉语，属于汉语教学；其次，对外汉语教学是把汉语作为外语，对留学生进行教育的一门学科，在这个意义上，它又属于外语教学。它的这个两重性决定了我们既要研究汉语的语音、语法和语义系统，还必须利用外语教学的方法，使它的教育方法与中国外语教学的方法相一致。

语言学是以语言为研究对象的学科。语言学发展到现在可以分为理论语言学与应用语言学两个大类。理论语言学又分为普通语言学和专语语言学。专语语言学又分为历时语言学和共时语言学。共时语言学再分为描写语言学和对比语言学。对比语言学也称比较语言学或比较描写语言学，是理论语言学的一个分科。它从共时角度用对比的方法将两种或两种以上语言的结构现状进行比较研究，找出不同语言之间的异同点。它可以从语音、词汇、语法等方面进行比较，也可以就某个语言成分进行比较，还可以就某个语法范畴进行比较等。对比语言学包括两种语言的对比和多种语言的对比。应用语言学包括社会语言学、心理语言学、实验语言学、病理语言学、对外汉语教学等等。应用语言学是语言学知识在各个领域中各种不同应用的总称，它研究如何得到最佳利用的问题。一般来说，应用语言学可从广义和狭义两方面去理解：广义的应用语言学是指将语言学的知识应用于解决其他科学领域的各种问题，应该指出，应用语言学所要解决的问题多少与语言有关，但往往具有跨学科的性质；狭义的应用语言学有特定的内涵，它指的就是语言教学，特别是第二语言的教学或外语教学。对外汉语教学属于应用语言学，不能离开对语言理论的研究，也不能不研究对外汉语教学的理论。

一般来说，语言学研究包括三个方面：（1）描写语言在某一发展阶段的面貌，如描写古代汉语和现代汉语、古代英语和现代英语、古代日语和现代日语等基本面貌。（2）追溯语言的演变过程，揭示其发展规律。（3）对不同语言进行比较，找出它们的异同或对应规律。这些都是理论方面的研究，我们还应该进行应用方面的研究，因为每一门科学都有它的理论和应用两个方面，这两个方面并不是相互排斥、相互对立的，而是相辅相成的。

对外汉语教学是一门学科，有它自己的研究对象和这门学科自己的专业队伍，具有多学科的基础，主要着眼于应用，但也必须进行必要的理论研究。对外汉语教学是一门富有生命力的新兴的应用科学，近几年来，在这门教学中积累了很多丰富的经验，培养了许多优秀的对外汉语教学人才。我们还需要理论上的总结和提高，从而使对外汉语的"教"与"学"都走向标准化。

总之，从理论到实践，我们要不断总结对外汉语教学经验，不断吸收国内外外语教学的经验，这样，我们的对外汉语教学事业才能不断发展。

（注：聂丽英、纪红兵根据录音整理）

祖晓梅

21 世纪汉语教师所应具备的基本素质

21 世纪全球一体化的趋势以及中国的和平崛起给汉语教学事业带来了前所未有的发展机遇。一方面越来越多的留学生来到中国学习汉语和中国文化，另一方面越来越多的汉语教师走出国门到世界各国去任教。在新的形势下，中文教师不仅承担着讲授汉语的任务，而且承担着推广中国文化的责任，在某种意义上说，汉语教师既是语言的教师，又是文化的使者和跨文化的协调者。多重的角色和责任对汉语教师的素质提出了更高的要求，21 世纪的汉语教师应该具有哪些基本素质是值得我们思考和研究的问题。

一、跨学科的知识和思考能力

Hughes（1986）指出一个语言教师应该是语言学家、心理学家、哲学家和文化人类学家；Altman （1981）认为语言教师是跨文化能力的培养者、方言学家、价值观念的阐释者、交际行为的分析者。第二语言教师的多重身份和角色说明汉语教师仅仅具备汉语语言的知识或者中国文化的知识是远远不够的。由于历史的原因，目前大多数从事对外汉语教学的教师出身于中文、外语或者历史等专业，他们所学的知识和所受的学术训练大多属于传统的人文学科。原有的理论观念、知识结构和专业训练不能完全适应汉语作为第二语言的教学需要。Bryam（1997）在《外语教学中的文化学习》一书中指出："大多数教师只在文学批评和鉴赏方面受过训练，而缺乏任何社会学科的训练，这是一个严重的问题。"

作为语言教师，我们首先需要语言方面的专业知识，但是这种专业知识不局限于语法、词汇、语音方面，还包括社会语言学、语用学、话语分析、语言教学和语言习得等方面，因为21世纪汉语教学的任务不仅是传授汉语语言方面的知识和单纯训练听说读写的能力，而且是培养学习者用汉语有效而得体交际的能力。21世纪对交际能力的强调说明对语言使用得体性的重视，而得体性的问题是传统的理论语言学所不能解释的。

作为文化教师，我们不仅要具有中国文化知识，而且要了解外国文化，特别是学生的文化；不仅要熟悉客观文化的内容，如文学、历史、艺术、政治和经济等，而且要学习主观文化的内容，如价值观念、思维方式、行为模式、语言交际和非语言交际等。Hughes（1986）指出："我们至少建议关于文化变化和共性的基础课程对于第二语言教师是最有用的。更有帮助的是以民族学为特点的人类学课程，有价值的课程还包括跨文化交际和人类语言学。"

对跨学科知识和思维能力的要求是第二语言教学的性质和特点所决定的。但是我们不能期望语言教师成为语言学家、心理学家、哲学家和文化人类学家，重要的是教师应该树立终生学习的概念。时代的发展和不同学科的交叉和整合，要求我们不断补充新的知识，调整自己的知识结构，养成跨学科思考的习惯。对于汉语教师来说，关注语言和文化的关系，关注人文学科与社会学科的交叉性知识是非常必要的。

二、跨文化交际的能力

对于在跨文化环境中从事汉语教学的教师来说，跨文化能力是另一种十分重要的素质。因为培养跨文化能力是21世纪第二语言教学的主要目标之一，所以汉语教师首先要具备跨文化的能力。跨文化的能力包括三个方面：跨文化的知识、跨文化的技能、对不同文化的积极态度。

跨文化的知识要求教师了解自己文化和学生文化中的价值观念、思维方式、语言交际和非语言交际的特点和差异。教师不仅要意识到个人主义与集体主义的价值观是如何影响不同文化中人们的日常行为的，而且特别需要了解不同文化对于教师与学生关系、学习和教学的方式与策略、课堂行为等问题的规范和期望是什么，具备这样的跨文化知识才能对不同文化背景的学生采用有针对性的教学策略。

跨文化的技能包括在不同的文化环境中的适应能力，与不同文化的学生进行得体交际的能力和在跨文化冲突中的调节的能力等。在汉语教师去国外任教期间，往往会因为文化的差异而遭遇"文化冲击"。如何克服文化冲击带来的心理问题，很快适应新环境就成为汉语教师跨文化技能的一部分。与不同文化的人交往时减少误会，增进理解和沟通，寻求共同点，建立和谐的关系也是跨文化交际的基本技能之一。另外在多元文化环境中教学，可能面临学生与学生之间的跨文化误解甚至冲突，在这种情况下教师要充当跨文化交际的中介者和调节人，因此需要很好的协调能力。

跨文化的态度包括对不同文化的积极态度，这是跨文化能力中最重要的因素。大多数汉语教师具有跨文化经验，这是一种重要优势。Cooper 在 1990 年对美国的语言教师所作的调查证明：具有跨文化经验的教师对文化差异更加敏感，更能自如地讨论有争议的问题，更可能鼓励学生发表不同的见解，这说明跨文化经验对提高跨文化的敏感性有积极的影响。但是具有跨文化经验不一定具有文化相对主义的态度。作为教师，我们往往不自觉地参照自己的文化框架和价值观来看待文化的现象和评价学生的行为。要改变学生对中国文化的固有印象，培养他们对不同文化的开放、尊重的态度就要求教师首先改变自己的文化视角，站在"第三位置"来思考自己的文化和看待别的文化。Benneet （1993）也认为跨文化能力增强的标志之一就是从民族中心主义态度到文化相对主义态度的转变。这种视角和态度的转变对于肩负培养学生跨文化能力的汉语教师来说尤为重要。

三、人际交往的能力

Brown（2000）指出：第二语言教学是一种科学，也是一种艺术。这意味着汉语教师的经验和性格直接影响教学的效果，甚至决定教学的成败。从某种程度上说，对外汉语教学对教师人际交往能力的要求甚至大于对学问的要求。因为外语学习是一种艰苦的学习，动机和兴趣往往是决定学生是否坚持学习和是否能够学好的重要因素，而教师的个性魅力又是激发学习动机和兴趣的关键因素。另外与不同文化背景学生的交往首先是人际的交往，多年来的教学实践证明，受外国学生欢迎和取得良好教学效果的汉语教师不仅具备广博的专业知识，而且具备热情、真诚、亲切、友善和幽默等特点。

　　建立良好的师生关系首先需要教师改变传统的师道尊严观念，以平等和尊重的态度对待不同文化、不同性格和不同水平的学生。在中国的传统教育观念中，教师被看作知识的传播者和某个学科的专家，因此学识渊博是教师最重要的素质，态度严肃而内敛的教师往往更能引起学生的敬畏和尊重。但是第二语言教学的特点是以学生为中心，学生是学习的主体，教师充当的角色更多的是学习的指导者、咨询者和扶助者，因此教师与学生的关系就变得非常重要。亲切平等的态度更能拉近教师与学生的距离，营造出活跃和谐的气氛，而这种气氛是促进第二语言和文化学习的有利条件。教学实践中因为老师态度太骄傲或太冷淡而令学生丧失学习兴趣的例子时有发生。

　　除了平等和尊重以外，公正也是教师处理与学生关系的原则之一。教师往往不自觉地对学习成绩好的学生流露出偏爱，忽视甚至冷落学习动机不强、成绩较差的学生。这样很容易挫伤一部分学生的自尊心，甚至使他们失去学习的热情。汉语教师应该以公正和爱心对待每一个学生，特别要关注学习较差的学生，肯定他们的每一点细小的进步，给予他们更多的鼓励。实践证明，赢得这些学生的信任并激发他们的学习兴趣不仅是对汉语教师教学能力的考验，更是对教师人际交往能力的挑战。良好的师生关系将是一个双赢的策略，不仅使所有的学生受益，而且给教师带来愉快和成就感。

　　前不久，美国的政府、教育学家和商界领袖一起探讨 21 世纪的学生应该具有的基本能力，大家一致同意有四种基本的能力：了解世界的能力，跨学科思考的能力，处理信息的能力，人际交往的能力。虽然这是针对美国的教育特点提出的，但是对我们依然有很多启发。为了适应 21 世纪教育环境和教学目标的新变化，汉语教师只有不断提高自己的素质才能迎接新的挑战。

段文菡　　　　留学生商贸汉语专业课程的设置及教学

汉语言文化学院的商贸汉语课程起始于 1996 年，当时作为汉院第一届留学本科生的选修课程而设置。而如今，商贸汉语在我院已经发展成为本科教育的一个研究方向，课程设置也逐渐系统和完善。目前已开设的课程有国际贸易实务、当代中国经济专题、国际经济概论、经贸文选、经贸英语、国际贸易理论、商务谈判，即将开设的课程有国际贸易纠纷与案例分析、国际金融、国际商法、经贸地理等。

这些商贸方面的课程从名称上看虽很地道，但实际是一个"变体"，因教学对象不同在课程内容、教学方法和教材的编写等方面都被逐一改变，以适应母语为非汉语的外国留学生。

目前汉院留学本科生中，就有从商学院转来的日本学生，曾在商学院本科读商贸专业，因教学内容太难，实在难以在只有中国学生的课堂中找到自己的位置，只好转到汉院读书。

所以，目前所有为母语是非汉语的留学生所开设的商贸汉语课，都关照了留学生的语言特点，加强了听说读写语言技能的训练，把系统庞大的商务知识和理论"打散"、

"从简"，用对话的形式，变换场景、变换任务的形式，带出知识点，使他们易于接受，易于学习。

上海财经大学国际文化交流学院商务汉语教材调查课题组对目前商务汉语教材编写现状的调查认为，"目前的教材中，存在两头小，中间大的倾向。即初级与高级较少，中级教材较多。初级教材占总数16%，中级教材占总数66%，高级教材占总数24%"。这就是因为关照了留学生的语言特点而导致的必然结果。

在初级阶段开设商贸汉语课程少，是认为学习者的语言水平不足，难以学习；在高级阶段开设商贸汉语课程少，是认为学习者的语言水平达到一定的高度，就可以到真正的商学院或经济学院学习，不必"混"在留学生中"吃不饱"。

但是从实际的教学情况看，即使是如此"关照"，还是有一些问题。就我院而论，学历教育的留学本科商贸汉语课程设置是：在大一、大二阶段，主要学习语言基础课，以弥补语言知识的不足和提高语言水平。进入大学三年级，每个学期可学习2～3门的商贸汉语课，直到毕业。商贸汉语课程开设在三年级，本以为学生在这个阶段其语言水平已经达到一定的高度了，可以接受某专业的知识和技能了，但实际的教学效果并不理想。因为这些学生的商贸知识储备为零，而汉语水平也并没有预计的那么理想，也就是说，并不是从二年级到三年级中间仅隔一个暑假，汉语水平就上一个台阶了，在三年级开始要用非母语去学习一门新的知识，并非容易之事。教学现状是：教师讲解吃力，学生理解也吃力。而另一方面是：以为开设了商贸汉语课，学生就可以学到商贸知识并可以在技能上得到训练，实际并不然。就目前学生所使用的为留学生编制的商贸汉语教材来说，学生基本上难以从中得到系统而又完整的知识，虽然顾及留学生语言学习的特点，但却忽略了成人接受新知识的认知能力。教学现状是：学生学习那些以对话带商贸内容的课本，看似活泼、生动，但因专业知识只是点到为止，所以学得浮皮潦草，难以解惑。

商贸汉语从功能角度论，可以包含商品从生产到流通到消费的全过程，也可以包括国际贸易实务从建立贸易关系到谈判到合同的签订到合同的完成，还可以包括市场营销、生产管理以及办公室事务等，无论是广义的角度还是狭义的角度，无论是内涵还是外延的界定，都有其完整的体系。因为照顾留学生的特点而造成这个体系的"变体"不系统，知识的"变体"不完整，应该不是我们所希望的。

因此，在"关照"留学生特点的同时，还应该重视如下几个问题：（1）语言学习是一个渐进的过程，虽然在教学领域有人认为商贸汉语课程只适应高年级学生，不适应在低年级或零起点的层次中进行，但是初级阶段的语言学习者，入门的第一步是记住词汇和语言规则，不变的是汉语的语言规则，万变的是组成句子的最小单位——词汇，所以从初级阶段就开始点点滴滴地接触一些商贸方面的词汇和用法完全有必要而且是可行的。（2）知识的学习同样也是渗透－渐进－扩展－深化并提高的过程。学习知识的原则是要按照知识的架构渐进和递增。"点到为止"法，看似照顾留学生的学习特点，但却是不科学、不严谨的。虽然商贸汉语是目前汉语教学热点中的热点，但不能因热而造成泡沫状态。商贸汉语所覆盖的领域广大，可以在学习语言的初级阶段学习那些与日常生活密切关联的应酬、基本礼仪、商务交际等内容，不必涉及具体的理论和实务，这样既丰富和深化了语言学习的内容，又为高级阶段系统商贸知识的学习夯实了基础。（3）商贸汉语具有交叉学科的性质，在课程设置和教材编些方面应体现出交叉学科的特色，特别是学历教育，应该给选择经贸汉语专业或方向的外国留学本科生一个准确而科学的定位，避免出现去商学院和经济学院太难，而回到语言学院又学不到东西这种游离徘徊的状态。（4）除了本科教育之外，还有大批进修语言的学生，他们在华学习时间少则两个星期至一个月，多则半年至一年，这些人有些是急功近利者，有些是急用先学者，有些是为将来的需要储备知识者，有些是走马观花者……因不同的目的而选择商贸汉语课，但商贸汉语课程的内容和层次应有所区别，区别的原则除了语言水平这一"显性"因素之外，不能忽视学习者是否是经贸知识和理论的储备者这一"隐性"原则。

诸如以上所论问题，具体应对措施是：

（1）学历教育要走一条既在专业知识方面给予学生充分的保证，又在语言训练方面关照留学生特点的教学之路。我们应该开设的是既适应留学生语言学习的需要又能使其系统学到专业知识的课程，即又有用又容易掌握的课程。教学主干课随着学习者汉语水平的递进而改变：在初级阶段，教学主干课是语言技能方面，但不要忽略设置商贸汉语入门之类的选修课程；中级阶段仍然以语言技能课为主干，但是加大商贸选修课程的内容和深度；到了高年级，商贸汉语应该换身份成为主干课，并加强深度和广度的配套知识体系，如贸易理论、经济概况等。辅佐的是语言技能和文学文化课程。

基础教学中开设商贸汉语的选修课程，教材编写完全按照初学者学习语言的特点，在语法、语音、词汇（商贸词汇和日常普通生活词汇兼顾）和课堂教学的特点上以夯实语言基础为基本原则。

短期教学，MBA 背景的人和学历教育的目的不同，相应的，教学内容、方法也应不同。面向这类人员的课程设置，如果是汉语水平已经达到了中高级以上，掌握了2000～3000 字者，选择高级的商贸实务汉语和经贸理论等一些课程尚可，但对于初学者，就应该有适应初学者学习的商贸汉语课程。所以编写这个层次的商贸汉语教材尤为迫切。

（2）教材的编写与通用类教材相比最显著的特点是要体现经贸知识体系的完整。因各门课程之间互相补充，使知识系统完整；各门课中的各章节相互补充使知识点勾连。所以教材内容最好不要采用套用生活场景、散落一些经贸词汇的方法，初级阶段的教材虽然大多以对话为主，但内容也要有知识主线，也要做到"形散而神不散"，高级阶段的教材在注意语言训练的特点上必须体现专业性，体现知识的完整和系统。

（3）在课上，商贸汉语与普通语言课相比有三个特别：一是要求特别。不是一般意义上的以学生为中心的要求，而是职业性要求、实际操作能力的要求。二是特别讲解。接近于第一语言的学习模式，但要求教师讲解知识的语言清晰而简洁。三是特别的融合。是一种运用语域理论使语言和商贸内容、文化背景融合为一体的学习。经贸方面的专业语言是为经贸活动服务的，是进行商贸活动、体现活动规律和行业规则的特殊载体，语言水平达到一定高度的学生，虽然在一种情景下懂得怎么使用语言，但并不意味着就懂得如何在另一种情景中使用语言。通过非母语接受和弄懂一门新知识，理解专业词汇的特殊意义，并能够熟练地使用，这也是对汉语教师的一个挑战。

史建伟

谈留学生汉语言专业 "古代汉语" 课的课程设置及相关问题

一、"古代汉语" 的课程设置及定位

"古代汉语" 课是留学生汉语言专业的一门必修课，它的设立主要是为了让留学生体会一下古今汉语的差异，掌握最基本的古代汉语的语音、词汇、语法知识，进而提高他们阅读古书的能力，为他们查阅古代典籍，进一步学习中国古代文化，研修中国古代文学提供一些帮助。

按照国家对外汉语教学领导小组办公室于 2002 年编辑出版的《高等学校外国留学生汉语言专业教学大纲》的设想，"古代汉语" 一般被安排在第五、第六学期，每周的课时数为 2 节，算起来，两个学期的总学时不过 72 节，除去节假日和复习考试课时的自然损耗，净教学课时数维持在 60 节左右。

南开大学汉语言文化学院根据自己的情况，在国家汉办教学大纲的基础上制定出了自己的教学计划，基本上遵循了汉办大纲的体例，同时辅以 "中国风俗"、"中国历史"、"中国文学名著选读（古代文学部分）" 等专业选修课，使这些课程参互印证。这样的课程设计，一方面满足了留学生的求知需求，另一方面，也是更为重要的方面，那就是很好地分散了各门课程的教学难点，降低了学生学和教师教的难度，公平地说，这样的设置是非常科学合理的。

基于此种教学目的，也局限于这种有限的课时因素，对外"古代汉语"教学就要有一个准确的定位。我们不能急于求成，甚至是恨铁不成钢地要求留学生像中国学生一样牢固地、系统地掌握古汉语基本知识，并达到熟练地运用这些知识圆满地解决他所遇到的一切古文问题的程度。其实，留学生汉语言专业的"古代汉语"课应该是一门古文趣读课、古文泛读课、古文入门课，它只是要培养留学生对古文典籍的学习兴趣，培养他们古文的语感而已，没有必要系统深入地去给留学生讲授古汉语语音、语法以及词汇等专业知识，而应该把这些知识留待他们日后一点一滴、日积月累、循序渐进地自己去感悟。

二、汉字形义分析是对外古汉语教学行之有效的教学方法

正如笔者在《汉字形义分析与对外古汉语教学》一文中所说的：对于中国学生学习起来尚且感觉困难，好像学习外语一样的"古代汉语"课，虽然根据教学对象的不同进行了教学目标、教学内容等方面的调整，大大降低了难度，但是古今汉语毕竟是不同时代的语言，对于只是零零散散地学习了一些粗浅的汉语知识，本来就把现代汉语当作外语学习的留学生来说，"古代汉语"就成了他们的第二或者第三外语，其学习难度是可想而知的。

教授过"古代汉语"课的教师以及学习过该课的外国留学生反馈上来的意见基本支持了笔者的上述观点，教师普遍反映这门课难教，引不起学生的学习兴趣；留学生更把这门课视为畏途。上课的情形一般是这样：教师在讲台上一个字一个字地、极有耐心地把古文翻译成现代汉语，留学生再一个字一个字地、一知半解地把老师的翻译记录在书本上，以备考试之前复习背诵。一节课下来，教师头晕眼花，学生腰酸背痛。遇到考试，对整句的翻译留学生还能马马虎虎对付，一遇到解释字词义，答案就会五花八门，错误百出。

笔者认为，正是教和学两方面的不得法，才导致了上面这种不正常状况的出现。

学习外语成功的关键就是学习者的学习兴趣，没有兴趣，事倍功半；而有了兴趣，就会事半功倍。我们怎么样才能打消留学生学习"古代汉语"的畏难情绪而把他们学

习的积极性调动起来呢？我国著名的语言学家王力先生在 20 世纪 80 年代初曾经写过两篇文章专门谈到怎么学习"古代汉语"的问题，文章所针对的虽然是中国人，但是文章中的一些观点和看法对我们现在的对外"古代汉语"教学也是有启发的。王先生说："现在有些青年说，古代汉语难懂，好像比外语还难懂。这话过分了一些……可是其中也说明一个问题，那就是说，我们要以学习外文的方法去学习古代汉语。学外文的经验，首先强调记生字，还要背诵，把外文念得很熟，然后看见一个字、一个词，或读一本书，马上能了解它的意思。最高的程度，就是看书不查字典，举笔就能写文章，说外语时脑子里不用中文翻译，随口而出。……外文程度好的人……可以直接用外文来想。学习古代汉语的经验和学习外语的经验差不多。我们要能看到字就知道这字在古代怎样讲，用不着想这个字或这句话在现代是怎样说，在古代怎样说，就好像已经变为古人的朋友，整天和古人在一起谈话似的，这样的效果就很好。"[①] 在这段话中，王先生虽然没有提出"母语思维"、"目的语思维"等这些语言习得名词，但却为学习者阐明了语言习得的原理，而且讲起来更加深入浅出、平易近人。怎么样才能和古人成为朋友，怎么样才能让在留学生眼里陌生的一个一个方块字变得让他们熟悉起来，这是对外古汉语教学的一个难点，也是对外古汉语教学必须要解决的一个难题。

笔者通过多年对外古汉语教学实践以及对该课程教学方法的摸索，发现简化这一难点、解决这一难题的行之有效的方法就是将汉字形义分析引入对外古汉语教学并真正贯彻到课堂教学中去。

古代汉语教学说白了就是词汇的教学，从语音、词汇、语法三个方面来看，古代汉语和现代汉语差别最大的应该说就是词汇，这一点是大家公认的。换句话说，要学好古代汉语，就必须要熟练地掌握古代汉语的词汇，尤其是古代汉语的常用词汇。可以说，词汇教学是古代汉语教学的最显著的特点，也是古代汉语教学的重中之重。

古代汉语与现代汉语有着明显不同的语言特征，仅就词汇系统而言，差异就是巨大的。人所共知，现代汉语词汇以双音词或多音词为主，古代汉语词汇则不然，古代汉语词汇中 80% 以上的词都是单音词。而在汉语中一个单音词的书写形式就是一个汉字，字和词在古代汉语中基本上是统一的，词的形、音、义教学其实就是字形、字义、

---

① 摘引自王力：《怎样学习古代汉语》，载《王力论学新著》，广西人民出版社，1983 年 8 月第一版，第 208 页。

字音的教学，尤其是字形、字义的教学，在古代汉语词汇教学中理应占有重要的地位。这也就为汉字形义分析应用于对外古汉语词汇教学提供了理论依据，换言之，将汉字形义分析引入对外古代汉语教学是完全可行的，是符合古代汉语的词汇教学特点的。

在古代汉语中，单音节词的形义关系是最为统一的。作为汉语书写形式的汉字是表意体系的文字，它不同于表音文字，它能够通过字形来表现字义，也就是单音词的词义。在字和词基本上统一的古代汉语中，汉字最大程度地使用并保持了它的原始意义，即本义。通过汉字的形义分析来讲解字义，也即词义，进而推演、描画出该词词义的发展演变情况，是古代汉语词汇教学中一个最为鲜明直接，也最为准确合理的途径。

汉字形义分析可以帮助留学生构建贯通古今汉语词汇的桥梁。留学生对汉字字义，也就是古汉语中的单音词词义有了清楚的认识，他就可以举一反三，轻松而简易地了解由这个单音词组合而成的现代汉语双音词的意义。通过字带词，词又带词，滚雪球一般，学生不仅明了了词义演化的脉络，而且可以大大扩充他的词汇量。

汉字形义分析利用了表意文字汉字的特性，分析字形，讲解字本义，教师在黑板上写出一个个具有象形意味的古汉字，我敢说，这个时候不会有一个学生不把自己的注意力集中在黑板上，集中在老师身上。这种寓教于乐的形式，无疑增强了课堂的吸引力，提高了学生的学习兴趣。

古汉语教学一言以蔽之就是字词的教学，教师课堂上讲的应该首先是字义词义，而不是句子的翻译；学生学的、记的也应该是字义、词义，而不是句子的翻译。句子的翻译应该是学生下课以后自己根据字义词义来总结的，如此这般，较之教师填鸭式的教学，会有更好的学习效果。因为在学生自己总结翻译的过程中，他不仅复习了课上所学的内容，而且提高了他组词造句、谋篇布局等汉语写作能力。同时把学生从"书记员"的沉重负担中解脱了出来，把学习负担转化成了学习动力，可以有力避免古汉语教学中的教师翻译、学生笔录的不良现象发生，从而帮助学生养成良好的学习习惯。

此外，汉字也是中国传统文化的载体，通过汉字的形义分析，还可以使学生形象生动地了解相关的中国传统文化知识，自然而然地起到了弘扬中华民族优秀文化的作用。

三、关于"古代汉语"教材的编写、练习设计及测试问题

留学生的"古代汉语"课要让学生觉得难，但同时又能激发起他们自觉学习的主动性，那么，这"古代汉语"课就算成功了。让学生觉得难，任何老师都能很容易地做到，但是要让留学生知难而进，而不是知难而退，让他们凭自己的兴趣来主动地学习，却不是那么容易的事。

有了准确的定位，就有助于我们围绕这一基点进行精确的教学设计。

首先，教材的编写要做到难易适度，不能过难，也不能太容易，要做到循序渐进，有梯度。教材所选的篇目要突出经典性、趣味性、实用性的结合。所谓经典性包含两个方面的内容：一是要名家名篇，二是要充分体现古汉语的词汇语法特点。趣味性就是要选择那些有相对独立的故事情节的段落，摒弃那些艰涩难懂的长篇议论。所谓实用性指的是所选篇章要有贯通古今的力量，篇章的语言，隐含的历史、文化、思想要具有鲜活性，而绝不能是已经没有了生命力的东西。综合这三性，我认为汉语的成语和典故最能体现这些特点的，在古汉语教材的编写中应该要多加搜取。

练习是巩固课堂讲授的一个必不可少的重要手段，习题形式应该多样化，可以适当增加短文泛读练习、句读练习，但是要禁绝缺少语境的字句的翻译解释训练。

测试是对教师教学效果和学生学习效果的检验，也不能马虎。平时要有随堂提问，期中期末要有考试，试题可以分为开卷和闭卷两种，闭卷主要测试学生对字词句的掌握程度，题型要多样；而开卷则主要培养学生对所学知识的实际运用能力，可以查字典等工具书。

总之，对于留学生"古代汉语"这门必修课、基础课的教学我们绝不可掉以轻心，要准确把握这门课的定位。课堂教学是手段，提高留学生阅读古籍的能力才是我们这门课的最终目的，只要我们掌握了好的教学方法，使留学生培养成正确的学习习惯，假以时日，我们这个目的就一定能够实现。

鲍震培 **对外汉语教学中的现当代文学课教材**

一、现当代文学课在对外汉语教学体系中的
重要性和独特性

20 世纪 80 年代以来，"文化与文化教学"成为海内外对外
汉语教学界的教学研究和教学改革的热点之一，在这股世界潮
流中，确立了文化（传统文化与知识文化）教学在汉语教学中
的地位。中国现当代文学课是文化知识课中的主干课程之一，对培养学生的文化知识
修养，形成相应的语言交际能力，都起着积极的作用。但"目前对外汉语教学界在理
论研究上对中国现代文学课缺乏足够的重视与探讨，这门课程的开设在整体上处于低
水平、低层次的自发状态，这严重限制了它的重要作用的发挥与实现"①。中国的对
外汉语要超越语言技能培训的层面，加强对外汉语教学的文化内涵和教育功效，就必
须十分重视对汉语文化的教学与研究。

（一）语言与文学的密切关系决定了现当代文学课不同于其他文化知识课的重要性
和独特性

---

① 吴成年：《论对外汉语教学的中国现代文学课》，《北京师范大学学报》2002 年第 6 期。

文学无疑属于深层次的精神文化，如何进行深层的精神文化的教学是近些年来对外汉语教学界关注的焦点，因为它对于培养具有高级语言能力的留学生具有重要意义。

文学是语言的艺术，语言学家王力先生在《语言与文学》中讲到语言和文学的关系有四个方面：首先，语言是文学的第一要素，没有语言就没有文学，最好的文学作品是用最优美的语言写成的。二是词汇与文学的关系，主要讲文学是用形象思维，形象思维就是用具体形象来构思，表现为语言上的特点是多用具体名词，少用抽象名词。抒情诗如果没有形象，就是最坏的抒情诗。诗的意境，也靠具体形象来表现。三是语音与文学，概括地说语言的形式美有三种，即整齐的美、抑扬的美、回环的美。与这"三美"关系最为密切的文学形式是诗歌。最后他还论述了语法与文学的关系①。这些富有真知灼见的论述至今读来仍有指导意义。从这些论述上我们可以总结出文学的语言特点：文学的语言是艺术的语言，文学的语言是形象的语言，文学的语言是美的语言。

文学与语言的密切关系决定了学习文学有助于更好地、更全面地、更深入地学习语言。近年来异军突起、发展迅速的语用学认为文学具有语用文化"怎样使唤语言"的特点②，因而在对外汉语教学中，文学课越来越处于更加显著的地位。

现当代文学肇始于"五四"文学革命，许多著名作家就是当时轰轰烈烈白话文运动的先驱者，如第一首白话诗的作者胡适，第一篇白话现代小说《狂人日记》的作者鲁迅，还有周作人、刘半农等人对现代汉语（包括标点符号）的理论和实践作出了巨大贡献。现当代文学作品所使用的语言是"五四"以来规范化的现代汉语，而朱自清、冰心、巴金、茅盾、老舍、沈从文、赵树理、孙犁等都是堪称为语言大师的作家，他们的作品语言通俗流畅、形象生动、词汇丰富、语调优美、朗朗上口。所以从学习语言的角度，现当代文学课有着得天独厚的优势，这决定了它具有其他文化类课程所无法比拟的重要性和独特性。

（二）跨文化交际背景决定了现当代文学课不同于原来学科意义上的文学知识课的独特性

现在对外汉语教学中的文化教学一般分为两大类：一是语言课中的文化教学，二

---

① 王力：《王力文集》第 19 卷，山东教育出版社，1990 年版。
② 陈光磊：《关于对外汉语课中的文化教学问题》，《语言文字应用》，1997 年第 1 期。

是专门的文化课教学。这些专门的文化知识课，既具有分别属于文、史、哲、经各学科领域的基本特点，又必然要受到对外汉语教学学科性质的制约，关键在于它必须要有"对外"的和"汉语教学"的特点。按照这一规律，对于现当代文学课来说，它除了要保持原来中文系"中国现当代文学史"学科的基本特点外，还应具有在跨文化背景下开设这一课程的独特性。

跨文化交际学理论认为比学习表面化的文化知识更重要的是对知识背后的文化精神和价值取向的了解。"把文化背景当知识去学只是第一步，更重要的是要透过背景知识去了解目的语国家人们的生活和行为方式以及他们的文化心理与价值观念。"① "语境"对跨文化交际的学习者有着重要的非同小可的作用。

学习中国文化，了解中国社会，始终是众多留学生学习汉语的共同愿望和重要目的。

与中国古代文学相比，中国现当代文学在国外的介绍和传播非常不够，导致留学生所知甚少，但他们恰恰对这一段文学所反映的社会历史文化非常感兴趣，求知欲非常强烈。他们渴望通过文学作品来了解一百年来中国发生的事情：中国人在反帝、反封建的革命和世界反法西斯战争中的行为和思想，面对人生、爱情与国家命运种种不幸时的态度和立场……在没有系统学习这门课程以前，他们这方面的认识几乎是空白，经过了一个阶段的学习，学生改变了从前的看法，他们在作业中写道：

"我在学习这门课之前对中国文学没有那么感兴趣，可是我越上越觉得中国现代文学很有意思。一个作品，它包括的内容不只是简单的故事，也有历史、思想等很多文化色彩。通过一个作品，也可以了解到当时的人们是怎么过生活，他们的思想是什么样的。我相信通过这门课可以使我们进一步地了解中国。"

"对我来说，中国现当代文学其实有点新鲜，以前我认为中国现当代文学肯定没有中国古代文学浪漫，可是我（现在）发现中国现当代文学作者描写的感情、人生和爱情也非常丰富而明显。……以前我可能不太理解现代社会人民追求自由恋爱的渴望，可是我看《雷雨》以后就被深刻地感动了。"

"说实话我对中国现代文学不太了解，但我通过学习中国现代文学才知道中国现代

---

① 转引自毕继万、张德鑫：《对外汉语教学中语言文化研究的问题》，《语言文字应用》，1994 年第 2 期。

人们的思想、教育程度、文化，从混乱的时期到安定下来的过程等。如现代文学的奠基作家鲁迅，这样的作家都要通过自己的作品来改革人们的精神。这样的事实和每一篇我感到的喜怒哀乐，我觉得都是珍贵的收获。"

胡文仲认为："理解外国小说、电影电视是一个复杂的跨文化交际的过程。"①编写教材的主要宗旨和原则就是要体现这一跨文化交际的独特性。因此，对外汉语中国现当代文学课绝对不是中文系同类课程的"简版"或"压缩版"，而是充分考虑留学生这一具有跨文化背景特定群体特点的需要，为他们"量身定做"的，这种独特性必然影响到我们的教材编写的思路。

二、编写对外汉语现当代文学课教材的迫切性

"中国文学（现当代部分）"是汉语言专业外国留学本科生的必修课，达72课时，是一门重要的专业基础课。北京语言文化大学1997年《高等学校外国留学生汉语言专业教学大纲》规定这门课的教学内容是："本课程主要讲授中国现当代文学知识，要求学生对中国'五四'文学革命运动以来各个历史时期的代表作家、代表作品及其特点有较多的了解。具体内容包括中国'五四'以来的文艺运动、文化思想和文艺创作的成就；各种文学流派的兴衰、特点等等。要求学生熟悉一定数量的现当代文学作品，增加对中国现当代文学作品所体现的民族风格、审美习惯和语言形式等的有关知识；提高对中国现当代作品的阅读能力。本课程教学应根据外国学生的特点，加强文学教学同传授中国文化背景知识和提高汉语水平的联系。"

接手这门课首先遇到的是为学生确立使用何种教材的问题，虽然国内出版的中国现代文学史和中国当代文学史教材汗牛充栋，但我发现这些教材只适用于中国汉语言文学系的中国本科生，对对外汉语专业的外国留学本科生并不适用。目前国内外还没有任何一本为对外汉语专业留学本科生学习此课的配套教材。一年来采取自编讲义和指定临时参考教材的办法授课，但一来这终不是长久之计，二来写板书和学生记笔记占去了大量时间。只有有了配套教材，信息量增多，教师组织学生在教师指导下阅读作品的时间增多，才能切实而有效地提高教学质量。基于以上考虑，我以"中国现当

---

① 胡文仲：《跨文化交际学概论》，外语教学与研究出版社，1999年版。

代文学"为名称申请了 2005 年南开大学教务处的教材立项,很快获得批准。

我在"教材立项书"中确定本教材的内容大体与北语的大纲相一致:"教材主要讲授中国现当代文学知识,要求学生对 1917 年'五四'文学革命运动至当前——约一百年以来中国各个历史时期的代表作家、代表作品及其特点有较多的了解。具体内容包括中国'五四'以来的文艺运动、文化思想和文艺创作的成就;各种文学流派的兴衰、特点等等。要求学生熟悉一定数量的现当代文学作品,增加对中国现当代文学作品所体现的民族风格、审美习惯和语言形式等的有关知识;提高对中国现当代作品的阅读能力。本教材应根据外国学生的特点,加强文学教学同传授中国文化背景知识和提高汉语水平的联系。"本教材的特色是:(1)清晰地、突出重点地梳理出中国现代文学(1917~1949)、中国当代文学(1949 至今)的发展轨迹,各个时期的文学特点和主要文学成就。(2)根据外国留学生的特点和要求,适当介绍中国现当代历史、国情、文化传统等背景知识。(3)以介绍作家作品为重点教学内容。选择思想和艺术上取得突出成就而又广泛流传的经典作品作重点分析介绍。(4)列出课后练习题和思考题,以方便教师留作业。书后附录重要作家作品表和作品人物表,方便学生复习浏览。(5)图文并茂,适当安排作家照片、书影等彩页或插图。(6)语言通俗易懂,不用生僻字。

三、编写现当代文学教材的基本思路

(一)贯穿主流文化精神

研究一个国家的文化特点时,我们的眼光首先应集中在它的主流文化上,其次才注意它的亚文化和群体文化的特点。中国现当代文学无疑是沿着一个世纪以来我国主流文化的方向发展的。"五四"新文化运动以来,处于中国传统社会向现代社会转型,中西方文化发生前所未有的大碰撞和大交融的特定历史时期。大部分优秀的中国现代作家在文化知识结构上博古通今,他们有着深厚的中国传统文化底蕴,同时还具有现代性的意识和开阔的世界眼光,具备这些优势的现代作家自然在他们的经典作品中能深刻体现中华民族的文化精髓以及中国现代社会的深层变迁。1949 年以后的文学(习惯上称为当代文学),作家成为人民灵魂的工程师,他们与国家共患难,与人民同呼吸,与时代共同进步,终于迎来新时期文学百花齐放、欣欣向荣的繁荣景象。百年文学所反映出来的主流文化精神就是中华民族追求理想的执著精神,就是中华民族千百年来历尽种种磨难而薪火相传、生生不息的顽强意志及其"国家兴亡、匹夫有责"的勇敢战斗精神。

这种文化精神在授课和教材中是贯穿始终的，但又不能是说教性的强制接受，而应采取"以点带面"的方法传达给学生。我以为有这样几个"点"是关键点：一是"五四"新文化运动中，文学家站在狂飙突进的反帝反封建的历史前列，提出反对文言文，提倡白话文，反对旧文学，提倡新文学等观点，结合"五四"运动的背景知识，指导学生阅读《狂人日记》、《阿 Q 正传》片断、郭沫若等人的新诗以及冰心等人的问题小说。二是 20 世纪 30 年代社会各种政治力量的较量趋于复杂和平衡，作家对中国社会道路前途的各种不同的思考和行动特别反映在长篇小说的创作中。三是抗日战争全面爆发，具有爱国主义思想传统的中国作家创作出深刻反思中国人国民性的作品。四是"文革"末期和新时期伊始，文学传达了中国人民反对文化专制、控诉极"左"思潮的罪恶和毒害的愤怒心声，以"天安门诗歌"运动和"伤痕文学"为代表。通过以上四个特定的历史的"点"的描绘和探讨带动对百年中国文学的整体主流精神层面的描绘和探讨。而百年文化主体精神的核心或说奠基点应该是"五四"精神，那么，"五四"精神的继承、断裂与回归应是连接这样的"点"与"面"的一条红线。尽管百年文学现象非常繁复驳杂，但这一文化主流精神是"高光"、"亮点"，应该鲜明突出，而背景非常复杂的文艺论争或思潮流派应理清线索，淡化处理。

（二）体现各体裁文学经典，初步掌握文学分析方法

许多具有对外汉语教学经验的教师撰写的教学论文都指出现当代文学授课的重点是对名家名作的介绍、分析和欣赏，我也非常同意这种看法。鉴于外国留学生的特点，不能超越名著阅读阶段而直接进入文学史讲授的阶段，现在各院校普遍采取的是"分两步走"的战略，即名著选读的阶段和文学史阶段。我们学校以"中国现当代文学名著选读"选修课作为"中国现当代文学"的前置课程，在三年级第一学期开设选修课，对于刚刚升入三年级的留学生来说，他们的实际语言水平还较低，个体的差异也较大，考虑到学生的实际情况，选读哪些作品至关重要，我以为选择那些语言通俗浅显一些的、篇幅短小一些的、思想主旨鲜明一些的、形式活泼生动一些的作品为最佳。之所以设定如此多的限制条件就是为了使学生读起作品来易于理解和接受，从而激发学习兴趣。

其次是体现文学课的特点，同样是读文学作品，但与阅读课、精读课有着不同的目的和要求，那就是教会学生运用文学分析的方法体会作品。具体做法是：

（1）增加文学常识的介绍，如找出现当代文学的主要体裁（文体）——诗歌、小说、散文、戏剧和相声，按这些体裁（文体）设为五个单元，讲授其主要特点，每一单元选读和分析一到两篇作品，当然分析和解读之前要先做一番扫除语言障碍的工作。

（2）以课堂讲授为主，但经常要采取灵活多样的授课方法，如问答法、讨论法、分角色表演法等（此等方法依选课人数而定，40 人以上的大班授课效果不显著），另外还采用了听配乐诗朗诵、相声 CD 以及少量电影观摩助阅读的手段，如观看电影《雷雨》辅助话剧剧本《雷雨》的阅读。

"中国现当代文学"在四年级第二学期开设，对于高年级来说通读现当代文学作品已经基本不成问题，但学生的实际语言能力仍存在很大的差异，因此我们授课及教材编写均采用文学史与选讲选读结合的方式，基本以十年左右为一个时间段，顺序是概述－作家－作品。

（1）强调学习的循序渐进原则，打破传统的编排次序，加强诗歌的比重。

中文系本科和其他同学历中文专业一般是以鲁迅的作品为开篇的，而留学生虽然在这之前学过鲁迅的作品，但马上学习《阿 Q 正传》仍然有很大的难度。我以为应该本着循序渐进的原则，况且刚刚在概述中讲述了"五四"新文化运动，白话诗无疑是新文学理论积极的实践者，所以"概述"一节以后自然而然地以"新诗"进入中国现当代文学的经典阅读领域，使学生领略中国作为传统诗国在进入现代社会后的大变革和新发展，以郭沫若、冯至等著名诗人传达反封建反礼教"五四"精神或豪迈或缠绵的诗情的大迸发。所选名篇力求体现新诗形式和内容的丰富多彩，如湖畔诗人、冰心体、新月派等。这里谈一点我对现代诗的看法。一是关于现代诗在现当代文学史上的地位，虽然不像古代文学史那样居于首位，但也仍然占有十分重要的地位，从"五四"新文学胡适作第一首白话诗始到新时期"朦胧诗"海子的诗，新诗从未停止过探索前进的脚步，我们仍然是诗的国度。二是诗与语言的关系，诗无疑是语言的高级形式，诗是运用语言的艺术，从诗歌与语言的关系之密切，诗歌与青年关系之密切来看，在课程和教材编排中加强诗歌学习的比重是十分必要的。在教学实践中，发现学生对现代诗在字数和押韵的自由灵活方面很感兴趣，设想将来有条件的话可以开设"诗歌欣赏与创作"的选修课程，让学生在学习写诗中培养形象思维和运用语言的能力。

（2）选讲选读名家名作，淡化风格流派。

所谓名家是一般文学史上并提的鲁、郭、茅、巴、老、曹六位元老级作家，另外著名现代小说家还有冰心、丁玲、沈从文、张爱玲、赵树理，著名诗人艾青、穆旦、戴望舒、废名等。每个作家要有生平和创作的完整介绍，指出其处女作、成名作和代表作，所选讲或选读的作品要有简明清晰的内容概要和观点明确的评论。

当代文学的情况特殊而复杂，已出版的当代文学史和作品选出入很大，选讲哪些作家和作品很费踌躇。我的观点是以新时期创作为主，选读代表主流文化精神的作家作品，如汪曾祺的《受戒》等；对于新时期主要文学思潮和流派的代表作家和代表作品作适当的选讲，如伤痕文学、反思小说、改革小说、寻根小说、先锋小说、新写实派、女性主义写作等。

对于通俗文学作家，如香港武侠小说家金庸，在海外影响非常大，不可忽略，可列专节讲授。

对于现当代文学史上形形色色的文学思潮和流派，应带着问题意识研究和论述，如"五四"文学时期的问题小说和乡土小说的社会层面，发生在20世纪30年代的文艺论争的实质，《讲话》与赵树理的通俗化、大众化方向的关系，20世纪50年代频繁的文艺批判运动带来什么教训，"文化大革命"与"样板戏"的关系，改革开放后对外来文化的借鉴等。但与中文系同类文学史教材往往偏重于此展开学术性讨论不同，对外汉语教材应指出其主要问题及其核心的结论，点到为止，不作深入展开的宏篇大论。

由于课时少，学生读的作品有限，关于作品的风格、艺术特色、作家作品之间的比较等较微观的问题不能面面俱到地讲授，可以淡化处理。

（3）导入文学理论概念的基本术语，指导学生在阅读中使用文学分析法。

留学生与中文系学生还有一个最大区别，即没有上过"文学概论"课，所以我在第一课"序论"一节中给出学期单元时间内学习中国现当代文学课所使用的概念和术语，如塑造、人物形象、人物性格、主题、情节、结构、环境、故事梗概、浪漫主义、现实主义、现代主义等等。课上的讲述肯定会使用这些概念和术语，教师应让学生在作业中尽量应用这些概念和术语分析或评论作品，逐渐能正确使用这些专门用语。实际上，文学分析的方法并不单单是方法，而更在于认识问题和理解问题的能力，透过表象更加深入理解世界和人生。通过文学分析方法，加深对作品的理解。如有学生谈到学习这门课后再看中国电影就比以前理解得更深了。有的同学在作业里写道："以前我看文学作品时，只看故事，不看各个人物的形象，但这次看完《骆驼祥子》后，我发现故事里的所有的人物都重要，而且都有各自的形象。所以我看《雷雨》时，我注意看各个人物的性格和立场，这样看更能了解各人的心态，和故事的主题结合起来更能了解故事的主要思想。"可见理解力的提高无疑也带来阅读能力的提高。

（三）着眼于泛读，提高语用能力

语用文化是整个对外汉语教学中文化教学的重心，对外汉语教学的语用能力可以解释为运用汉语进行得体交际的能力。这样的能力要求两个方面：一是理解，二是表达。理解是在汉语表达的"上下文"的语境中进行的。"要准确地理解说话人的话语所传递的信息，仅理解言语形式的'字面意义'是不够的，还必须依据当时的语境推导出言语形式的'言外之意'（超越字面的意义）。"[①]这样的"上下文"范围很广，包括口语里的前言后语、时间、地点、话题、言语交际人的身份、教养和心态以及民族文化传统语境等，也可以概括为"语言语境、情景语境和文化语境"[②]。

文学作品无论在语境含义的丰富性、运用得体原则的多元性等方面，较其他语言材料都更加彰显和成功，这使学习文学作品成为提高语用能力的可能的有效的途径之一，但要实现这一途径并不简单，需要教师懂得一些语用学知识，并把理论与实际结合，在教学实践中摸索更多行之有效的方法。

在文学课上，我主要是运用泛读的方法，来提高学生的语用能力的。

我在上"名著选读"课时采取泛读与精读相结合的手法。根据循序渐进原则，前面两课先精读，从字、词、句入手解读作品，先诗歌，后小说。在解词的操作上与语言技能课的解词可能有所不同，尽量根据上下文，推测词在句子中的大致意思或找出相近的替换词即可，并不拘泥于字面的准确词义，这样做应该是符合文学阅读的规律的。解词用的时间少了，逐渐过渡到泛读和快读，从而提高阅读速度。对小说或散文、戏剧等叙事性作品，结合环境、景物、人物描写和人物对话，进行对作品思想和人物的分析。如在对鲁迅小说《故乡》的讲解中，突出对"记忆中的故乡"、"现实中的故

---

① 索振羽：《语用学教程》，北京大学出版社，2000年版，第7页。
② 王凤兰：《语用能力、语境与对外汉语教学》，《西南民族大学学报》，2005年第6期。

乡"和"理想中的故乡"三个故乡的对比，知识分子"我"、农民闰土和势利眼邻居杨二嫂的分析，增进学生对他们言谈举止彼此不同及前后变化和背后社会原因的理解。"名著选读"课还涉及了戏剧和相声这两类体裁，其语言的特点是口语化，在讲解和分析了剧本的故事和人物后，再采用分角色表演的方式泛读，学生很感兴趣，课堂气氛活跃。特别是相声这种中国传统的喜剧艺术，也是汉语言口语的艺术，作为语言材料特别适合留学生学习和模仿，在提高语用能力方面的效用应该是明显的。

"现当代文学"的阅读则主要是泛读性质的，基本上跨越解词的环节，直接根据上下文的语境进行阅读，教材中规定的阅读材料可以分为"选讲的篇目"和"选读的篇目"这样两类。选讲的篇目是作为配合文学史的材料来学习的，主要靠教师读原文片断并讲解内容梗概主题思想，如讲述"五四"新文学运动时选讲《狂人日记》，讲述鲁迅的讽刺风格时选讲《肥皂》，讲述解放区文学的大众化时选讲《小二黑结婚》，讲述新时期"伤痕文学"时选讲《伤痕》和《班主任》，这些选讲的篇目或全文或节选或梗概，都要列入教材内，使学生能够看到。而选读的篇目则需要学生花一定的时间先进行预习，上课时朗读，然后根据教师提出的问题进行分析，力求读通搞懂。如学习汪曾祺的《受戒》，围绕题目分三步展开分析："受戒"的字面含义，作品所描写的"受戒"（地点、环境、过程和人物言行），表现作者"不受戒"的人生理想。课后应及时布置思考题作业。若发现学生在语用上出现偏差要及时纠正，如"母爱"一词，汉语里只能解释为母亲对儿女的爱心，而不能是双向的；类似的还有"爱情"、"藕断丝连"等词多用于男女之间感情，而不能包括父母等亲人与儿女之间的感情等。所以我们的教材编写一定要针对对外汉语教学"学以致用"的实际需要。

蔡言胜

对外汉字教学与多媒体汉字课件的设计

一、对外汉字教学的现状

随着中国融入全球化进程的加快，近年来"汉语热"进一步升温，海外或来华学汉语的外国学生有增无减，对外汉语事业也在蓬勃发展，这无疑都是令人振奋的现象；但是本人根据对外汉语教学的切身体会来看，外国学生尤其非亚裔学生对汉语学习一般都有一种畏难情绪，而且开始阶段往往不得门径、事倍功半，究其原因，大都源于认为"汉字难学"。对外汉语界的不少同行对此也都有同感。

那么对于把汉语作为外语学习的外国留学生来说，可不可以绕开"汉字"这个拦路虎而轻松掌握汉语呢？答案是否定的。首先我国的《语言文字法》在这方面有所明示；再说汉字是汉语的书面载体，即使会说一口流利的汉语，如果不会读书、认字，在中国充其量还是个文盲（说得不好听点就是"睁眼瞎"）；更何况如果不结合汉字和阅读学习，想要真正提高口语水平恐怕也是天方夜谭。

所以汉字问题对于对外汉语教学来说，是一个回避不了的迫切问题，但是到目前为止我们对此还重视得很不够。现在开设对外汉语专业、招收外国留学生的学校院系比比皆是，一般开设有口语、听力、阅读、综合课等主干课程，零起点的学生或许还专门有个学拼音环节，而汉字教学一般被放在一个非常次要的附庸地位，最多不过是随文识字、随词识字而已，而专门的汉字课教学则几乎没有。这似乎就是暗示学生：汉字不重要。但是一遇到批量的汉字相关读写实践或测试，学生就傻眼了。

为什么会出现这种情况呢？或许也不光只是我们重视不够的问题。比如也有一些专门的汉字课计划，但实践不了多久就因为各种原因而取消了。作为复杂的文字符号系统，"汉字"的确难教，但是这里恐怕还有个教程、方法的设计问题。所以摆在我们面前的任务是：一要加强对于对外汉字教学的重视程度，二要重点做好对外汉字教学法的深入研究以及对外汉语教程的系统建设工作。

二、对外汉字教学法述评

对外汉字教学不同于中国学生基础教育阶段的汉字教学，因为学习主体大不相同。首先学习汉字的外国学生大都已经成年，机械记忆能力已经大大弱化，而且在非汉语的语境中长大，所以学习汉语文字时受到其母语文字观念的干扰比较强。这是对外汉字教学的难点所在。但是正因为学生都已具备较成熟的理性思维，所以我们也就可以因势利导，采用一些更符合人类认知心理或理解规律的文字教学方法。

中国人从小的汉字习得，一般认为包括会识和会写这两个同等重要的方面，或者说是先后两个过程，识字在先，写字在后，而且最终必须要达到既会识又会写。但是对于将汉语作为外语的汉字习得来说，尤其在基础阶段，恐怕要以识字教学为主、写字教学为辅，或者说识有余力、则以学写。这是诸多对外汉语学界同仁的共同看法，理由不再赘述，所以下面就先看一下几种典型的识字法思路。

汉语识字法从指导思想上无外乎两大类：

一种是随文识字法（或分散识字法），即阅读课的时候，在讲练文中生词时顺便认识一下相关生字，这是现在最普遍的汉字教学法。可以说这是一种分散穿插式的随词识字法；国内外语言教学过程中惯用随文识词的方法，其效果当然毋庸置疑，但是汉字跟最小篇章单位的单词或词素并不是一回事：汉字作为较复杂的书写符号是有其本质表征的，那就是"字形"，而且诸汉字的"字形"之间也并非毫无联系，而是有其系统的，此即"构形或部件"系统。对外汉语教师中知晓中国传统"六书"、读过《说文》的人恐怕不在少数，对"字形"观念应该并不陌生，但若认为汉字教学只需随文识字足矣，可能就有失偏颇了。

另一种就是集中识字法，即集中识记批量汉字的方法。在中国集中识字法其实是有其悠久传统的，翻开"四部"小学类的字书就可以一目了然了。现存最早的字书是汉代史游的《急就篇（章）》，几个字一句，间或押韵，以义类相从，后来的《三字经》、《百家姓》以及《千字文》之类的童蒙识字之书，也大抵如此，将常见常用字集中编排成韵语，这样固然可以备一时诵记查验之需，却均看不出"字形"系统上的考虑，所以对于汉字辨识的作用是有限的；而汉代许慎《说文解字》的"六书"探原和部首类别之法，则开辟了汉字"形"体系统研究的新天地，也为集中识字教学创造了无限可能。

另外还有一些学者提出的注音识字法、"六书"析字法、偏旁归纳法、"字族"识字法等，其实都可以算是"集中识字法"的具体运用。

但是真正适用于对外汉字教学的经验和方法，还有待深入研究和总结。比如汉字教学作为一种原本复杂而又枯燥的符号教学，怎样做到妙趣横生从而吸引外国学生的眼球，这或许是摆在我们面前的一个最紧要课题。而眼下汉字多媒体教学理念的盛行，以及相关课件的设计开发等，都是致力于此的有益尝试和创新。

三、多媒体汉字课件建设

现在市面上或网上可见的多媒体汉字学习工具已经很多，而且都各有特色。诸如有一些汉字的 FLASH 动画，侧重笔画笔顺的演示，就可以用来作相关辅助教学或自学；而一些幼儿识字类的多媒体产品将趣味性、娱乐性和教育性、科普性结合起来，很有新意，如动画片类的《火星娃识汉字》、《洪恩识字神童》，游戏类的《拼玩识字》，古诗类的《儿童古诗 flash99 首》，熟语类的《熟语识字》，图画类的《儿童直映高速认字》等，综合一点的如《字经》、《汉字经》等。

不过专门用于对外汉字教学比较成熟的多媒体课件还不多。下面简单介绍一下我个人正在着手设计制作的一个汉字课件：象形动画方案。

1. 设计理念：本着汉字重在表意象形的特点，以物象图形为先导，历时字形变化演示为手段，笔画笔顺为重点，音义词句为指归。以"虎"字为例：（1）先找到一幅（或数幅）合适的动物界真虎图片（相关影像、动画也可以），然后再找到"虎"字的甲骨文初形图片（选一两幅最接近动物原型的即可），其次是金文、小篆、隶书、楷书字形图片，均存入电脑；（2）利用动画制作工具（如 macromedia flash MX 2004 之类）将上述图片按先后顺序处理成变形动画，具备趣味性、形象性，达到让学生睹源识流、因形知义的效果；（3）进一步以放大的楷体"虎"字为蓝本，以笔顺笔画和偏旁部首为元件，结合按钮设置，制作成可以按需显示笔顺、部首的动画，当然也可以在其中设置语音、构词甚至相关文字故事的按钮。

2. 选字以《HSK 词汇大纲》出现的"象形字"为范围，高频常用字优先。

3. 关于"非象形字"的处理也有一些设想：如会意字、指事类字可用图形（包括符号）组合的形式导入义象特征，而大量形声字则可以运用形旁图示与类化聚合的方法处理等，当然具体问题肯定不少，但总的指导思想就是使以"形象"为中心使对外汉字课有趣起来。

留学生日汉翻译课中的文化教学初探

段银萍

引言

　　日汉翻译课是对外汉语教学体系中的一门应用性较强的语言实践课。同时又是对外汉语教学体系中不可缺少的、兼有中日语言文化意义比较的课程。

　　日汉翻译课的学习，不仅可以加深日本留学生对日汉两种语言文化差异的认识、理解与掌握，更有助于培养提高日本留学生运用汉语进行跨文化交际的能力。

一、对外汉语教学中的日汉翻译课的特点

　　1. 同是日汉翻译课，教学目标、重点、难点不同

　　日汉翻译课，是我院为留学本科二年级的日本留学生开设的选修课。是对外汉语教学体系下的一门应用性很强的语言实践课。针对教学对象是日本留学生，以及他们来华学习汉语言文化的特点及难点，我们将教学重点放在日译汉方面。

　　需明确的是，我们为日本留学生开设的日汉翻译课不同于国内一般外语院系面向

中国学生开设的日汉翻译课。首先是教学目标及教学侧重点不同。后者多在介绍翻译理论翻译技巧的同时，注重指导学生如何正确解读源语——日语，如何"高水平地"将日语翻译成目标语言——汉语；而我们的日汉翻译课主要教学目标与重点是训练学生如何将其熟知的母语（日语）转换成正确得体的汉语，帮助学生认知理解并掌握在两种语言的转换过程中出现的各种语言文化现象，进而提高汉语的交际能力。二者的教学难点也是不同的。对中国外语院系学生来说，读懂原文是第一关。其次才是如何"高水平"地将源语准确得体地转换成自己所谙熟的汉语。对日本留学生来说，源语日语不是难点，难点是如何将熟悉的母语用正确得体的目标语言汉语表达出来。将日语转换成汉语的过程，就是综合运用他们所学到的汉语词汇、语法、文化的过程。为什么这样说，而不那样说？怎样说才在语义、色彩、风格上更贴近源语？汉语的不同说法在语义、语法、语用层面上又有何差异？如何解读两种语言系统内部各个层面所蕴含的文化含义？这些是我们日汉翻译课在教学实践中应该加以关注、并努力予以回答的问题。

听、说、读、写、译是第二语言学习中需要训练的五种技能。"译"是对前四项技能的综合运用与检验。是听、说、读、写无法替代的重要"语言输出"环节。尤其在目标语言的教学环境中，日汉翻译课中的"日译汉"教学具有得天独厚的优势。

2. 同是语言课，日汉翻译课是在两种语言文化的碰撞、交汇、互动中进行的

在对外汉语教学框架下，日汉翻译课中的"说"、"写"与口语、写作等一般汉语技能课上的"说"、"写"虽同属语言输出环节，但有所不同。一般汉语口语、写作等技能课多在相对单一的汉语言文化环境中进行，课堂上除个别语言点、语境或话题有所指定外，通常学生可以"自由"发挥。多数学生习惯用自己较熟悉的词语、句式表达，而对自己不熟悉的或没把握的词语、句式或话题采取"回避策略"。而日汉翻译课的学习任务是在两种语言文化的对比中完成的。面对眼前的母语——日语，要将其转换成目标语言——汉语，任务本身具有"强制性"，学生只能面对，无法避重就轻。同时，来自母语语言文化的干扰也随之增强。在从日语向汉语的转换过程中，教师需引导学生在对两种语言的对比中，力争在语义、色彩、文体风格等方面使目的语最大限度地接近源语或与其保持一致。

"翻译的过程既是表层语言形式的转换，更是两种不同文化的交汇、碰撞，以至

相互适应、协调、融合与转换的过程。任何一个句子、句群、篇章的翻译都是在语言结构与文化内涵两个层次上的对比转换中完成的。"① 在中日两种语言的转换过程中，学生需不断地揣摩、分析、比较两种语言、两种文化。日汉翻译课自始至终渗透着两种语言文化不同层面的各种文化元素。整个过程是学生对自身语言文化与目的语语言文化的比较认识、再比较再认识的过程，从这个意义上是对汉语听、说、读、写四种技能的一个全方位的运用与补充，有助于留学生从跨文化视角，加深对汉语言文化的认知、理解与掌握。

二、日汉翻译课中的文化教学

1. 日汉翻译课中的文化

翻译是一种跨文化交际活动。作为一种语际间的交际，翻译不仅是语言的转换过程，而且是文化的移植过程。"作为合格的翻译工作者，既要精通两种语言，又要谙熟两种文化。"② "他处理的是个别的词，面对的则是两大片文化。"③ 作为两种语言文化的"精通者"，译者要不时地游弋、穿梭于两片文化的汪洋之中，寻觅、物色、比较、采撷在语义、感情色彩、语体风格等方面对等的词语、表达，来完成语言间的转换与跨文化的交流。

一般说来，对翻译过程产生影响的文化有两种，一种是所谓的"大写字母 C 文化"，指"人类文明成果和对文明所做的一切贡献之总和"，如文学、历史、地理、哲学、政治、经济制度等，亦即"文化背景知识"。这种文化通过学习可以获得；另一种是隐含在语言系统内部，主要体现在语言的词汇系统、语法系统、语用系统之中的语言文化。它支配影响着语言形式，并与语言有机地融为一体。有人将其划分为"语构文化、语义文化、语用文化"④，前二者属于语言本体结构（语法规则和语义系统）中的有关文化含义，后者是在语言交际中起规约作用的文化因素，也是一种语言交际中应遵循的规则。它的习得是循序渐进、潜移默化的。

---

① 朱立才：《语言文化与翻译课教学》，《世界汉语教学》，1998 年第 3 期，第 47 页。
② 朱立才：《语言文化与翻译课教学》，《世界汉语教学》，1998 年第 3 期，第 47 页。
③ 王佐良：《翻译中的文化比较》，（1984）《文化与翻译》，中国对外翻译出版公司，2001 年版，第 3 页。
④ 陈光磊：《关于对外汉语课中的文化教学问题》，《回眸与思考》，《对外汉语教学论文选：文化与对外汉语教学》。

　　理解与掌握蕴藏在中日两种语言系统内部的各个层面的诸文化因素显然是我们日汉翻译课的教学重点与难点。"一个事物的特点，要跟别的事物比较才显示出来。"①也只有通过日汉两种语言的相互比较，学习者才能更直观、更真切地感受并体会到自身语言文化与汉语言文化在词汇、语法、语用等层面所反映出的宏观及微观上的文化差异，从而进一步加深日本学生对汉语言文化的认知与理解，提高留学生的跨文化交际能力。

　　2. 日汉翻译课中的文化教学举例

　　有效的日汉翻译实践不仅可以使学生直观地感受到中日两种语言表层上的差异，同时也可真切体会到语言背后所包含的文化差异。

　　在语言中词汇是最活跃的、最具有弹性的一个部分。正如英国语言学者莱昂斯·约翰所说，"特定社会的语言是这个社会文化的组成部分，每一种语言在词语上的差异都会反映使用这种语言的社会的事物，习俗以及各种活动在文化方面的反应"。

　　如，汉语的色彩词"黄"与日语的"黄色い"，汉语的"粉红色/桃色"与日语"ピンク"所表示的基本色彩是一致的，但在其各自不同的文化语境下，它所包含的文化意义是完全不同或不完全相同的。例如：

　　（1）　普段で**ピンク映画**を上映している映画館で名画を見ました。

　　　*（我们在一家平时放映"粉红色电影"的电影院看了一部名片。）

　　（我们在一家平时放映"黄色电影"的电影院看了一部名片。）

　　其中的"**ピンク映画**"，有部分同学译成"粉红色电影"或"桃色电影"。

　　显然，这样译是因为并不了解汉语的"粉红色"与日语"ピンク"一词语义并不完全对等。汉语的"粉红色"可"表示不认真、不正当的男女恋爱关系"。如"桃色新闻"，而日语的"ピンク"一词通常表示"淫秽"、"猥亵"、"低级"、"下流"的意思，如"**ピンク映画**"。而汉语"粉红色/桃色"则没有此项意义。对比如下：

---

① 吕叔湘：《通过对比研究语法》，《语言教学与研究》，1977 年第 2 期。

日语"ピンク"与汉语"粉红色／桃色"的语义对比

	基本意义	比喻义 1	比喻义 2
"ピンク"（日）	淡红色／桃色 ○	×	淫秽、猥亵、低级、下流 ○
粉红色／桃色　（汉）	红和白合成的颜色 ○	不正当的男女关系 ○	×

那么，**"ピンク映画"** 翻译成汉语应该怎么说呢？有同学回答："黄色电影"。

"ピンク映画" 中的色彩词 "ピンク" 在日语中表示 "淫秽"、"猥亵"、"低级"、"下流" 之意，它对应于汉语的 "黄色"。如 "黄色录像/黄碟"、"查禁黄书"、"扫黄" 等，都表示 "淫秽色情，低级下流" 之意。但 "黄色" 在汉语言文化中所具有的文化意义也不仅限于此。在日汉翻译课上也有必要向学生简要介绍 "黄色" 的其他文化意义。

"黄" 是古人认为的五正色 "青"、"赤"、"黄"、"白"、"黑" 之一。五色又与五方 "东"、"南"、"中"、"西"、"北" 相对应，黄色居中，所以古代把黄色看作中央正色，为皇帝所喜欢。皇帝穿黄袍，士庶禁用。"黄袍" 成为皇帝身份的象征，"黄袍加身" 表示做皇帝。皇宫用黄琉璃瓦，皇帝的车叫 "黄屋"，皇帝的诏书叫 "黄敕" 等，皇帝垄断黄色一直到清朝。

另外，古人认为的五色与五行的 "木"、"火"、"土"、"金"、"水" 相对应。黄色属于土，与土的颜色相同。中国多数地区是黄色土壤，人们常用 "黄土地" 象征中国。著名中国电影《黄土地》，其中 "黄土地" 一词就寓含着独特的文化内涵。

与汉语的 "黄" 相比，日语的 "黄色い" 则不具备上述文化意义。因此，日本留学生若不了解 "黄" 在中国文化中的文化意义，自然不会联想到日语 **"ピンク映画"** 与汉语 "黄色电影" 相对应。

再如，日语汉字 "浴衣" 与汉语的 "浴衣" 汉字相同，但其文化内涵是不同的。例如：

（2）　東京の花火大会では、なんと言っても隅田川の花火大会が一番有名です。

……

　　私は**ゆかた**（浴衣）を着て見に行くのが楽しみですが、テレビで見ることもあ
ります。見物人の中には、外国人も沢山がいます。……

　　＊（……我喜欢**穿着浴衣**去看，有时也在家里看电视。参观的人群中有很多外国
人。）

　　其中的"**ゆかた**（浴衣）を着て"，有些同学直译成"**穿着浴衣**"去看。在中国
人看来，"穿着浴衣"去看烟花，有失体统，不易理解。问题就出在"**ゆかた**（浴衣）"
的翻译上。"**ゆかた**（浴衣）"是一个日本民族特有的东西，是一个具有文化意义的词
语。它是"日本人浴后和夏天穿的一种棉布单衣"，是和服的变体。若不将这种特有的
文化意义翻译出来，只用汉语的"浴衣"套用，中国人看后便一头雾水。因此，有必
要向学生介绍汉语中虽有"浴衣"一词，但意义不同。在中国人眼里"浴衣"是在家
中或浴室专供洗澡前后穿的，不会穿到外面。所以，在翻译这种富含日语独特文化含
义的词语时，有必要采用音译加注的方式。可译成：我喜欢穿着"（yukata）优喀塌"
（日本人浴后和夏天穿的一种棉布单衣，是和服的变体）去看放烟花。

　　通过以上两例，可以看出翻译是两种语言文化的最直接的碰撞与互动。它不仅要
求译者通晓、掌握日汉两种语言表层的结构特征，同时还必须弄清其背后的不同的文
化内涵。在日汉翻译教学中两种文化因素的比较体现在两种语言的词汇系统、语法系
统、语用系统各个层面上，是教学中不可缺少的重要内容。

结　语

　　以上对对外汉语教学中的日汉翻译课的特点与其中的文化教学作了初步探讨。笔
者认为同是日汉翻译课，对外汉语教学中的日汉翻译课其教学目标、教学重点、难点
都不同于一般外语院系面向中国学生开设的日汉翻译课。对外汉语教学中的日汉翻译
课的终极目标是培养和提高日本学生运用汉语进行跨文化交际的能力。同时，由于日
汉翻译课始终是在两种语言文化的比较、碰撞、互动中完成的，所以，两种语言文化
的比较在教学中占举足轻重的地位。

　　在日汉翻译课教学中，不仅要注重中日两种语言表层结构的对比转换，同时要关

注潜藏在语言内部的深层文化含义。两种语言与文化因素的教学（特别目的语语言文化），应作为贯穿日汉翻译课教学中的"双色"主线，二者密不可分。但目前日汉翻译课中的文化教学基本是松散的、"见缝插针"式的。如何更有体系地将语言、文化二者有机有序地体现出来，是值得我们研究的课题。

方向红　　　　**"现代中国问题讨论"教学设计与网络视频教学**

　　"现代中国问题讨论"是韩国建阳大学中国语言文化学系于 2006 年 8 月新开设的一门文化类选修课。我们根据课程的特点、学校教学设备条件以及教学对象的特点，精心设计了该课程的教学，在课堂教学中尝试运用了网络视频材料，教学方法也以教师主讲与学生主持讨论相结合，取得了较好的教学效果。本文主要讨论教学设计中的几个问题及谈谈教学感想。

一、根据教学对象的特点确定教学目的、教学内容和教学方法

1. 教学对象的特点

　　"现代中国问题讨论"课程的教学对象主要是中文系汉语专业四年级第二学期的学生，也有观光系的学生。这些学生三年级时都已在中国留学一年，汉语阅读能力、听说能力等都已达到一定的水平。在中国留学时，亲身感受了博大精深的中国文化，耳闻目睹了当代中国社会的进步和发展，对当代中国社会的政治、经济、文化、教育等都已经有所了解和切身体会，也有一些自己的感想。由于学生的语言知识与语言技能都已达到一定的水平，文化知识也有一定的积累，可以说为开展这门课的教学打下了

较好的基础。

作为毕业班的学生，他们一边学习未完成的课程，一边找工作，随时可以就业。这样上课的学生人数会随着教学周的推进而逐渐减少。按照学校规定已经找到工作的同学只要回校参加期中考试和期末考试就可以。

2. 教学目的

这门课程的教学目的是要帮助即将毕业的学生更深入、更全面地了解人们普遍关注的当代中国社会的政治、经济、科技、教育、文化等各个领域的热门话题，增进对当代中国社会变迁及发展趋势的认识，培养学生观察问题、分析问题和解决问题的能力。同时也要进行相关的语言知识的学习和语言技能的训练，如学习和扩充社会各个领域最常用的一些汉语词汇，学习使用表达自己观点常用的一些汉语句式等。着重培养学生高级汉语听力和阅读理解能力及口语、书面表达的能力，提高他们的汉语交际能力。

3. 教学内容与教学方法的确定

根据教学对象的特点，该课程的教学方式采用灵活的开放式的教学，即前半学期教师主讲与后半学期学生主讲相结合。教学内容的确定也是由教师和学生共同来完成的。这样已经工作的学生即使不能按时返校参加课程考试，也可以以书面报告的形式提交课程小论文。

教学内容的确定，首先是讨论话题的确定，这一点在整个教学过程中是非常重要的一个环节。

首先由教师确定一些讨论的话题，如"中国大学生就业问题"、"浦东新高度"、"青藏铁路"、"祭孔大典与两岸统一专题"、"中国城市交通问题"、"社会贫富差距问题"、"2008 年北京奥运会"、"中国的家庭结构变化"、"社会保障与社会救助"、"过中国的'七夕'还是过西方的'情人节'"、"当代中国的教育问题"等。教师要及时了解学生所关心和感兴趣的问题，作出相应的调整，这样可以更好地激发学生的兴趣。

除了由教师选择话题以外，也可以让学生根据自己的兴趣爱好自由选择报告的题目，从而体现"以学生为主体"的教学原则。如学生自己选择的话题有："东北工程问题"、"中国的少数民族问题"、"中国城市的交通问题"、"中国当代社会的贫富差距问题"、"中国的酒政"、"中国城市青年的夜生活"等。

4. 教学方法

前半学期以教师主讲为主，在此过程中言传身教，教给学生搜集材料、整理材料、归纳观点并且提出自己的观点等等的方法。后半学期由学生轮流来主持讨论。这时候教师要发挥主导作用，帮助学生确定主题、安排报告的顺序、分配时间，给学生补充材料、提出问题、参与讨论、修正学生观点等等。

二、根据课程的特点及教学设备条件选择和使用教学材料

1. 课程的特点

我们认为这门课程的特点是现实性、真实性以及教学材料的语言规范性。

现实性是指教学内容应当关注当今中国社会人们普遍关注的一些重要话题，具有很强的新闻时效性。从教学内容上讲，"现代中国问题讨论"跟"中国概况"有相同之处，又有所不同。"中国概况"主要是全面了解当代中国的基本国情和基本国策。这门课则主要讨论学生关注的当代中国社会政治、经济、文化等各个方面，可以展示当代中国改革开放以来的成就，也可以指出中国社会发展过程中存在的问题以及解决问题的策略，还可以进行中韩两国社会发展过程中各方面的比较，从而达到相互借鉴的目的。

真实性是指所用的教学材料来源应力求可靠，观点正确，所用的数据力求真实，这样才能客观真实地了解当代中国的面貌，

语言规范性是指作为课堂教学用的材料应是用词、语法较为规范，即语言规范化程度较高的材料。

2. 教学环境、教学设备条件

随着现代传媒技术的飞速发展，各高校的教学设备都较为先进，如在建阳大学就有大屏幕的影视教学教室和网络及多媒体教学教室。在这样的教学条件下，我们可以利用而且应该充分利用现代化的教学设备来不断更新教学内容和教学形式。

该课程的教学时数为每周 3 课时。分两次上，一次是 2 节课。在网络教室，有多媒体教学设备，可以即时上网，观看 CCTV 网站上的视频材料，甚至可以观看 CCTV 的网络电视现场直播节目，如《2006 祭孔大典》，以获得相关问题的直观影像。还有一次是 1 节课，在影视教学教室上，可以把笔记本电脑连接到电视上播放 ppt 文件，

进行视频材料的进一步理解和讨论。

同时，这门课的教学也离不开学生相应的学习环境。在学生宿舍楼一楼大厅、教学楼一楼大厅、图书馆等场所都有公用电脑，学生课余时间随时可以在公用电脑上上网观看相关视频材料，很方便地进行自学。

无论是教师讲解还是学生发表时都可以做成 PowerPoint 的形式来进行报告，还可以在网上链接相关图片或视频材料。

3. 教学材料的来源和选择

尽管国内已经有这类课程的教学用书出现，但基本都是文字类的教材。毕业班的同学一边学习，一边要找工作、面试等，比较容易浮躁。怎样吸引学生，使他们能够在课堂上安静地坐下来，是教师在进行教学设计时要考虑的。根据该课程的特点和学校的教学设备条件，我们在该课程的教学中尝试进行了网络视频教学的实践。选用视频材料的优越性是比较直观，声音、图像生动，比较容易为学生理解和接受。如我们在讲"青藏铁路"这一专题时，选用了趣游网上的一个 Flash 作品《跟着青藏铁路跑》，该作品通过鼠标的点击，依次介绍了青藏铁路沿途站点名称、海拔高度，展示了该站点著名风景区的风光图片等。美丽的风光图片伴随着曼妙的音乐，特别引人入胜。而视频材料《千里走青藏（五）——体验新式列车》则使人真正有身临其境的感觉。

我们的教学材料大多选用中国中央电视台 CCTV 的网络视频材料等，不仅观点鲜明，立场正确，而且词汇、语法较为规范，汉语普通话的发音也标准。教学实践证明，这样的教学材料对于已在中国有留学一年的经历，并且汉语水平较高的学生来说是完全可以接受和理解的，甚至是喜闻乐见的。采用视频材料教学的优点就在于容易吸引学生的眼球，可以达到以直观的形象来帮助理解深奥的内容的教学效果，而且在内容上要使他们觉得增长了知识，知道许多以前不知道或者不太了解的东西。

确定话题以后，教师在准备教学材料时，还有对材料难易度的把握和选择问题。网上搜索到的同一话题的视频材料往往有多个，难易程度不一。对不同的视频材料可作不同的处理和对待，我们的方法是把材料分为主要材料和辅助材料。

主要材料是指用于课堂教学的材料。辅助材料是指推荐给学生的课外阅读或视听的补充材料。主要材料选择的标准是内容具有典型性，长度适中，内容适合学生的汉语水平。对视频材料长度的选择以时间长度半小时以内为标准。实践证明如果视频材料时间太长，学生易因为疲劳而对材料失去兴趣或注意力转移。可以用整个视频材料，如《浦东新高度》；或撷取一个完整视频材料中相对独立的片断，如视频材料《星巴克——创新之路》可以取星巴克需要改进的方面来作重点讲解。材料最好是既有视频也有相应的文字材料，即录音文本之类的材料。这样的材料可以帮助在听力理解方面有困难的学生进一步学习。

辅助材料是可以帮助学生更详尽地了解相关话题的材料。如我们以青藏铁路的建设成就为主题来展示中国改革开放以来的建设成就，所用的主要材料为 CCTV《东方时空》栏目大型专题报道视频材料《千里走青藏（五）——体验新式列车》，而以视频材料《高原哈达》、网易旅游电子杂志——《易游人》在线网络杂志等为辅助材料。

在当代中国，经济特区、经济技术开发区似乎已经成了一个时代的象征，有一句话这样说："80 年代看深圳，90 年代看浦东，21 世纪初看天津滨海新区。"深圳带动了珠江三角洲区域经济的发展，浦东新区带动了长江三角洲区域经济的发展，滨海新区则成为了北方环渤海区域经济发展的龙头。我们以大型电视系列报道《再说长江》之三十一——《浦东新高度》为主要材料，中央电视台新闻会客厅栏目的视频材料《提速天津滨海》为辅助材料来展示中国经济开发区的发展成就。

学生自由选择了感兴趣的话题后，也就进入对报告材料的选择。学生可以用自己在中国留学时的图片，如有的同学在讨论"当代中国的贫富差距问题"时，使用了自己在中国留学时拍摄的一张图片，画面上一个背着婴儿的妇女正弯腰给一个坐在大椅子上的四五岁的小男孩擦皮鞋。学生也可以从网络上找一些材料，如学生在准备中国城市的交通问题时，也从 CCTV 的网站上找来一些视频材料，从而揭示中国近几年由于私家车的飞速发展，新手上路不遵守交通规则带来的一系列交通问题等。学生也可以从留学中国时结交的中国朋友那里找来一些历史材料和证据等。收集众多资料后，还要选取材料、整理数据、总结归纳材料上的观点，学生还可以就该问题进行中韩比较，在对比中加深对两国各个领域的发展异同的认识，相互借鉴。

三、文化教学与语言教学相结合

这是一门综合性的课程。这门课程的教学要求是在加深和拓宽文化知识的同时，提高汉语理解和表达的能力。据此，我们设计了一些练习形式。

1. 理解新词语、俗语词等

如让学生先观看视频材料《喜庆黄金周："两节"相遇生意火》，并且发给学生录音文本，让学生根据上下文来理解"扎堆儿"、"新人"、"老字号"、"唱主角"、"团圆饭"等词语的含义。

2. 听记重要信息

如在观看《再说长江》第三十一集《浦东新高度》时。让学生听记浦东大开发开始的时间、浦东新区标志性建筑（东方明珠塔、金茂大厦等）的高度等。通过了解这些具体真实的数据来认识浦东新区大开发的成就。又如听记视频材料《走向拉萨》中唐古拉车站的海拔高度等来具体理解"青藏铁路"为什么被誉为"离天最近的铁路"和"世界上最高的铁路"。

3. 回答问题

回答问题的练习主要是帮助学生概括总结观点，加深理解。如"说说'浦东人'含义的改变"。

4. 自由讨论

自由讨论题可以让学生在回答时加进自己的一些理解，如"说说你对视频材料的标题'浦东新高度'含义的理解"。自由讨论的问题应尽量细化、具体化，不能太大、太空。

又如，在"青藏铁路的建设成就"这一话题下，我们设计了这样几个自由讨论的题目：（1）青藏高原号称"世界屋脊"，在青藏高原上修建的青藏铁路被人们称为"天路"，说说你的理解。（2）中国人有句老话，"要致富，先修路"。你认为青藏铁路将对青海和西藏的经济发展、西部地区的经济发展甚至整个中国经济的发展产生什么影响？（3）有人说，"青藏铁路的建设是一项堪与长城媲美的伟大工程"，为什么这么说？对此你同意吗？

四、课程教学的意义及感想

因为这是新的教学模式的初次尝试，还在探索阶段，所以需要不断总结，以待日后进一步完善。我觉得在这一个学期的教学即将结束之际，感受最深的有两点。

1. 教师要尽量从正面积极地引导学生，使学生能够真正了解中国因为两国的政治、社会意识形态的不同，对于问题的看法可能会存在观念上的不同，所以在教学过程中教师正面的、积极的引导非常重要。

首先教师在选择话题、选择材料时多选择具有积极意义的话题，多用正面的材料，如用浦东新区发展的速度、发展的高度来展示中国改革开放的成就，用青藏铁路的成就来纠正学生对西藏独立问题的错误视听，用祭孔大典的成功举行来见证两岸统一的历史必要性。并且使韩国学生了解什么是"孔子文化圈"，了解儒家思想在韩国的传播以及祭孔大典申报世界文化遗产应是中国的专利等。对于帮助毕业班的学生增长知识，从而使其更加深入、更加全面地了解中国当代社会的问题具有积极的意义。

让学生自由选题时也可能会遇到一个棘手的问题，即学生感兴趣的问题可能会涉及中韩关系中敏感的政治问题，如东北工程问题。因为政治往往与经济密切相关。我们的态度是尊重两国意识形态的不同，尊重学生的言论自由，但要求学生必须全面了解中韩双方的观点，对此作出比较，尊重历史事实，材料数据必须真实可靠，论据必须确凿。同时在教学过程中教师向学生指出，政治上的问题不是我们凭个人的知识和能力就能够作出正确的评价的，我们只能就不同观点作出比较，我们这个课程以了解文化和语言学习及语言技能的训练为教学目的。由于教师的态度明确及适当指出学生所用材料中的一些错误和对材料理解上的偏差等，容易使学生信服。该学生在报告结束的时候真诚地表示，希望这个历史遗留的问题在两国政府之间能够得到妥善的解决，希望两国的政治经济以良好的事态进一步发展，希望两国的友好交往天长地久。

2. 综合培养学生的能力，为就业充电

对于毕业班的学生来说，培养他们收集材料、分析问题、归纳总结观点，以及进一步培养他们的汉语的口头和书面表达能力非常重要。学生在报告前都很认真准备了汉韩双语材料。他们给所用的汉语材料中的生词注上拼音，把韩国语的材料翻译成汉语。教师也允许学生在解释专有名词时可以适当地用韩国语。不少学生们说这是他们第一次发表，有点紧张，教师应多多鼓励他们。学生在用汉语发表时很紧张，教师就可以让他再用韩国语来发言，让其他学生来客观地评价两次的不同，使学生意识到不是他们本身能力的问题，而是对于这种语言掌握的熟练程度以及自信心的问题，使学生树立起学好汉语的信心，并且明确在发表前作好充分准备的重要性。

建阳大学中文系的毕业生中不少人选择去贸易公司工作，他们从事的工作大多跟中国有关，有的是当翻译，有的被公司派到中国做市场调查、营销等，还有的做公司广告宣传翻译，有的应聘空姐等。不管做什么工作，都需要及时了解中国社会各方面的现实情况。通过该课程的学习，一方面增长学生汉语言知识和中国文化知识，另一方面教给学生获取信息和作研究报告的方法，增强他们的汉语言交际能力。

李增吉　　# 阅读课的考试命题

桌子上放着某校一份本科生三年级的阅读课考试试卷，看后引起我一连串的思考：阅读课的特点是什么？三年级的阅读课应考哪些内容？考试命题怎样来定位、定量呢？

本文想就这些问题，谈一些看法。

一、阅读课的考试命题要突出课型特点

考试是教学中的重要环节。这一环节对促进和巩固教学成果、保证和提高教学质量、改革和完善教学管理等无疑有着重要的作用和意义。所以我们应该像教师选择教材、备课那样重视考试这一环节，应该极其谨慎地定位、定量，鲜明地突出课型特点。

任何课程的开设都是有其任务的。我们开设的综合汉语课，也有叫汉语精读的，它的主要任务是全面进行语言要素、文化背景知识和语用规则的教学，全面进行言语技能和言语交际技能的训练，把这几项内容综合起来进行教学。而阅读课的教学任务跟精读课是不同的，也不应该重复。阅读课的任务应该是培养学生以下三方面的能力：

1. 速读能力：能快速阅读的前提是扩大词汇量，而阅读课上的词汇训练，强调的是对词汇的理解和记忆，而不是运用能力，不必大量地去做词语使用练习。有了足够的词汇量还要培养学生扫读、跳读等能力和习惯，使之能够跨越词语障碍，迅速捕捉

并获得所需的信息。

2．综合能力：培养学生排除文章中细节的局限和制约，进行综合概括的能力，以便迅速把握文章的主要内容和中心大意。

3．推断能力：让学生学会根据文章的字里行间或言外之意加以推断的能力，进而理解作者的情感、态度和倾向。

这样的课型特点，就决定了考试必须也应该采取跟综合课不同的题型。常用的有：

1．阅读短文后选择正确答案；

2．阅读短文，选择适当的词语填空；

3．阅读短文后，补上一个合适的词语；

4．阅读短文后，补上一个合适的句子；

5．根据文章内容判断句子对错；

6．阅读后简单回答问题。

如果采取什么造句、组句、用指定词语完成句子等涉及语言知识方面的题型，那就偏离了阅读课教学的任务，也是与培养学生快速阅读能力无关。

二、把握"四度"，准确定量

抓住阅读课课型特点以后，接着就是要准确定量的问题了。怎样才能准确定量呢？最重要的应该把握好"四度"。

第一要把握好"信度"。命题一定要反映出考试的可靠性、阶梯性和稳定性，反映出学生的真实水平。提高信度的主要途径是适当增加题型的种类。只要题型多，覆盖面就会宽广一些，学生所应具备的知识和技能就会充分地表现出来，就会减少偶然因素的影响。在这方面，国家汉语水平考试委员会办公室编制的《汉语水平考试试卷》在命题定量方面为我们树立了一个榜样，尽管我们这里所谈的汉语阅读课考试和汉语水平考试的性质不同。前者是学生学习这门课程到一定阶段时进行的考试，是对学生学业成绩的检查，也是对教师教学效果的评估。它受制于教学本身，直接反作用于教学实际。后者是不管学生的学习现状如何而进行的通用性考试。我们在考试命题时应该本着对教学和对学生负责的态度，根据教学内容、培养目标和教学要求以及做题时间来命出足够量的试题。这个"量"应控制在95％以上的学生在规定的时间内能把题做完，而不是大部分学生用 1/4 的时间就能答完，也不是大部分学生在规定的时间内做不完题，更不是全部学生都能得 90 分以上，也不是有很多学生不及格。我们可以按考试时间和学生汉语水平等级来确定基本的"量"。若考试时间为 45 分钟，初等水平的试卷阅读语料应不少于 6000 字，中等水平的应不少于 8000 字，高等水平的应不少于 10000 字；若考试时间为 60 分钟，初等水平的的试卷阅读语料应不少于 8200 字，中等水平的应不少于 11000 字，高等水平的应不少于 13000 字；若考试时间为 90 分钟，初等水平的试卷阅读语料应不少于 12000 字，中等水平的应不少于 16000 字，高等水平的应不少于 20000 字。

第二要把握"效度"。这里说的"效度"是指命题要反映出考试的准确性和有效性。实践证明，提高效度的主要途径是使考试内容和范围要涉及课型教学的主要内容。采取"源于教材，高于教材"和"题在书外，理在书内"的原则。考试命题不应全部照抄教材中的练习题，应把一些内容加以综合，这样就可以考察学生对知识的迁移能力。这就要求教师建立各种课型的题库，否则临时拼凑试题是会出这样那样问题的。例如有这样一段语料开头写道："三十多年的教学生涯，学校给了我很多荣誉，我获得了优秀教师，优秀共产党员。"用这一明显的病句来作为阅读试卷是不合适的，它只能起到误导的作用。

第三要把握好"难度"。考试命题要合理地反映出难易程度。难易程度看起来是个非常模糊的概念，然而，教师经过钻研大纲和教材，在授课实践中，根据外国学生学汉语的特点，某一课型中的重点和难点是不难确定下来的。在命题中要把易、中、难的题目层次设计清楚。易、中、难的题目一般应该按 3∶6∶1 的比例分配。所谓"易"，一般指教学大纲并未列入重点和难点的内容，学生一看就能做对的题目；所谓"中"，一般是指把教材中的习题和有关内容加以改动，大部分学生经过思考才能做对的题目；所谓"难"，一般是指把教材中的重点和难点加以综合，使之形成好像未曾见过的试题，大部分学生做这些题目时要认真思考方能做对的题目。需要指出的是，考试题目过难或过易，都不能准确地反映出学生的水平和教学效果。

第四要把握好"区分度"。考试命题在定量时既要保证相当的及格率，又要客观地把学生的汉语水平区分开来。我们强调客观，就是要求教师从考试分数的高低来区分，而不是在考试后人为地再进行"平衡"，因为平衡出来的成绩缺少公正性。怎样才能做到区分度高呢？办法可以有以下两种：第一种是上面提到的合理分配易、中、难题目的比例，同时科学地规定出每题的分值；第二种是题量要大，让学生做起来没有反复琢磨的时间，这样就能区分出不同的层次。做到这两点，就可以使考试成绩遵循正态分布曲线。说到这里，教师还应该纠正几种看法：一种是为了迎合某些学生要高分的欲望，使命题量不足，降低可观的区分度，出现"人人高分，大家高兴"的现象；另一种是片面地认为"学生分数越高，就证明教师教课越好"的观点。在这两种误区里，常常见到全班平均成绩是 90 多分。我们认为考试分数固然可以从一个侧面证明教学效果的好坏，但全部或绝大多数人都得高分，是不是也在一定程度上反映出另外一些问题呢？比如命题定量上的问题、教材使用上的问题等。通过多年的教学实践，我们觉得考试成绩平均值控制在 70～80 分之间为好。

以上四点是互相联系、缺一不可的。我们在命题定量时如稍不注意，就会出现这样那样的问题，就会影响到考试命题的信度、效度、难度和区分度。

三、结束语

只要大家研究考试，统一认识，达成共识，丰富题库，阅读课跟其他课型一样，考试命题的定位、定量工作就一定能更加规范化、科学化。

王 瑛　　　# 汉语高级听力课教学的三个问题

一、问题的提出

在传统的对外汉语教学中，我们经常说语言学习需要掌握四项基本技能，就是听、说、读、写，这里，我们把"听"放在了语言技能掌握的首位，可以说，"听力"在语言学习中占有举足轻重的地位。

在日常的听力课教学中，常常会听到这样的说法：听力课是对外汉语基础课中最简单的一个教学科目，不就是放录音让学生听吗？给学生一些可供选择的答案，再让学生听课文一到两遍，然后提出相关问题，学生根据自己的听力理解程度，选择出正确答案。一般来说，我们的听力课教学至今还沿用以上这种教学模式，从某种程度上说，这种教学模式可以使学生的汉语听力水平有一定的提高。但随着对外汉语教学在国内和海外如火如荼地展开，我们对听力课教学质量的要求也越来越高。在听力课教学的同时，我一直在思考着这样三个问题：我们对现行的听力课教学有些什么认识？高级听力课应该怎样教？现行的高级听力教材有什么问题？

二、对高级听力课教学的三点思考

我以前曾多次教授过留学生的听力课，2005 学年至 2006 学年，我又分别担任了高级一和中级二两个层次的听力课教学。在以往的听力课教学中，我对听力课的教学有了一些体会，通过两个学期的听力课教学，现在对此又有了一些进一步的思考。

1. 作为一门对外汉语教学的基础课，听力课的教学和研究有必要引起我们同行的足够重视

语言的交流，听说读写，口语交流，听要先行。在几门语言技能基础课中，听力课相对来说是不太被重视的一个科目。从教学课时量的安排来看，一般是每周 4 课时，而综合课一般是每周 8 课时，口语课一般是每周 6 课时；从教学人员的配备来看，一般来说，骨干教师多配备在综合课上，听力课的教师配备相对薄弱一些；从教材的完备程度来看，听力课教材是在最近几年才逐步完善起来的，以前的听力课教材有时是和口语课教材混在一起的。

在国外的汉语教学，由于地域的局限，汉语听力常常被一些外国学生视为畏途，尤其是对初学汉语的学生，他们觉得听懂汉语太难了。使我印象非常深的是，2003 年初到法国里昂第三大学中文系工作时，二年级的听力口语课上，我问他们："学汉语多长时间了？"令我诧异的是，居然有很多学生听不懂我问的问题。在法国两年的异国生活，也使我这个居住在法国的外国人深深地体会到，听懂外语是多么重要。在海外的教学中，由于语境的缺乏，外国学生的汉语听力水平差些可以理解，那么，在国内学习的外国留学生汉语听力水平，排除学生个体差异，一般情况下，都会有突飞猛进的长进，当然这在一定程度上要取决于学生在听力课上的学习情况和教师在听力课上的教授情况。

语言的学习，听和说是直接联系的两个方面，听力的缺陷将直接影响着口语的表达，不利于语言整体水平的提高。所以重视听力课的教学，把它放在综合、口语、写作的同一层次，是我们对汉语听力课的一个基本定位。

2. 高级听力的教学不仅仅是单让学生听，重点是放在培养学生听的能力上

听力课如何教？以前就听过这样的说法："这学期有听力课，太好了，可以轻松一下了。"表面上看，听力课是比较轻松的一门课，有的教师教听力课，只是一遍遍地让

学生听，理解，做题，核对答案，学生提问，教师解释……效果怎么样？学生的理解是否真实可靠？以后的听力是否有进步？我们很少去考察。现在我们注意的问题是：如何教好听力课？在教"好"上下功夫，就不是那么简单的事情了。

学生良好的听的能力的培养对学生听力水平的提高至关重要，这种能力的培养，主要在于任课教师的引导和有意识的训练。

一是培养学生"听"汉语的兴趣。从教育心理学的角度来看，人对事物的关注是有选择的，兴趣感可以最大限度地开发人的记忆力、创造力和其他各种潜力。学生如果觉得汉语听力没有意思，很难学，那么这个教师的教学方法就是失败的。听力课的教学，学生开始学的时候是难些，但那是暂时的，随着教学进度的深入，学生的这种畏难情绪会有所缓解；在教师的耐心引导下，他会开始"开窍"，慢慢对汉语产生兴趣。只要学生有了兴趣，这门课也就容易上了，他们在上课时，注意力就会特别集中，学习效率也会随之提高。

二是培养学生独立思考和完成练习的能力。在听力课的教学中，我们不可避免地会对学生有些提问，并据此给学生一个平时分数。有些重视分数的学生，对自己拿不准的答案，时常会问邻桌或看别的同学的答案，有的还会直接看课文后面的文本，这样的结果可想而知。听力课成了阅读课，学生的听力水平一点没有提高，还很有可能会下降，教学和学习质量都打了折扣。所以，在教学的每个环节上，教师都要有所设计，尽量使学生在课堂上保持一个平和的心态，展示出自己真实的汉语听力水平，以便老师根据每个学生的不同水平和特点，有针对性地进行教学。

三是培养学生大胆提问、追根求源的课堂气氛。良好的课堂学习气氛等于教师的课堂教学成功了一半。在 2005 至 2006 学年第一学期，我给高级一班上听力课，那是一个给我留下较深印象的班。不为别的，只为课堂气氛活跃。学生有问题随时问，有问题随时讨论。记得有一次，由于教材编者的疏忽，有一个"判断下列句子对错"的小题的答案不对，一个学生马上提出了异议，我也引导学生一起来分析，结果这个学生的说法是对的，课文的答案是不对的，我及时表扬了这个学生，她的自信心以后也越来越强，经常会独立思考一些问题，并和老师同学交流，在期末考试时，她几乎得了满分。这件事也使别的同学受到了鼓励，很多学生不断在课堂上发言、提出各种问题。有人会说："有的学生真难缠，总有那么多问题。"其实，能够提出问题的学生才是好学生，说明他思考了，在学习上，他是一个主动者。

3. 有的现行听力教材尚需进一步完善，我们在教学中不能照搬现有的教材

以往的汉语听力教材，在同类的汉语技能课教材中，可以说是最单薄的了。记得20世纪90年代流行的是《中级汉语听和说》，孤零零的一本，没有配套教材，只有一套配套磁带。现在的听力教材越来越多，我院的高级听力教材用的是北京语言文化大学出版社李铭起主编的《高级汉语听力》，和以往的同类教材比起来，这本教材总的来说不错，选材广泛，题型多样化，由浅入深，层级递进，并配有配套录音带。但在教学中我们也发现了一些问题，主要是有些个别听力题的设计不够严谨，有漏洞，在正确答案的选择上有分歧，给教师的教学造成了麻烦，也使学生产生了疑问，上面提到的教学实例就是由于这个原因引起的。还有这本教材在课文后半部分的语料选取方面，有的句子太长，课文篇幅也过长，内容有些偏，过于专业，有的内容和留学生的生活离得太远，从而会导致学生缺乏兴趣等。但不论怎么说，瑕不掩瑜，我们现用的这本高级听力教材还是我所见到的同类教材中最具实用性、使用起来最顺手的一本教材。也许是这本教材的出版过于仓促，以上提到的问题，编者没有发现，所以我们在使用的时候应尽可能注意教材中存在的问题，不要照搬后面的标准答案，人云亦云。

三、结语

汉语听力课的教学中有很多值得研究和探讨的问题，以上谈到的仅是个人在教学中遇到和体会到的，还有很多方面没有涉及，这有待于在今后的教学中观察、发现、研究和归纳总结。总之，我们的目标是：重视对外汉语教学的听力课的教学；有意识地培养学生听的能力，提高学生对听力课的兴趣；完善现有的汉语听力课教材。让我们一起努力吧，让汉语听力课成为我们与学生的快乐交流的一曲美妙音乐。

王景荣　　　　**《中级汉语口语》教材练习部分的编写**

一、要重视练习部分的编写

我们知道，在对外汉语教学中，练习部分是获得汉语语言能力的必经过程，在众多的教学环节中它处于由知识的掌握转化为语言能力的关键阶段。越来越多的实践证明：语言是教不会的，语言是练会的。练习题编得好坏，对于我们教学的成与败至关重要。因此我们不能将编练习看作只是简单地出题，练习的编写应该遵循基本的原则，应该有明确的目的，应该有科学的根据。

二、对前人编写的十部教材练习题型的分析和总结

我们在编写《初级汉语口语》练习部分时，试想总结吸纳前人的编写成果，共收集了 10 部教材，对其题型作了较全面的分析。这 10 部教材包括：北京语言文化大学出版社出版、陈光磊主编《汉语口语教程》（中级）；北京大学出版社出版、张军主编

《最新实用汉语口语》（下册）；北京语言文化大学出版社出版、陈晨等编《发展汉语——初级汉语口语》（下）；北京语言文化大学出版社出版、陈明晶编著《中级汉语会话课本》；北京大学出版社出版、刘德联等编著《中级汉语口语》（第二版）；北京语言学院出版社出版、吴叔平主编《口语中级》；南京大学出版社出版、邱质朴编著《说什么和怎么说》；南开大学出版社出版、李增吉主编《新编中级汉语口语教程》；语言出版社出版、孙晖主编《开明中级汉语》；北京语言文化大学出版社出版、（原）北京语言学院来华留学生二系编《中级汉语——听与说》。

对这 10 部教材中练习题的分析：

这 10 部教材中最常出现的题型有：用正确的语调读出下面的句子。语言教学进入中级阶段，不再强调训练学生的难音、难声调，而更加注重语调训练。语调的正确与否对语言表达起着重要的作用。在我们统计的 10 部教材中有 5 部涉及语调的训练，我们认为这很有必要。在这 5 部教材中，语调训练出题方式是：用正确的语调读出下面的句子。我们认为这种训练往往泛于形式，不具有针对性，应进一步地细化：细化为对停顿的训练，要让学生知道，停顿不仅仅是生理上的需要，更重要的是出于句子结构上的需要、语意的需要和充分表达思想感情的需要；还可以细化为对重音的训练，包括对词重音、语句重音中的语法重音、逻辑重音的训练；还可以细化为对句调的训练等，尤其就语调的变化对其表达意义的影响这方面应多加训练，如重音的移动性改变对表达意义的影响。

扩大词汇量是中级阶段的最主要任务之一，口语课也不例外，口语课的最终目的是为了表达，是在掌握大量词汇基础上的表达，所以应加强词汇练习。据我们对 10 部教材的统计，每部教材都涉及词汇练习，出题方式有：用下列词语造句、替换词语练习、模仿例句造句、用指定词语完成句子或完成对话、选词填空、改写句子等。扩大词汇量并不意味着任何生词都可以进入口语的词汇中，应该有选择、有重点。我们的目的是培养学生成段表达的交际能力，那么词汇练习的侧重点可以是连接性词语。所谓连接性的词语，包括四个方面的词语：一是连接复句的关联词语，如"幸亏……"、"不然……"、"凡是……"、"都……"、"即便……"、"也……"；二是连接语段的过渡性或总结性词语，如"话又说回来"、"总之"、"总的来说"、"别说"、"说到"；三是口语中常见的习语，如"挨白眼儿"、"八字没一撇"、"唱对台戏"、"不管三七二十一"、

"好心当成驴肝肺"；四是格式中的词语，如"什么……不……的"（你想要就拿去好了，什么钱不钱的）、"该……还是得……"（该说的还是得说）。将这些词汇作为词语练习的侧重点表明我们对学生汉语语言能力的训练已不局限于单句，而在于若干句如何衔接为语段。

中级阶段的汉语口语课，要特别注意成段表达能力的培养。在练习编写过程中，多采用下列一些题型：（1）紧紧围绕着课文内容展开的交际活动，如：根据课文回答下面的问题。采取教师问，学生回答的方式，所提问题可以是根据一段或整篇文章的内容提出的综合性问题，也可以就某一句话的内容提出问题。在我们调查的 10 部教材中有 4 部有这类问题。10 部教材中此类题还有分角色按照课文对话、转述或复述课文内容、根据课文内容模仿表演等题型。（2）对课文内容作进一步扩延。不只是就课文内容进行提问，而是在课文内容的基础上，转换情景或角色，指导学生尽量使用所学词语和句型，完成与课文内容相关的成段表达。如《新编中级汉语口语教程》（上册）一书第一课谈中国人和西方人在很多事情的做法上存在着不小的差别。在所编练习中第六题是成段表达：这些我能理解（要求：根据你的所见所闻，谈中国人和你在一些事情的做法上的差别）。在我们考察的 10 部教材中全都有就课文相关的话题进行成段表达的练习，出题的方式有回答问题、大家谈、陈述自己的观点、请你说说、看图说话、语段练习、分组讨论、根据指定内容进行会话、课文读后谈等。围绕课文内容展开的语言表达训练，往往比较具体，学生在认真学习的基础上、在老师的帮助下比较容易作答。所以根据我们的教学经验，这一部分题在课堂教学中多为必做题。第二种类型的题，完成与课文内容相关的成段表达，往往是被老师以课时不够、没有时间做等理由而略去不做，即便是做了，也只是问问学生，学生三言两语作答。面对这类题学生常常不知如何回答，关键在于问题问得太大，就是一个汉语表达不成问题的中国人，你问此类的问题，他也可能不知从何说起，所以我们应该将问题问得更为具体、更为细致才好。更为具体、更为细致的方法是提出具体要求，要对回答的内容和方式进行规定，让学生知道从哪些方面完成表达。

三、有关练习编写的一些想法

对这 10 部教材练习部分进行总结，我们得出的总的体会是：出题要具有明确的目的性；出题量要具有科学性；要在掌握语言知识点的基础上，更加注重语言交际能力的培养；要充分体现课型的特点；要充分体现这一阶段的特点。

出题要有明确的目的性：中级汉语口语课练习的编写不能脱离开对外汉语教学的最终目的，即培养学生运用汉语进行交际的能力。为了培养学生的交际能力，老师的教学目的是告诉学生说什么和怎么说，并指导学生去说。那么我们的教材练习的编写就是要明确地说明要说什么。

出题量要适当掌握：出题量包括一课练习总的题量，练习包括的类别，各类练习所占的比例，就某一功能、语法点、词汇项所设练习的数量，其中有助于培养成段表达的练习应多于理解性的练习。

出题要体现本阶段的特点，要有别于初级汉语和高级汉语。要拉开练习的阶段层次，要循序渐进，初级汉语口语的练习题多是理解记忆性质的，练习是检验学生是否掌握课堂上教师讲过的有关课文内容，练习常以"点"的形式出现，通过诸如"词语搭配"练习几个重要的词，通过诸如造句练习语法点、语法格式等。到了高级阶段更注重语篇表达能力的培养，多采用就某一话题展开讨论的方式。中级阶段属由初级阶段向高级阶段的过渡期，所以中级阶段的练习也应该是由对语言点掌握记忆性的练习，到从语言点引申出的半交际性的练习，再到紧紧围绕课文内容或与课文内容相关的成段表达性练习。练习的编写顺序也应该是这样的。

语音、语法、词汇

关于选择同义格式作语言点的问题

郭继懋

大家都知道，"听"、"说"、"读"、"写"四项语言技能中，"听"、"读"是一类，"说"、"写"是另一类，前者是解码——理解的过程，后者是编码——表达的过程。语法、用法方面的错误最容易出现在编码——表达过程中。不少人一种外语学了很多年，记住了很多词语，学过了很多格式，能够读懂难度很高的文章，但是表达起来还是会犯很多语法、用法方面的相当低级的错误。造成这种情况有很多原因，其中一个是教学上"提供同义格式时缺乏选择"的问题。下面就简要地说明一下这个问题，并探讨克服它的方法。

一、两个原则

从编码——表达的角度看，学会使用外语中的一个格式就是学会用这种外语表达与该格式相对应的某种意思，比如，想用汉语表示对一件与原有预期相矛盾之事的不理解，需要学会使用"……不是……吗？（怎么……？）"这个格式，如："你不是买房了吗？怎么还在集体宿舍住？"如果一个人不会使用这个格式，他就不能完成这个表达任务。一个人学会一种语言，从表达角度说，就是当他想说话的时候，能够马上找到最合适的词语、格式等表达手段，把要表达的意思用自己希望采用的方式说出来。

按照这个思路，我们可以提出两点认识：

1. 假如老师已经教了可以实现某种表达功能的某个格式，在随后的一段时期老师应该带领学生干什么？不应该干什么？我们认为，在随后的一段时期内（至于究竟多长时间为合适，需要专门研究）应该从功能的角度、充分地练习使用这个格式，在学生能熟练地使用这个格式去完成相应的表达任务之前，不应该再教给学生更多的功能重复的格式，否则很可能会事倍功半，使学生消化不良。

2. 以后还需不需要再详细讲解更多的功能相同或者极其相似的格式呢？我们认为，从表达——编码的需要说，这不是必要的。

认知语言学的一个基本信念是，由于语言的基本功能是传达意义，所以在形式上所作的区分只有当它们反映语义、语用或话语上的分别时才是可取的。也就是说，如果几个格式在语义、语用或话语功能方面找不到分工，那么它们就没有必要同时存在，在外语教学中也就不必处理为几个语言点。

基于上述两点认识，我们在此想提出两个原则：（1）要避免教功能完全重合或极其接近的格式，在短期内尤其不要这么做。（2）教同义格式并非多多益善，应该考虑有无必要性，够用就可以了。

二、目前教材存在的问题

目前某些教材选择语言点时对这个问题并没有给予足够的注意。我们随便翻了一下手边的教材，发现了几个比较典型的例子：

《中级汉语教程》第五课"词语例释"第七项解释副词"难怪"的意义和用法——"难怪"，副词，表示明白了原因，不再觉得奇怪。这类句子总是由两个分句组成，一句指出现象，一句说明原因。"难怪"用在指出现象的分句里。

第十一项又解释副词"怪不得"的意义和用法——"怪不得"，副词，表示明白了原因，不再觉得奇怪。前后常有表明原因的语句。

而根据我们的考察，作副词时"难怪"和"怪不得"在功能上没有重要区别。

《桥梁》第十一课"语法例释"第四项讲解"即使……也……"的意义和用法——

表示假设的让步分句。"即使"表示的条件可以是尚未实现的事情，也可以是与既成事实相反的事情。在口语中常用"就是"或省略，书面语中也用"即便"。第十二课"语法例释"第二项讲解"哪怕……也……"的意义和用法——表示让步关系，前一分句用"哪怕"假设出一个条件，后一分句……强调即使在这样的条件下，也不会改变原来的打算或结论。多用于口语。

根据我们的考察，"即使……也……"和"哪怕……也……"在功能上是非常相近的。

《桥梁》第十九课"语法例释"讲解"否则"，第二十三课"语法例释"讲解"不然"，第二十四课讲解"要不"，第二十五课讲解"要不然"。

《中国视点》第一课"词汇和语法"第 9 条讲解"不管……，总是……"，第 11 条讲解"无论……，都……"。

《初级汉语口语》第五课同时讲解了"怪不得"、"难怪"、"我说呢""我说……怎么/为什么……"和"你这么一说，我懂了"等五六个功能基本相同的格式。

按照上面提出的原则，我们觉得，如果只讲其中最有代表性的一个语言点，应该更有利于学生集中精力，迅速、准确地学会使用有关语言点。在短时间内讲解这么多同义格式，学习效果不会理想，因为：（1）由于缺乏必要的辨析，学生在实际使用时肯定会产生困惑——我到底应该用哪个呢？（2）同时学几个格式无疑会分散注意力，最后很可能哪个也没有掌握牢固。（3）由于提供的格式太多，学生极可能会造出一些混杂的错误格式。有一个例子可以证明这不是多余的担心。这个学期我们初级班的学生同时学了"逛商店"和"逛街"两个说法，后来有的学生就造出了"逛商街"这样的错误说法。

三、讲清楚用法差异并不容易

讲解同义格式并非多多益善，一个原因是从学生的角度看，这样会增加学习负担；而另一个更加重要的原因是，从编码——表达的角度看，目前讲解同义格式时的典型做法（给出同义格式，说明这个新格式表示什么意义，相当于已经学过的哪个格式，举几个例句）是有缺陷的。讲解同义格式时最重要的是对几个格式的用法差异作出准确而又浅显、易懂的讲解。首先是讲解要准确。尽管讲解时所用的是老师的母语，但老师也不能只凭自己的感觉说明用法差异。老师应该查看相关工具书和相关文献，工具书比如《现代汉语八百词》、《现代汉语虚词例释》、《对外汉语常用词语对比例释》等等。不过，令人遗憾的是有些用法差异问题在工具书和有关文献中还找不到现成的、适用的结论，这时教师最好能自己作一些研究。在没研究清楚之前，一个比较稳妥的办法是举例说明几个格式表义一样或者不一样，这样做虽然不能把问题从根本上说清楚，但是却不大会歪曲语言事实。也就是说，你可能说得还不够清楚，但是你不会说错。

这里可以举一个例子说明讲解用法差异时应该认真、慎重，不然很容易讲错。《中国视点》很注意同义词语、格式的辨析，这一点很值得称道。但是，有一课比较了"不管……，总是……"和"无论……，都……"的用法，概括出下述两点差别：

（1）"无论"后面可以跟"是否"，"不管"后面不能跟"是否"。

（2）"无论"后面要加"还是"、"与"、"跟"，"不管"后面可以不加。

可惜，这些辨析都是错的。"不管"后面完全能跟"是否"，如：

不管敌人是否都死在大门内，他们……放起了火。

不管那些功课对他是否有用，他都不大去听课。

"无论"后面可以不加"还是"、"与"、"跟"，如：

无论冬天夏天总是拉晚儿。（老舍《骆驼祥子》）

无论你写的对不对，自要你敢说话，就能卖出去。（老舍《二马》）

可见准确辨析是不容易的，这是我们提倡慎重提供、讲解同义格式的一个重要原因。

近几年来，我们一直结合教学需要，在作同义格式用法的比较研究，取得了一些成果。比如，我们揭示了"粘合补语"（喝醉了）和"组合补语"（喝得都走不了路了）在表义功能上面的差异，揭示了"因为……，所以……"和"……，于是……" 在表义功能上面的差异。这方面有很多课题有待研究，汉语教学对这种研究的需要是非常迫切的。

四、两个选择同义格式的例子

下面举两个例子尝试性地说明一下在一组同义格式中如何进行选择的问题。

第一组，"数数"、"量量"、"数量量"、"数量数量"和"数量又数量"。我们观察了这组格式在用法上的情况，有下述几点发现（*表示错误用法）：

（1）"数数"是固定组合，不可类推：一一/*两两/*三三/*四四。

（2）"量量"在功能上受到很大的限制，比如不能作状语、宾语、补语，作谓语只能构成四字格式的并列句：麦子堆堆，葵花朵朵。

（3）"数量量"格式数词只限于"一"（一个个/*三个个）；不能带名词（*一个字个字）；不能带形容词（*一小口小口）。

（4）"数量数量"这个格式最自由、最容易用。①数词不限于"一"（两个两个）。②能带名词（一个字一个字）。③能带形容词（一小口一小口）。④可以做主语（一根一根又粗又直）。

（5）"数量又数量"在数词选择、带名词、带形容词方面有明显的限制（一个又一个/*三个又三个，*像一堆白云又一堆白云，一小口又一小口地咬着）。但是具有自己独特的表达价值——谓语性强，描述性强，是次第扫描（在扫描方式上，这些格式形成了一个等级：一张张 > 一张一张 > 一张又一张），是句子的焦点。在句末"数量又数量"比"数量数量"自然：张罗了一个又一个/? 张罗了一个一个/？？张罗了一个个。因为谓语性强，"数量又数量"不能作主语。

（6）多数格式都可以看作"数量数量"格式的变化。具体说来，当数词为"一"时，加"又"成为"数量又数量"，减"一"为"数量量"，再减"一"为"量量"。上面的分布考察正好可以印证这一看法是可信的。

（7）用这种眼光去看教材对有关语法点的选择，可以发现很多欠妥当的地方。如：《初级汉语精读》先讲解"一量量"和"量量"，然后讲解"一量又一量"，而最好用、适用面最广的因而最应该讲的"一量一量"反而一直没有讲。《初级汉语听力》第七课讲解了"一量一量"和"一量又一量"，比较合理，但是有一处错误，说"一量一量"、"一量又一量"和"一量量""作状语……数词不限于'一'"，其实只有作状语的"一量一量"是这样，其他两个格式还是限于"一"。

（8）我们建议的讲解顺序是：

第一阶段	第二阶段	第三阶段
数量数量/一量一量	一量又一量/一量量	量量
详细讲解、充分练习各种用法	谓语、宾语、宾语里的定语/主语、状语	主语，部分宾语里的定语

其实，只讲解第一阶段的内容（数量数量）就已经可以相当准确地表达所有相关的语义了，所欠缺的只是用语不够丰富、色彩有些单一，比如不会说"看着堆堆桑椹/看着一堆堆桑椹/桑椹堆堆"，只会说"看着一堆一堆（的）桑椹/桑椹一堆一堆的"。

第二组，"但是"、"可是"、"然而"。关于这组同义词语我们发现：

（1）"可是"用法复杂，比如有副词用法"这可是我专门给你买的"，而"但是"用法很单纯。

（2）连词"可是"都可以换作"但是"。

（3）"然而"都可以换作"但是"，只是语体风格上稍有变化。我们作了一个很简单的统计，发现在鲁迅作品中"然而"用得多，而在王朔作品中用得很少，统计数字见下表。由此推测，"然而"在功能上的特殊之处可能在于其书面语体色彩。

	"然而"用例	"可（是）"用例	"但（是）"用例
王朔《顽主》	0	23	12
王朔《一点正经没有》	0	13	23
王朔《看上去很美》	1	23	82
鲁迅《阿Q正传》	40	2	76
鲁迅《端午节》	5	4	15
鲁迅《白光》	8	1	8

（4）"但是"、"可是"有单音节形式"但"、"可"，"然而"没有单音节形式。

（5）初步结论：学会"但是"就可以满足普通的表达需要了，"可是"和"然而"不必作为语言点专门讲解，可以留在以后接触汉语的过程中慢慢学会。

卢福波　　语法教学与认知理念①

　　对外汉语语法教学无论在中国国内还是国外，近年来均有长足进步。表现在：大多能够系统、规范、难易有序、有针对性地实施语法教学活动。但是，我们部分地考察了中外一些学校，发现教学中仍然大量存在着某种偏向——偏重语法形式的讲解、偏重刺激·反应的操练模式；偏重语法理解的讲解，只重讲不重练的模式。对外汉语语法仅仅依循某一法实施教学是远远不够的。汉语语法是一个复杂系统，自身的结构及结构关系、与句义、功能、语用的种种制约都内涵一定理据性，认识它、学习它，就要从理据入手。语言的习得又有习惯性一面，没有渗透认知理念的操练，难以更快、更好地实现汉语学习、汉语应用的目的。对外汉语语法教学要针对汉语重意念、轻形式的特征与规律，采取相适应的方法、手段、策略——以语法的认知为切入点，在大量的应用性训练中渗透认知理念，即"认知—强化—创新"，三位一体，相辅相成、相得益彰，科学而有效地实现汉语语法的教学目标。

　　针对对外汉语语法教学中存在的问题，本文主要从三个方面展开讨论：（一）两种偏向的教学模式之比较分析；（二）对两种教学模式的理性认识；（三）如何应用性地渗透认知理念，实施对外汉语语法教学活动。

---

　　① 本文曾于第八届国际汉语教学讨论会上宣读过，此次发表作了较大修改。

一、两种教学模式之比较分析

1. 偏重刺激·反应式的操练模式

现行对外汉语语法教学中仍然存在大量行为主义教学理论的影响，即偏重语法形式的套用、偏重刺激·反应操练的教学模式，尤其在基础性汉语教学中，表现得更为突出一些。下面以三种常用连动句的教学，说明该教学的一般模式。三种连动句的形式可概括为：

① 他去图书馆查资料（了）。——A 式：S+V1（+NP）+V2（+NP）

② 她脱下衣服挂到衣架上。 ——B 式：S+V1（+NP）+V2（+NP）

③ 她看完信哭了。 ——C 式：S+V1+结果/了（+NP）+V2（+了/补语）

典型的偏重语法结构形式的教学模式往往会采取以下做法：

第一步：用符号写下或标出上述结构式——A 式、B 式或 C 式。

第二步：给出例句并让学生对照结构式加以认识。例句如：

④ 她回宿舍取书了。——A 式

⑤ 孩子们悄悄地溜进屋里藏了起来。——B 式

⑥ 儿子看到我进来高兴得叫了起来。——C 式

第三步：老师领读例句，学生逐一跟读（练到熟练程度）——简单复述式。

第四步：让学生套用句型造句（标注动词的地方要用动词，标注名词的地方要用名词）。

至此为止，句型教学在对外汉语语法教学中普遍存在，其最大长处是：教师对句型结构有认识，能够准确地加以提炼并引导学生认识。最大缺陷是：仅让学生进行简单、机械的模仿和套用。学生虽能套用句型，但并不能理解其结构的形成关系，不能理性地加以识记，在实际交际语境中难以得体、贴切地应用。

在实际教学活动中，有比上述教学模式更好一些的处理方式。如：

第五步：前后分别列出词语，让学生模仿句式组织出句子。例如：

邮局；信｜北京；长城｜拉（门）；上（车）｜迎；握（手）｜接（电话）；放心

第六步：通过图片、自行表演等方式让学生选用上述适宜的句型进行表达。

至此为止，应该说，这样的教学已经比较丰满了。这种教学最大的长处是：不是简单的、机械性的模仿和套用。学生可以感觉到不同动作的类以及它们的因序关系，并将它们按提供的结构式组织起句子，尤其第六步教学，学生已经是在根据情况创造句子了——需要自己来选择动词，选择搭配关系，按应有的语序组织句子，进行合乎情景的表达。而且在一个限定性的教学活动中（教师给出句型、词语等），学生甚至能够熟练到把一个刚学到的句型，按提供的词语、语境等条件脱口造出正确的句子。

但是，就是这种较为丰满的教学模式仍然存在一定问题。最大的问题在于：学生对于该句型缺乏深层次的认知——不了解按此结构组织句子的基本原理，不了解动作与动作之间的关系，不了解语序成因，更不了解何种情景下使用。由于缺乏深层次的认知，学生会很快把课上所学句型忘掉，并在实际生活的交际中自然地甚至大量地出现以下偏误情况：

⑦ ＊ 她发了信去邮局。／ ＊ 她发信在邮局。／ ＊ 她发信了邮局。／ ＊ 她邮局发信。

⑧ ＊ 院长迎着他握住手。／ ＊ 院长迎握住他的手。／ ＊ 院长握手迎他。

⑨ ＊ 大家放心着接了电话。／ ＊ 大家接着电话放心了。／ ＊ 大家接电话放心。／ ＊ 大家放心接电话。

偏重刺激·反应式的操练模式常常采取的做法是提供结构式、套用结构式。我们在教学中发现一个较为典型的教学例子，即：学习"连 NP1 带 NP2"或"连 VP1 带 VP2"格式。仅作形式套用的结果是学生造出大量偏误的句子。如：

⑩ ＊ 我吃早点连牛奶带面包。／＊ 我的朋友连中国人带美国人。／＊ 我有连口语带作文作业。／＊ 我买了连苹果带橘子。

⑪ ＊ 我们今天连上综合课带上听力课。／＊ 我今天下午连睡觉带写作业。／＊ 假期我们连去旅游带去饭店吃饭。／＊ 他在台上连唱带跳。／＊ 我们几个好朋友见面了，连说带笑。

学生在进行句式模仿表达时，往往更多注重于表层结构的套用，因为表层结构可以看到——老师已将其概括出来——句型或格式，所以套用起来比较容易。有的句式内涵不是很深，如上述连动句，虽然学生并不清楚连动之间的关系和语序致因，但是根据老师举的例子，可以领悟并衍推，因此也能够造出准确的句子来；而有些句式则有一定深层内涵，为某一表达意图服务，并不是简单套用就能学会的。如"连 NP1 带 NP2"或"连 VP1 带 VP2"句式，这样学生自然而然地就会暴露出大量问题来。

2. 偏重语法认知讲解的教学模式

在实际教学中常常还有另外一种偏向的教学模式——认知讲解的教学模式。有的老师认为只要把语法点给学生讲懂了，学生就会用了。因此，教学中千方百计为讲懂语法知识而绞尽脑汁，而不管学生的水平层次与接受能量，把与该语法点相关的知识——几个义项的、结构的、表达的等都讲到。例如：如果课文中涉及"就……问题展开讨论"的"就"，即学习的语法点是："介词——介引话题范围的'就'"，则把：表时间的"就"——她七点就到了，表数量的"就"——就一会儿，表确定的"就"——就是他，表容忍的"就"——贵就贵吧……，表各种关联性的"就"，一股脑儿全部拿来进行讲解。讲解所用时间可能是半课，也可能是一课，而辅助性的练习或许没有，或许只有三五个句子。也就是说，大量时间放在讲解上，很少或没有课堂互动及强化性练习。另一种现象是讲得可能也很简单——语句简练，但太抽象、太笼统、太概念化。例如：学习连动句 A 式，仅告诉学生这个句式表示目的关系；学习介词"就"，仅告诉学生它是介词，它的作用是介引话题，至于"目的关系"是一种什么关系、一种什么表达形式，"介引话题"是怎么回事，怎样构成的一概不讲。这种讲解，多数情况下学生根本不知老师所讲术语指的是什么，更不懂它为什么是这样，说是认知讲解，却根本没解决认知的问题。

这种教学最大的问题在于：没有从学习者学习的过程、目的切入教学，不清楚第二语言教学实际上是一个使学习者在认知所学规则的基础上获得提高、增强知识整合、编码、提取"自动化"的过程。其结果是：老师可能讲得都对，学生可能也听懂了老师的话，但是，事实上学生并没有弄懂语法的知识、规则，或并不知道实际上该如何用。

二、对两种教学法的理论认识

行为主义教学理论和认知教学理论都是语言学习的重要理论，对第二语言教学都具有重大影响和贡献。行为主义教学理论虽然在 20 世纪 70 年代众多新的教学理论兴起后，受到一定非议，但至今在美国也包括在中国的外语教学领域中仍占据要位，发挥影响，说明该理论有它实实在在的可取之处。我认为，以行为主义为理论基础的典型教学法——听说法、句型操练法等之所以具有很强的生命力和影响力，是因为它具备以下三点最要害的东西：

（1）符合语言自身的形式规律。尤其是句型或提炼的句法表达式，是该语言高度提炼的基本结构形式，是语法规则高度抽象概括的结果，简单明了，易于识记，并可直接通过实际运用的话语加以验证。

（2）具有可操作性。教学中提取的离开语境的静态句型、格式、表达式等是其典型模式，形式单一，关系简单，条件易于规定，是具有较强可控性的语言形式。教者容易控制变量，从而驾驭整个教学活动；学者也容易模仿操作，从而有效地完成单一、孤立结构式的掌握。

（3）具有直显效果。句型、格式、表达式等是相对单一而孤立的个体，通过训练可以直接看到掌握情况——教与学。尤其以行为主义为理论基础的教学法非常突出地提倡强化训练，养成目的语惯性，使得教学效果更加显而易见，一节课学会三个还是五个句型，可以直接看到，从而极大地刺激学习者的成就感，激发其学习积极性。

然而，以行为主义为理论基础的教学法，拥有该长处的同时也表现出最致命的弊端，即忽视了人的认知能动作用，片面强调语言是一种人类行为，这种行为是由习惯而养成，因此语言的获得被描述成一系列习惯的习得。这不符合人类认知事物的基本原理。

以认知理论为基础的第二语言教学理论认为，人类获得第二语言与人的本能是一样的——具有能动性，这是因为人类认识一种新语言与人类认识世界的认知原理、认知过程是一样的。人不是机器，不能仅由刺激·反应进行简单的重复和模仿。人在交际时总是要根据实际语境的需要，适宜地、合理地、灵活地表达想要表达的东西，由此言语的运用总是带有创造性的能动因素。从语言自身来看，语言是一种受规则支配的、具有诸多可变因子的复杂体系，不是单一、简单、固定不变的习惯体系。学习语言是一种有意识的、创造性的运用过程，因此语言学习过程中，就不应单一、孤立地掌握语法形式，而要对它有认知性的理解，认知性的掌握，从而发生符合认知理据的能动运用。以认知理论为基础的第二语言教学理论将学习过程与认知过程统一起来，在以下方面给予突出的重视和反映：

（1）对事物类属的认识——认识事物各种层次的相同与差异。

（2）对事物相关的认识——认识事物间错综复杂的联系。

（3）对事物综合的处理——输入与提取——适合情境的综合理解与综合应用。

这就使得该教学理论更加符合认知规律和学习规律，具有更高的科学含量。然而，在实际教学中，该教学法却未必占据更大市场，甚至有实验证明，认知教学法预想的教学效果与实际效果并不一致。原因何在呢？我认为，以下因素可能对其产生了重要影响：

（1）多数认知教学法对句型、语法点所作的处理不像句型操练法那样简单、明了、单一；内涵的、深层的、主观的东西太多，显得复杂，不易识记，掌握和驾驭有难度。

（2）从认知的角度看，一个句型或语法点可变因子很多，尤其是意念性强的汉语，常常会发生一个语法现象多种不同的认识解释，这就使得学习者对知识的可信度、实效度产生怀疑，从而影响学习。

（3）综合的东西具有诸多变量（在实际语境中），不易控制和驾驭，也难于验证。

（4）由于上述原因，较难实现综合性的强化操练。

可见，两种教学模式各有利弊，有必要进行深入研究，扬长避短，既要有更多的可控性和可操作性，又要体现认知原理，发挥人在学习中的能动作用，即两种教学有机结合。本文所倡导的即为语法形式结构的教学与认知理解性的渗透有机地结合起来，形成"认知—强化—创新"三位一体的教学模式。

三、渗透认知理念的对外汉语语法教学

1. 基本认识

语言是思维的工具，同时也是思维方式、方法的体现。不同语言词类、结构、系统的构成，可以反映不同民族观察、认识世界的角度的差异和对客观经验整合、编码方式的差异。说某种语言的人，往往会忽略说另一种语言的人对事物的那些差异的注意，二者对事物的关注点、突出点往往会有很大不同。语言的使用者也往往倾向于按照他们母语所提供的不同范畴去区别和辨认经验。因此学习者在学习目的语的语言规则和结构形式的同时，也需要学习这一语言的一些特定的区分世界的范畴和该语言所提供的区别和辨认不同范畴的经验和认识。所以，第二语言学习是一种有意义的控制性学习过程，它要求对所学语言进行高层次的决策和处理，能够使用特定的方式去调用认知能力，包括表达思想感情，表达合乎语境、合乎行事目的的正确语言形式，能够进行认知性的类比和分析，不断自觉地整合知识结构，经过强化训练后，形成长时记忆、新的知识结构和新语言转化的能力。第二语言学习的这一基本原理告诉我们，学习第二语言应该从认知出发，由认知理念驾驭整个学习过程，同时，又要不断地激活新接受的语言知识，增强其整合、编码、提取的自动化过程，这样才能真正建构一种新的语言。

而语法的认知性教学活动不等于以认知性讲解取而代之。选用"渗透认知理念"的提法，就在于突出对认知教学度的把握上。"渗透认知理念"的提法实际上是一种教学思想和教学方法的体现，是一种教学理念的体现。该教学模式在教学中至少要突出以下方面：

（1）整个教学过程中，语法项认知原理的讲解所占比例不要过大，杜绝专门地大讲特讲认知原理，要采取渗入的、点拨的方式，将语法点的认知与形式尽量统一起来，贯穿于整个教学过程当中，即教者以一种潜在的认知理念驾驭着整个语法形式的教学过程。

（2）仍可以句法结构等形式特征为主要表现形式，但却要以渗入的认知要点作为内在灵魂，作为知识的切入点。既要点出、导出（讲解）认知原理，又要强化结构形式的操练。

（3）强化性操练的角度要转向认知，不能为操练而操练，练习思路和练习形式要与认知点紧密配合，充分体现认知思路，培养学生架构该语法点的实际应用能力。

为此，在教学过程中应突出以下做法：

（1）充分调动学习者已有的知识结构和思维能力，类比性地认识汉语语言结构及词语构成致因，在该过程中让学习者体会、理解汉语为母语者语言使用的基本思维方式。

（2）在汉语学习中，尽可能地培养学习者找出语言（汉语或汉外）元素间的相同或相反之处；找出内在的、深层的相互联系；找出汉语元素排列的规律与成因。即在教给他们掌握汉语字词句意义用法的同时，培养他们理解和运用汉语的综合能力，激发他们学习中的自主意识、探求意识。这实际上又是学习的积极性与兴趣性的来源。

（3）在渗透认知理念的前提下，加大练习量，尤其是针对认知点不同角度的练习量。练习要突出渗入认知理念，突出规则条件的分解和应用条件的把握，以此加深对知识的理解，强化语法要点的长时记忆、形成选择、提取、应用的惯性。

该教学法与简单操练模式最大的区别在于，首先解决所以然，其次解决习惯性，在习惯性中渗入所以然，用所以然控制习惯性。"认知—强化—创新"三位一体的语法教学模式具有一定难度。首先它需要作更多的汉语本体的科学研究，在吃透汉语本体知识要点的前提下，把研究成果转换成可以操作的教学模式；其次，它要求把语法教学点变成多角度、多类型、针对性、功能性的操练模式。二者有机结合、协调统一，才是这种教学理念的精髓。

2. 具体操作模式

在汉语作为第二语言的教学中，如何渗透认知理念，实施语法教学呢？本文拟以两种类型的汉语语法点的教学为例，简要说明其教学的基本要点和操作过程。

（1）关于连动句的教学

连动句类型以上文 A 式——S+V1（+NP）+V2（+NP）为例。从认知的角度指导学生掌握该句型无需讲更多艰深的本体知识和使用专业术语，但教师本身则需透彻了解该句式的知识要点。

A 式的知识要点是"V1"与"V2"的关系——动作与目的的关系。做"V1"是为实现"V2"这一目的，因此该句式以交代目的为传信焦点。从表达的角度说，说话人之所以选择该句式进行交际，其意图主要是为了交代"V2"这一目的。

为此，教学首先要让学生了解两个动作之关系。

可以利用图画——图 1：一些孩子往海边走；图 2：孩子们在海边捉蟹子。引导问答：

⑫ 这些孩子来到哪里了？——海边。⎫ 利用这种理解性问答，引导构成 A 式
　　他们来这儿做什么？——捉蟹子。⎭

类似的引导可连续做几个（利用图画、实景等），V1 要选择不同的动词，然后引导学生分别将其构成 A 式连动句式。再用构成的连动句（3 个以上）启发学生认识这种句子构句形式上的特点与规律，表达了什么关系。由于前面的启发问答和构句已经暗示这些内容，所以学生会很轻松地指出：

V1——到达某处——动词多用——"来"、"去"、"上"、"回"等——动作在先

V2——做什么——是动作 1 到达某处的目的——目的在后，重心在后

如果个别要点学生尚未注意到，老师要明确点到。如关于"V1"、"V2"两动作的时间顺序与构句语序的一致性问题——这一点很重要，是掌握该句语序的一个关键认知点。

至此，就可以放开地进行大量的练习，练习由易到难。如，先提供词语，顺序是杂乱的，让学生分辨哪个应该是"V1"的部分，哪个应该是"V2"的部分；类似的语序错误的纠正练习；看图造句；让学生把自己昨天或今天所做的事情用该连动句表达出来等等。练习中，至少三分之一以上的练习属于实际应用的创造性表达练习——培养学生运用汉语的能力。

学习这种句式，可在初级阶段（HSK2～3级）进行。利用上述模式进行教学，学生大多能够非常准确地掌握句式，长记不忘，并能马上较为准确而适宜地运用于日常交际中。

由于学生汉语水平处于较低阶段，所以整个教学过程中教师没有明显的认知讲解过程，仅仅在个别地方进行了启发、引导、点拨，然而整个教学过程却无一不渗透着认知性的理念——"V1"表达的是什么，常用哪些动词；"V2"表达的是什么，常用什么形式；"V1"与"V2"是一种什么样的关系；选择这一句式表达的是什么；句式基本语序的成因如何等等。这就是这一教学模式完全不同于行为主义的听说法、操练法的根本所在。

（2）关于"连 X（NP1/VP1）带 Y（NP2/VP2）"句式的教学

A. 关于知识要点

a. 我们先把"连 NP1/VP1"和"带 NP2/VP2"之间的意义关系锁定于表示"加合"的关系上——相加而合，所以"连 X 带 Y"相加后要有总和的部分，常构成句式：

"连 X 带 Y＋都/全/一共……"或"连 X 带 Y＋V＋一＋量……"

但是必须加以注意的是，这种"加合"关系仅仅是外在的、表层的关系。

b. 从表层结构形式上掌握："X"和"Y"应具有同一属性——或均为同类事物名词性，或均为同类属性谓词性等；多数情况下字节也要求相对的一致——或均为单字

节，或均为双字节或多字节等——汉语韵律语法的制约。

c. 深层关系上，"加合"并不是交际目的的核心，"加合"的目的是为了说明一种情况，表明一种看法或态度，因此从构句形式上，"连 X（NP1/VP1）带 Y（NP2/VP2）"的前后一定要有表示说明情况或态度的前提句或后续句。

B. 关于教学处理

由知识要点可见，该句式的学习不能仅仅定位于表层形式上——"加合"关系，一些教材和教师的讲解，常常仅把它定位于形式的"加合"上，引导学生单纯加合名词或动词，结果导致上文所举偏误类型的大量发生。

该句型学习层级可以是中级水平（HSK4~6 级），全面讲解知识要点会很复杂，势必给学习者增加难度，所以最好采取利用实际情景，帮助学生理解句式和交际目的的做法。

学习该句型首先要让学生认识其表层的结构形式和意义关系。如：

a. 连接词语的音节——连皮带核 / 连本带利 / 连吃带拿 ——单音节

连周末带假期 / 连大人带孩子/连坐火车带打的——双(多)音节

b. 连接同类事物——连皮带核（指水果）;　}　名词类

连周末带假期（指业余时间）

连吃带拿(指东西);　}　谓词类

连坐火车带打的(指乘坐交通工具)

c. "连 X 带 Y"相加后要有总和，构成："连 X 带 Y＋都/全/一共……"或"连 X 带 Y＋V＋一……"等形式。如：

连周末带假期全搭上了。/ 连大人带孩子一共来了十来口。/ 连皮带核扔了一地。

其次，引导学习者认识运用"连 X 带 Y＋都/全/一共……"等形式的交际目的。如：

⑬ 连皮带核都吞下去了。——比如吃苹果，讲究的人可能要削一下皮，把核剔出去再吃。而该人却不是这样，说话人可能以此表明他很饿，什么都顾不上了；也可能指该人吃东西不讲究，不体面等等。

⑭ 连周末带假期全搭上了。——业余时间本应是休息或自由消遣的时间，而这里却都用于做某事上了，用以表明说话人某种态度、想法等——如很不划算，很不容易，

很费功夫等。

⑮ 连大人带孩子一共来了十来口。——说明来的人多。根据语境说话人表明的态度可以是不同的，如：来那么多人不像话，来那么多人很热闹、很给面子等等。

⑯ 连坐火车带打的一共花了两三千块钱。——可能想表明花的钱不少等意思。

总之，每用一个"连 X 带 Y"组合，都要引导学生认识它总和了什么；每构成一个"连 X 带 Y＋都/全/一共……"等形式都要引导学生认识它可能在什么样的语境下表达了什么用意。

最后可以引导学生实际练习。如：桌子上书、本很多——连书带本堆了一桌子——以此可表明学习用的东西很多，或东西放得很乱等意思。

突出应用性练习——利用图画、图示、场景、情景等——认识语境，把握交际用意。

总而言之，第二语言学习是一个高层次的整合过程，这种整合既要有具象的形式特征，又要有抽象的逻辑认知理据；既要强化到熟练掌握的程度，又要能够准确得体、创新应用。为此教学中所采用的教学方法就要为学习者建立新知识与原有知识的结合创造条件，使学习者不断产生新的理解，形成更高的认知分化，实现新语言的主动建构——理解、归类、熟练掌握、长时记忆、灵活运用。学习中帮助学习者建构一种横向、纵向的认知性组合聚合关系和图文影像，容易使之转化为长时记忆，即使万一忘记，也容易通过认知原理和影象加以联系——激活储备的知识，恢复认知性记忆，成为真正的获得性学习。

邵瑞珍（1997：259）曾指出："建立良好的认知结构以及掌握有效的认知策略并使之达到熟练化，是提高操作空间效率的有效途径。因此教师向学生传授有组织的、高度结构化的信息，并教给他们使用高效的认知策略均可间接地促进学生工作记忆能力乃至认知能力的发展。"对于对外汉语语法教学来说，对于将汉语作为第二语言教学的学科建设来说，是应该成系统、成规模地加强汉语要素认知教学的研究和建设的。

张慧晶 浅议重读表疑问的"怎么"与谓词的搭配及语法意义*

一

关于疑问代词"怎么"与谓词的搭配以及它所表示的意义，《现代汉语八百词》是这样解释的："1.怎么+动词。询问方式。动词不用否定式。如：这件事我该怎么跟他说？|他怎么学会说广州话的？……2.怎么+动/形。询问原因，等于'为什么'……"这就是说，"怎么+谓词"或者表示询问方式，或者表示询问原因。一般来说，"怎么"表示询问原因是比较明确的，因为我们可以通过形式"为什么"来加以检验或从语义方面给以解释（参见刘月华1985；邵敬敏1995）。按照上述说法，"怎么"似乎只剩下询问方式这一种意义了。但我们发现，"怎么"疑问句中的"怎么"并不全表示询问方式，实际情况则要复杂得多。尤其是疑问句中重读的"怎么"所表示的语法意义比较多变，它随着谓词的不同而不同。下面我们将一一说明。

* 本文曾在天津市语言学会第九届学会年会（2000年5月）上报告，会后得到郑天刚、关键等老师的指教，谨致谢忱。

值得注意的是，郭继懋先生在《"怎么"的语法意义及"方式"、"原因"和"情状"的关系》一文中提出了"狭义方式"和"广义方式"的说法，并将我们所举的许多"怎么"疑问句看作广义方式的例证（见《汉语学习》2001 年第 6 期）。我们不打算给"方式"一词作界定，只是想通过一些具体的语言事实来说明"怎么"语法意义的多样性，或许也可以体现"广义方式"内部的分化现象。

二

"怎么"询问方式可以说是这类疑问句的最基本、最典型的表达功能。我们可以通过"用什么方法、通过什么渠道、用什么工具"等形式进行验证。

你怎么打他的？　　　　→你用什么方法打他的？/你用什么工具打他的？

你怎么对付他呢？　　　　→你用什么方法对付他呢？

你怎么知道的？　　　　→你是通过什么途径知道的？

你是怎么发现的？　　　　→你是通过什么途径发现的？

他怎么煽惑你的？　　　　→他用什么方法煽惑你的？

这个菜怎么吃呀？　　　　→这个菜用什么方法吃？

从这些例句可以看出，"怎么"询问方式具有非常普遍的意义，与其搭配的成分涉及各类动词。在这种语法意义的框架内，形容词是没有位置的。

三

在汉语中，"怎么"的意义其实用得十分广泛。

1."怎么"+属性动词/一些静态形容词时，"怎么"重读（我们用符号"表示重读），"怎么"表示询问主语具有这些特点的具体表现。例如：

（1）甲：你真像你妈妈。

乙：我"怎么像我妈妈？

甲：你也眼睛大大的，鼻梁高高的，小嘴巴，圆形脸。

（2）甲：你儿子"怎么怕他妈妈？

乙：他一看见他妈妈就不吭声了，埋头写作业，可不像在我面前那样吵
吵闹闹的。

（3）甲：你"怎么不舒服？

乙：我头疼，嗓子发干。

（4）"青年文明号"交通岗，到底"怎么文明呢？长安街交通民警打出的交通手势，已成为京城一大景观。有些民警出色的指挥手势被群众称为"城市雕塑"。不论是外国人、外地人、北京人，每当看到民警标准、有力、有节奏的指挥，都会伸出大拇指称赞。

根据上下文和会话，我们不难看出，"我"怎么像我妈妈"与"你儿子"怎么怕他妈妈"两句问话所要问的绝非"我以什么方式（方法、工具、途径）像我妈妈"和"你儿子用什么形式（方法、工具、途径）怕他妈妈"，而是想得到一些事实依据，所以"怎么"询问的是具体表现。像这样的问句我们平常听到的还真不少，再如：

他"怎么喜欢你？　　　　　老师"怎么讨厌调皮的男孩？

小王"怎么嫉妒你？　　　　领导"怎么信任你？

能与"怎么"搭配，"怎么"询问具体事实表现的动词有：①属性动词，有：相似、爱、恨、想念、怀疑、嫌、嫌弃、害怕、担心、后悔、盼、盼望、赞成、以为等。②态度动词，有：尊重、尊敬、孝顺、体贴、亏待等。③静态形容词，有：狼狈、消极、阴险、傲慢、尖刻、殷勤、狂热、痛苦、笨、馋、冲（去声）、蠢、刁、毒、黑、狠、横、倔、懒、精、灵、猛、傻、凶、差、丑、次、怪、好、努力、认真、刻苦等。

2. "怎么"+某些变化动词和动态形容词时，"怎么"重读，句末有助词"的"，"怎么"询问过程，即造成某种变化的过程。这样的变化动词有：丢、丢失、痊愈、蜕、起源、产生、形成、进化、损耗、犯罪、失足等。这样的动态形容词有：黄、绿。这些谓词具有[+渐变]的语义特征。例如：

（1）甲：生物"怎么进化的？

乙：先是水中简单的有机质，然后是脊索动物，再进化为脊椎动物，然后从水栖动物进化到两栖动物，再进化为陆地爬行动物……

（2）甲：树叶"怎么绿的？

乙：树叶是通过光合作用变绿的，光合作用的过程是……

3. "怎么"+某些变化动词，"怎么"重读，句末有助词"的"，"怎么"询问当时的具体情况或背景。例如：

    （1）甲：你们俩"怎么碰见的？

        乙：我上地质大学找朋友，他也上地质大学找朋友，我们就遇上了。

    （2）这次事故"怎么发生的？

    （3）这房子"怎么塌的？

这样的动词还有：坠毁、破裂、犯病、遇到、遇见、看见、陷落等。

    4．"怎么"+某些变化动词，"怎么"询问结果。"怎么+V"可以变换为"V+的+结果+是+什么"，例如：

    你们怎么决定？   →你们决定的结果是什么？

    你怎么考虑？   →你考虑的结果是什么？

这样的动词有：改、商量、修改、判（案）、翻译、研究等。例如：

    左荫棠又说："结合我们面临的现实，我把第三句改了一下。"

    "怎么改的？"

    "把它改成：'若为保祖国，二者皆可抛。'"

    "嘿，改得太妙了！"柳春江的目光中流露出赞美的笑意。

    5．"怎么"+言语动词以及表示思维活动的属性动词，"怎么"常常询问的是内容。而不是方式，"怎么+V"往往不能用"用什么方式+V"变换，而可以用"V+什么"变换，例如：

    老师怎么说？   →老师说什么？   *→老师用什么方式说？

    他怎么告诉你的？   →他告诉你什么？   *→他用什么方式告诉你的？

    你怎么想？   →你想什么？   *→你用什么方式想？

言语动词主要是：说、讲、谈、念、骂、解释、批评、夸奖、表扬等，思维动词主要是：看、认为、想（推测、认为）等。例如："你怎么看"，意思是"你的看法是什么"，下文的回答往往是具体看法。例如：

    （1）"你怎么看？"

        "赞成呗！因为我觉得越是改，企业跟我们贴得越紧。"

    （2）"那圣人是怎么对你们说的？"老师问道。

"我们问圣人每天下午是不是有一个老师来这里,但圣人说他从未见过。"

（3）"派去的人,到门卫那儿怎么说?"

陆东云思索有顷:"如果年龄比我大,就说是我的叔伯哥哥。如果年龄比我小,就说是我的叔伯弟弟。"

总之,"怎么"与不同的谓词搭配,往往表示不同的语法意义,显示了动词小类的语义对于"怎么"语法意义体现的制约或者细化。

王泽鹏 对外汉语熟语教学浅谈

一、留学生汉语学习应加强熟语的教学

熟语是现代汉语词汇极为重要的组成部分。说它重要，就是因为它在语言中大量地广泛地运用着，从口语到书面语，从文学作品到非文学作品，无处不有它美丽潇洒的身影。我们随意从"人民网"首页链接的文章中提取了七万多字的语料，这些语料有政论文、一般新闻、访谈，也有网友文章，甚至还有网络论坛发言，这些语料从某种程度上来讲具有一定的代表性，反映了我们运用语言的一般情况。经过分析，我们发现其中熟语数量有 213 个。从比例上来看，大约二三百个字中就能够用到一个熟语。从某种意义上来说，不明白这些熟语可能能够大致明白整段话语或整篇文章的意思，但是会影响对文章的准确、深刻、完整的理解则是必然的。

熟语在本民族中小学的语文教学中也越来越重要，成为教学的一个重要内容。从"高考指挥棒"上我们也可以略窥一斑。如 2004 年的高考语文，在全国各地的十多份语文试卷中，通过各种方式出现的熟语考试内容几近 300 个。之所以会出现这种情况，其实是与熟语在汉语中的重要地位密切相关的。

熟语在汉语中的数量非常之多。熟语大致包括成语、惯用语、歇后语、俗语等。成语的数量，据一个成语数据库的记录，达到四万多条。而一般的成语词典收录也在几千到一万多条之间。汉语惯用语的数量是惊人的，惯用语俯拾皆是，活在人们的口头。虽然在早期的《现代汉语词典》中收入较少，但是这种词汇组成部分也是非常重要的，表情达意的作用特别明显。目前学界对惯用语的认识虽然不同，但是"走后门"、"拉后腿"、"开倒车"、"随大流"、"放空炮"、"唱高调"、"碰钉子"、"走过场"、"跑龙套"、"半瓶醋"、"关系网"、"老大难"、"打落水狗"、"攀亲戚"、"吃皇粮"、"拉下位子"这类词语的数量众多则是有目共睹的。此类熟语，大都为三四个音节，意义相对完整独立，结构不像词那么固定，述宾结构的一类有时可以嵌入其他成分，口语或方言色彩较为浓厚，数量增加得也比成语快。这类熟语由于以前不大为人注意，数量虽然浩繁，但是一般的词典收入该类词条并不太多。较早的惯用语词典收录数量在2000条上下，如施宝义、姜林森、潘玉江编《汉语惯用语词典》；现在的惯用语词典数量已经增加，如周培兴主编《汉语惯用语新解》、陈光磊编《汉语惯用语辞典》，后者辞条数目已达6000条左右。至于俗语的数量更是多得惊人，温端正主编《中国俗语大辞典》若不考虑该书对于熟语分类可能存有的争议，收录条目也有15000个之多。当然词典编纂者的词条收集多以书面上出现的为主，如果将活跃在人们口头上以及新产生的俗语也收录起来的话，俗语的数量也非常众多。

　　如果说掌握一般词语对于对外汉语教学来说具有举足轻重的作用，那么掌握一定数量的熟语，对熟语构成、表意的规律形成某些认识，对于留学生学习汉语自然也具有比较积极的作用。对于初级阶段的留学生来说，学习汉语熟语可能还有些勉为其难，但是到了中高级阶段，适当地穿插一些熟语的教学内容，就非常必要。学习熟语，益处多多。熟语，言简意赅，是语言的结晶，是语言的精华，通过熟语的学习，可以更好地理解汉语组词造句的多种规律，可以使学生在较短的时间内学习领略汉语的精华；熟语，是历史的倩影，是文化的载体，是智慧的钻石，是思想的火花，通过熟语的学习，可以使留学生多方面地了解汉语言文化知识，了解中国的风土人情、社会制度、风俗习惯、生产生活方式、文化情趣等等。如果对于汉语熟语能够达到"知人知面也知心"的程度，那就会很容易将学生培养成一个"中国通"。但是如果忽略人们普遍使用的熟语，在对外汉语教学中出现有意无意地避开这部分教学内容的情况，那可真会成为教学内容的残缺。留学生学到的也将是非常蹩脚的汉语。不懂、不会熟语，自然可以用汉语进行交际，乃至比较好地进行交际，但是如果熟悉那些活跃在人们口头上的熟语，就会为留学生的语言表达插上飞翔的翅膀，从而可以使其非常出色地参与汉语的各种交际场合。

二、如何有效地进行熟语教学

1. 设法调动留学生学习熟语的积极性

汉语是世界上比较难学的语言之一，同为东方文化圈中的日韩语言，和汉语有着千丝万缕的联系，所以操日韩语言的留学生学习汉语有得天独厚的条件。汉语与日韩语有许多词语从形式到意义都是相通的，只是用法不同而已。但是对于来自其他国家和地区的留学生来说，难处多多，比如对于汉字的学习、掌握和理解。汉语中的不少熟语存有古汉语成分，这也是熟语难学的一个原因。因此，熟语教学必须打消学生的畏难情绪。任何语言学习起来都是很难的，丰富的词汇、变化多姿的语法形式、各种有效的表达方式、表情达意的微妙表现等，这些内容是每种语言都具有的，不独汉语如此。

对学习积极性的培养，途经非常多，关键还是在于语言本身。语言是很好玩的东西，作为语言精华的熟语更是具有程度不同的知识性、哲理性、趣味性。因此要让学生理解熟语所蕴含的丰富多采的内容，靠内容来影响感染人，从而调动学生的学习积极性，这不失为一种较为可靠的方法。如学习"芝麻开花节节高"这个俗语时，适当地穿插一些语法修辞方面的语言知识和文化知识的教学内容就很有启发性。这个俗语，用语虽然不多，但其中名词、动词、形容词、量词俱有，句法结构也相当完美。由这个俗语还可以了解芝麻这种农作物的某些情况，如开花的情况。而"芝麻开花节节高"又具有比喻的鲜明特点。它可以和生活的不断提高、能力的持续提高、智力的不间断发展等彼此联想。一节节长高的植物还有其他种类，如竹子、节节草、木贼和问荆，为何单单选择芝麻呢？这应该与芝麻作为常见的农作物相关，与人们的饮食生活密切相关，这是南方常见的竹子和一般草类植物所不具备的价值特征。比喻需要贴切，它往往以常见喻少见，以具象喻抽象，以近喻远，由这个俗语也可以管窥比喻方法之一斑。如果再将汉民族生活中关于芝麻的情况介绍一下就更为有趣了。芝麻的果实可以磨制香油（也叫麻油），芝麻秆可以作燃料，然而有些地方一般要将芝麻秆存放到春节时才能使用，用来煮过年饺子。众所周知，饺子在汉民族文化中的寓意非常丰富，也富有民族特色，煮的是饺子，用来煮饺子的柴禾又是"开花节节高"的芝麻秆，中国人将自己的美好希望寄予到社会生活的许多具体方面中去了。

当然，熟语教学中也应该将熟语放在具体的语境中。只有在具体的语境中，才能使学生真切地感受到熟语的使用方法。因此选择一定的文本进行熟语教学更是有效的途径。这方面的问题多属老生常谈，在此不再赘言。其他调动学生学习积极性的方法自然也有很多，如阅读、多种形式的练习、实际的讲演训练等都可以作为熟语学习的方法。学习熟语，需要细水长流，持之以恒，日久天长，潜移默化，自然会达到"润物细无声"之妙境。

2. 熟语教学中要适当地突出单音词的教学内容

汉字和单音词在多数的时候具有一定的对应性，当然一个汉字可能会存在着多个意义和用法，但这无法否定这样的理论，即掌握的汉字越多，对语言表达能力的提高越有好处。然而在语言规范化过程中历来存在着一种观念，即掌握几千个常用字就足以应付一般的出版物阅读，因为现代汉语用字大约为 6700 多个，其中 3700 多字占现代出版物上汉字出现率的 99.9%，其余 3000 多字只占 0.1%。这种认识无疑会限制汉语言学习者的语言学习水平的提高，似乎掌握了 6700 个字，就足以用来记录我们的语言了。"我笔写我言"，"言文一致"曾经是许多人的梦想，然而仅靠这 6700 字是很难达到这种理想目的的。由于语音的发展变化及其在不同地区不同程度的分化，语音的改变极容易造成新字的产生。古往今来汉字之所以越来越多，其中一个很重要的原因大概就是这种追求"言文一致"的结果。当然对于一般的语言学习者，对于外汉语教学，汉字的教学并不一定要突出到这种程度，但是掌握一定数量的汉字，对于掌握在汉语言中起着重要作用的单音词具有不可忽视的价值。在熟语教学中，将单音词的教学和汉字的学习有机地结合起来，不失是一条比较有效的途径。

对于已经具有汉语基础的留学生来说，他们已经掌握了一定数量的单音词、双音词和熟语，在汉语教学的中高级阶段，有效地组织熟语教学无疑可以尽快提高留学生的汉语水平。这是由熟语所具有的特点决定的，熟语毕竟是语言中的精华。温故而知新，在进行熟语学习时，也应该不失时机地穿插单音词的教学，因为单音词往往是熟语的组成成分。熟语教学，应该培养学习者"望文生义"，即由词语组合推测意义的能力，汉语熟语中有大量"自由组合"形成的习用语，这部分熟语，只要知道了构成成分的意思就可以非常容易地推测出整个组合的意义，如"匪夷所思"、"爱不释手"、"安土重迁"、"按部就班"、"各尽所能"，"按需分配"、"百儿八十"、"百废俱兴"、"百无聊赖"、"百依百顺"、"集思广益"、"无济于事"、"杀富济贫"等等。对于那些具有丰富含义的熟语，也需要使学生了解熟语的字面意思和熟语在语言运用中所表达的意思。可惜现在的不少辞书，只解释词语在语言表达中的交际意义，而忽略其字面的意思。不将熟语的字面意思解释出来就无法使学生准确了解熟语的意思，无法认识到熟语所具有的魅力所在。如《现代汉语词典》释"节外生枝"为：比喻在问题之外又岔出了新的问题；释"截长补短"为：比喻用长处补短处；释"烘云托月"为：比喻从侧面加以点染以烘托所描绘的事物；释"横眉怒目"为：形容强横或强硬的神情，也说"横眉努目"、"横眉立目"。这样组织熟语的释义，应该是无法满足留学生的学习需要的。这也使得学生经常会问及这方面的问题。

不了解熟语构成成分的意思，很难深刻地理解整个熟语的含义。如讲授"奋发图强"这个熟语，如果能够理解"奋"的本来含义是指鸟用力张开翅膀飞翔，就会非常形象非常容易地理解"奋发图强"的意思，从而也容易理解词典中对"奋"为什么作出这样的解释，如《现代汉语词典》解释单音词"奋"为：❶鼓起劲来；振作：振~|兴~|勤~。❷摇动；举起：~臂而呼|~笔疾书。也就容易理解含有"奋"的词语了，如"奋不顾身"、"奋笔疾书"、"奋发有为"、"奋起直追"、"奋勇当先"等。

在对外汉语教学活动中，即使不是专门地进行熟语教学，不失时机地穿插一些熟语内容，将熟语的解释和相关的单音词的运用联系起来也极有必要。这对于更好地掌握汉语，丰富汉语知识，提高汉语学习、理解和运用的能力大有帮助。如在学生已经理解了"记者"、"作者"、"流浪者"等含有"者"的词语之后，就可以加入含有"者"的熟语来讲授。如"说者无意，听者有心"或者"言者无心，听者有意"。如果可能的话，还可以加进一些相关的小故事。如在讲解"言者无心，听者有意"的意思时，就可以讲说流传甚广的"该来的还不来"这个经典故事。

该来的还不来

有个人请客，看看时间过了，还有一大半的客人没来。主人心里很焦急，就说："怎么搞的，该来的客人还不来？"一些敏感的客人听到了，心想："该来的没来，那我们就是不该来的啰？"于是悄悄地走了。主人一看又走掉好几位客人，更加着急了，就说："怎么这些不该走的客人，反倒走了呢？"剩下的客人一听，又想："走了的是不该走的，那我们这些没走的倒是该走的了！"于是这些人也都走了。最后只剩下一个跟主人较亲近的朋友，看了这种尴尬的场面，就劝他说："你说话前应该先考虑一下，说出去的话，泼出去的水，说错了就再也不容易收回来了。"主人大叫冤枉，急忙解释说："我并不是叫他们走哇！"朋友听了大为恼火，说："不是叫他们走，那就是叫我走了。"说完，这个朋友头也不回地离开了。

这个故事告诉我们什么道理呢？那就是说话有说话的技巧，假如出口不够谨慎，没有顾虑到听者的立场，那就很容易在无意中伤害别人，从而产生一些不必要的误会。所谓"言者无心，听者有意"，就是这个道理。熟语教学中，将熟语中的单音成分和这个成分在其他场合中出现的情况进行比较，不可否认地能够收到巩固所学语言点的效果。

在熟语教学中穿插单音词的教学可以部分地弥补平时单音词教学力度的不足之处。我们的不少对外汉语教材中单音词的教学所占比重比较低，我们统计了一本中级汉语精读教材，该教材收录生词1000多个，而其中的单音词仅仅80多个。这种做法似乎符合现代语言学理论。然而这种忽略，常常会造成留学生词语理解的障碍。其实这样做也是不太符合汉语实际的。汉语实际的口语形式中单音词使用极为灵活，极为广泛，也极为常见，尤其是动词的使用，多以单音词为主。由于我们忽视了单音词的教学，学生对词语组成成分的意思就难以理解，这也使得他们很难较好地理解词语的意思，理解同义词、近义词之间的词义细微差别。因此，在熟语教学的时候，穿插单音词的教学，不仅可以使学生尽快地理解熟语，也可以巩固以前所学内容。语言是以有限的词语、语法形式、语音形式来表现无限的世界和无限的认识。从这个意义上来讲，如果学生掌握了足够数量的单音词，掌握了词语组织的规律，不仅可以有利于对词语的理解，也有利于他们对语言的创造性组合使用。

3. 要重视俗语、谚语的教学

传统的语言教学比较重视的是成语、惯用语、歇后语的教学，而对于使用广泛的俗语往往不太重视。这一方面是由于俗语乃是通俗流行之语，明了易懂，本族人往往不需要解释就能理解和使用；另一方面与我们历来重视经典著作的原因相关，经典中的俗语使用数量是非常之少的。俗语又往往和"俗不可耐"、"低级"、"没有修养"相联系。各种原因造成俗语教学的缺陷。汉语中存在大量的俗语，如"一个萝卜一个坑"、"汤里来，水里去"、"不怕官，只怕管"、"聪明一世，糊涂一时"、"看山跑死马"、"书到用时方恨少"、"这山望了那山高"、"老将出马，一个顶俩"、"骑（着）驴找驴"、"吹胡子瞪眼"、"大眼瞪小眼"、"嘴上没毛，办事不牢"、"三句话不离本行"、"医生越老越值钱"、"牛皮不是吹的，泰山不是垒的"、"人挪活，树挪死"，这些极富表现力的俗语"挂"在人们的口头上，千百年来为人们所喜闻乐见，普遍使用，在广大人民中间口耳相传，传播极广。这些俗语也是人们不假思索、不用"皱眉头"就能够随口说出来的。从各种语言单位的使用来看，这一点是成语所不能具备的。成语中大量的所谓的经典性成分如果不经过长期的学习是无法掌握那么多的。而俗语就不同了，俗语是地地道道的口语形式，琅琅上口，表意明显，容易理解和运用。即使没有上过学，没有读过书，也能够不需绞尽脑汁而是很自然很恰当地使用俗语来解说事理，描写情景，表情达意。从这个意义上来看，一般俗语的教学对于留学生汉语教学来讲更有现实意义。

谚语向来被看作民间文学园地中的一丛招展的花枝，它虽然不一定被当作汉语词汇单位来学习，但是当作学习词汇的一条捷径、一条通道则是完全可以的。谚语本身是由词构成的，也都具有完整的句法形式，凝聚了各种各样的经验、哲理、认识等。文豪高尔基说："谚语和歌曲经常是简朴的，其中包含的思想感情可以写出整部书来。"据高尔基自己的认识，他的文学成就就得益于对谚语的领悟。

俗语、谚语表意明了，深刻透辟，所含社会文化内容广泛，且大都具有完整的句法形式，所用修辞手段丰富多彩。俗语是民间语言的精华，是光芒四射的夜明珠，是珍贵的钻石，是智慧的集体呈现，是民族文化历史的最根本成果，具有较强的群众性。从俗语入手学习，更容易使留学生进入汉语言的美丽殿堂和中华文明的灿烂光辉之中。

温宝莹　　**日本学生汉语元音发音的特点及教学对策**

　　本文将选取三十名母语背景为日语的汉语学习者，根据学习时间的长短，将其分为基础、中、高三个组，用统计分析和格局分析两种方法对学习者的七个汉语一级元音/a、i、u、y、ə、ʅ、ɣ/的习得进行考察，以期发现不同阶段日本学习者汉语元音发音的不同特点，从而提出相应的教学对策。

一、实验说明

1. 实验对象

　　参加本实验的发音人为三十名日本人，均为南开大学汉语言文化学院的日本留学生，均为女性，母语均为日语，父母均为日本人，其母语也均为日语。根据学习汉语时间的长短，这些学生可以分为三组，每组十人。第一组为基础组（beginning learners），学习汉语一年左右；第二组为中级组（intermediate learners），学习汉语二年左右；第三组为高级组（advanced learners），学习汉语三年以上。作为对照组，还有十名中国人，均来自北京，均为女性，平均年龄为 25.6 岁。

2. 实验过程

实验以学生的班级为单位，每次五人左右，在南开大学爱大会馆留学生教室中进行。实验分为两个部分，请学生填写"语言背景调查表"和给学生进行语音录入。通过"语言背景调查表"对学生的个人信息以及语言经验背景进行了解，考察学生是否符合我们的实验要求。语音录入：我们为三组日本学生设计的汉语词表为含有汉语一级元音的七个音节，均以汉字的形式呈现给发音人，如表1：

表1 汉语发音词表

元　　音	/i/	/y/	/u/	/a/	/ə/	/ʅ/	/ɿ/
发音词	衣	鱼	屋	阿	哥	资	知

词表每个同学按正常语速朗读三遍，使用南开大学开发的电脑语音分析系统"桌上语音工作室"（Mini-Speech-Lab）和 excel、spss10.0 软件进行实验录音、测算和统计作图。

3. 数据的处理

（1）统计分析

我们将利用统计分析对中日学生所发的汉语元音进行比较。对于元音第一共振峰（F1）和第二共振峰（F2）的统计分析采用被试分析，由于每个元音都有若干个项目，因此，实际用于统计的是每位发音人所发的每个元音的第一共振峰和第二共振峰的均值，计算过程如下：

$$MF1 = \sum_{i=1}^{n} F1/n(n \text{ 指每个元音的项目数})$$

$$MF2 = \sum_{i=1}^{n} F2/n(n \text{ 指每个元音的项目数})$$

（2）声学元音图

我们将利用声学元音图对中日学生所发的汉语元音进行比较。在语音分析中，元音的音质主要决定于第一共振峰（F1）和第二共振峰（F2）的数据。利用语音实验测得元音的共振峰频率值，可以绘制声学元音图，又称声位图。在本文中，我们选取元音的第一共振峰（F1）的频率为纵轴坐标，第二共振峰（F2）的频率为横轴坐标。为了接近实际的听感距离，对纵轴用线性标度，横轴用对数标度，并把坐标的零点设在右上角（石锋, 2002）。

4. 实验任务

本实验将从习得顺序和习得的系统性两个方面对日本学习者习得汉语元音进行考察，以求发现不同等级学习者发汉语元音的不同特点，并进一步提出汉语语音教学方案。

二、日本学生汉语元音的发音特点

1. 基础组日本学生的汉语元音发音

（1）统计分析

我们把基础组的日本学习者七个汉语一级元音的发音同汉语母语者的发音分别作了单因素 ANOVA 分析，结果如表 2，其中表中"+"代表学习者与母语者不存在差异，"–"表示存在差异。

表 2 基础组学习者汉语元音发音的统计分析

i		u		a		ə		y		ʅ		ɿ	
F1	F2	F1	F2	F1	F2	F1	F2	F1	F2	F1	F2	F1	F2
–	+	–	–	+	+	+	–	–	+	–	–	–	–

我们发现，基础组学习者的七个汉语一级元音的发音中，元音/a/的发音最好，在舌位的前后高低上与母语者的发音基本上都是一致的。元音/i、y/的发音和汉语母语者在舌位的高低上存在差异，元音/ə/的发音和汉语母语者在舌位的前后上存在差异，而元音/u、ʅ、ɿ/的发音和汉语母语者在舌位的高低前后上都存在差异。

（2）格局分析

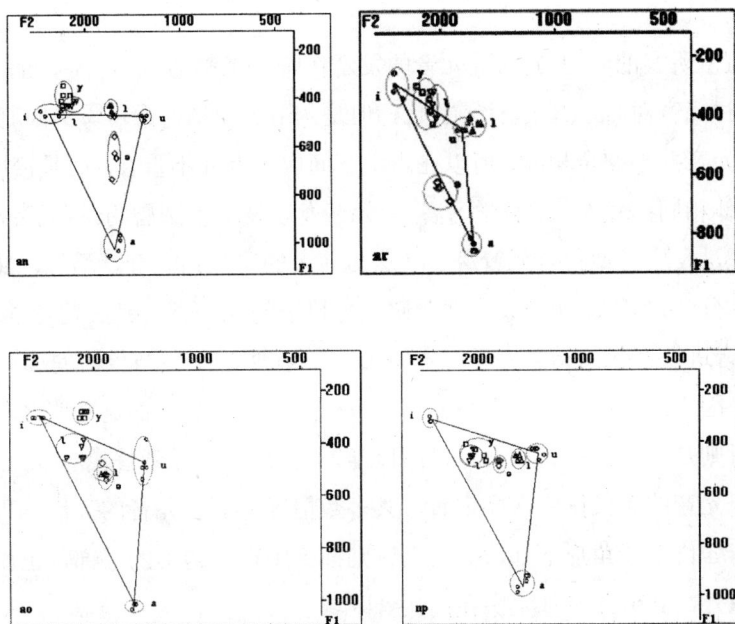

图1　基础组日本学生的汉语元音格局

我们根据日本学习者的汉语元音格局，分析基础组学习者的发音特点。由于篇幅所限，我们只选取了四幅，结果发现：

①格局框架三角形形状不呈等边三角形分布，由于顶点/u/元音的严重趋前趋下，使格局三角形区域横向上向内部压缩，大体呈直角三角形、钝角三角形或等腰三角形形状。

②从各个元音的前后排列次序来看，高元音、舌尖元音和中元音的排列次序混乱，格局分布不平衡。我们认为这种不平衡主要是由于各个元音的重叠造成的，主要有以下两个重叠区域：

a. 学习者的两个前高元音/i/和/y/存在重叠现象，舌尖后元音/ʅ/和前高元音/y/、/i/都存在重叠现象；

b. 舌尖前元音/ɿ/和后高元音/u/、中元音/ə/存在重叠现象，中元音/ə/和后高元音/u/存在重叠现象。我们认为这是学习者对这几个元音音位发生混淆的结果。

为了进一步证明，我们对学习者的/i、ʅ、y/发音和/ɿ、u、ə/发音进行了听辨，听辨结果如下：

基础组几乎所有的学习者的/ʅ/元音的发音在听感上都与/i/元音接近。我们认为学习者是用/i/元音对/ʅ/元音进行了替代，但是，由于受到前面声母的限制，/ʅ/元音的发音和/i/元音并不完全相同，所以在声学空间内二者并不重合，而是接近，与元音/y/的位置大体相同；相当一部分学习者/y/元音发音发成不圆唇的/i/元音，或者圆唇的时间非常短，发成类似符合元音/iy/（这与前人的研究相吻合，邓丹，2003）。

相当一部分学习者/ə/元音发音在听感上与日语的/u/元音接近，这是学习者用/u/元音对/ə/元音进行替代的结果；学习者的/ɿ/元音在听感上也与日语的/u/元音接近，我们认为这是因为在日语中，存在/zu/、/cu/、/su/等假名，而这些假名与汉语相对应的拼音字母则是/zi/、/ci/和/si/，所以学习者会用/u/元音替代/ɿ/元音。

③从各个元音的高低排列次序来看，大多数情况下，各元音的高低排列只分为两个层次：元音/a/位于三角形下部，其余元音则都集中在三角形的上部，也就是说，除了低元音/a/以外，其他元音都集中在高元音区域。

④大多数学习者的中元音/ə/的发音都不具有游移性，在格局中表现为缺乏动程。

2. 中级组日本学生的汉语元音发音

（1）统计分析

我们把中级组的日本学习者七个汉语一级元音的发音同汉语母语者的发音分别作了单因素 ANOVA 分析，结果如表 3：

表 3　中级组学习者汉语元音发音的统计分析

i		u		a		ə		y		ɤ		ɿ	
F1	F2	F1	F2	F1	F2	F1	F2	F1	F2	F1	F2	F1	F2
−	+	[+]	−	+	+	+	−	[+]	+	−	[+]	−	−

我们发现，中级组学习者七个汉语一级元音的发音中，有三个元音的发音较初级组有明显改善，我们在表 3 中用方框标出：/u/元音在舌位的高低上达到和汉语母语者

一致；/y/在舌位的高低上都达到了和汉语母语者一致；/ɿ/在舌位的前后上达到了和汉语母语者一致。其他的元音发音则没有明显改善，仍然是元音/i/的发音和汉语母语者在舌位的高低上存在差异，元音/ə/的发音在舌位的前后上存在差异，元音/ʅ/的发音和汉语母语者在舌位的高低前后上存在差异。

（2）格局分析

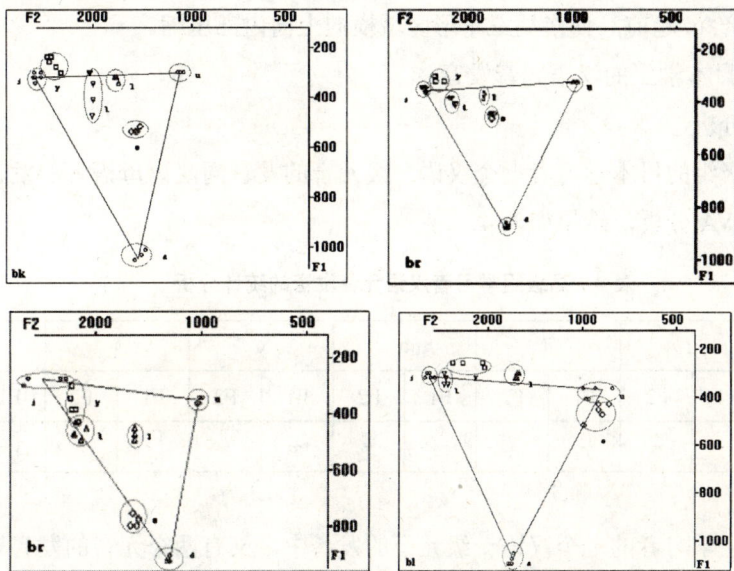

图2　中级组日本学生的汉语元音格局

从格局框架三角形来看，格局框架三角形较基础组学习者的发音的格局横向上有所舒展，但是三角形形状仍然不呈等边三角形分布，顶点/i/与汉语格局中的位置接近，顶点/u/仍趋前，因而使格局三角形区域横向上向内部压缩，三角形形状也因此呈现为以/u/元音为顶点的锐角三角形和钝角三角形形状。

从各个元音的前后排列次序来看，高元音、舌尖元音和中元音的重叠现象有所改进：在大多数情况下，前高元音/y/与/i/没有重合；舌尖后元音/ʅ/和元音/y、i/也基本上没有重合；舌尖前元音/ɿ/和中元音/ə/、后高元音/u/没有重合。在它们的影响下，学习者高元音、舌尖元音和中元音的前后排列次序较基础组学习者变得清晰，但也仍然和汉语母语者存在差异：

①舌尖后元音/ʅ/和元音/y/的相互位置非常不稳定，有时呈上下分布，/y/位于/ʅ/之上，有时呈前后分布，时而/ʅ/位于/y/之前。

②中元音/ə/仍然缺乏动程，位置不稳定，时而位于三角形中部，与舌尖前元音/ɿ/成上下分布，时而位于三角形上部，与/u/重合，时而位于三角形斜边上。

③有时两个舌尖元音/ɿ、ʅ/的分布过于分开。

④顶点元音/u/趋前，使格局三角形区域横向上向内部压缩。

3. 高级组日本学生的汉语元音发音

（1）统计分析

我们把高级组的日本学习者七个汉语一级元音的发音同汉语母语者的发音分别作了单因素 ANOVA 分析，结果如表4：

表4　高级组学习者汉语元音发音的统计分析

i		u		a		ə		y		ɿ		ʅ	
F1	F2	F1	F2	F1	F2	F1	F2	F1	F2	F1	F2	F1	F2
−	+	+	−	+	+	+	−	+	+	+̲	+	+̲	+̲

我们发现，学习者的七个汉语一级元音的发音中，又有两个元音的发音较中级组有明显改善，在表4中，我们用方框标出：元音/ɿ/在舌位的高低上达到和汉语母语者一致；元音/ʅ/在舌位的前后高低上都达到了和汉语母语者一致。其他的元音发音则没有明显改善，元音/i/的发音和汉语母语者在舌位的高低上存在差异，而元音/u /和/ə/在舌位的前后上存在差异。

（2）格局分析

①格局框架三角形较基础组和中级组学习者横向上有所扩展，但多数情况下仍然不是呈等边三角形形状。

②从各个元音的前后排列次序来看，高元音、舌尖元音和中元音的横向分布次序为/i、y、ʅ、ɿ、ə、u/，与汉语母语者基本一致。

③从位置的上下排列次序来看，基本上可以看出高、中、低三个层次。

但是仍然存在一些问题，主要有以下几个方面：

a. 大部分学习者的中元音/ə/仍然缺乏动程，且位置不太稳定；

b. 顶点元音/u/趋前。

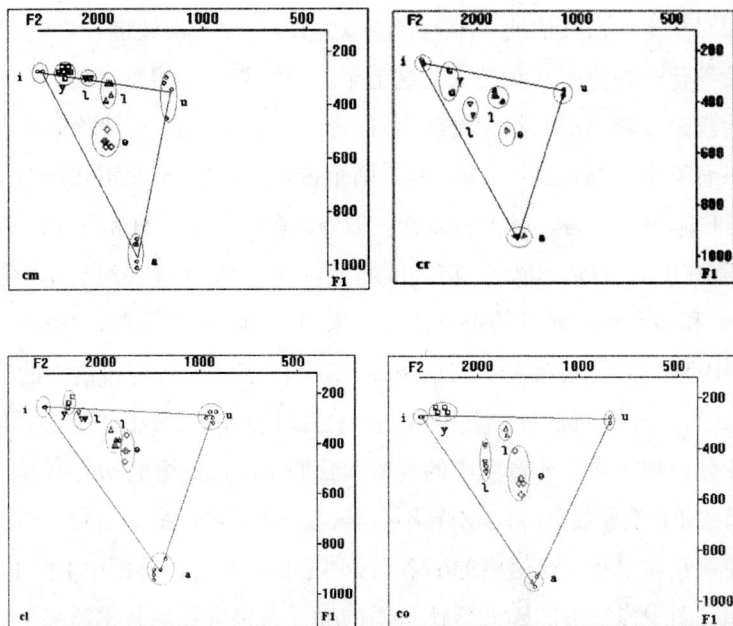

图3　高级组日本学生的汉语元音格局

三、总结

我们发现，学习者在不同的学习阶段，发音的特点有所差异。

在学习的初级阶段，学习者发音最好的是/a/元音，和汉语母语者完全一致；发音最差的是元音/u/、/ɿ/和/ʅ/的发音，在舌位的前后和高低上都与汉语母语者存在差异；而元音/i/、/ə/、/y/的发音水平居中，只有一维（舌位的高低或前后）和汉语母语者存在差异。

在学习的中级阶段，学习者发音最好的是/a/元音；和汉语母语者完全一致，学习者的/y/元音发展非常快，也与汉语母语者完全一致，在格局的相对位置也相对稳定。而其他的五个元音中，综合统计分析和格局分析，/u/元音和/ʅ/元音发音有所改善，而/i/元音、/ə/元音和/ɤ/元音则没有改善。

在学习的高级阶段，学习者的/a/元音和/y/元音发音仍然很好，和汉语母语者完全一致，学习者的/ɿ/元音和/ʅ/元音发展非常快，也达到和汉语母语者完全一致，在格局的相对位置也相对稳定。而其他的三个元音/u/、/i/、/ə/发展较慢。

这其中蕴藏着什么规律呢？我们先把这七个汉语一级元音进行分类。

我们知道，汉语普通话的一级元音就有/i、y、ɿ、ʅ、ə、a、u/七个，日语的一级元音很简单，只有五个：/a、i、u、e、o/。两个舌尖元音/ɿ、ʅ/是汉语所独有的，日语中不存在，对日本学生而言，属于新元音。另外，在日语中没有和/i/相对应的圆唇元音/y/，也不存在中元音/ə/，因此，前高圆唇元音/y/和中元音/ə/对日本学生来说也是新元音。把/y/和/ə/看作新元音的也有前人（朱川，1981；郭春贵，1987；王彦承，1990；杜君燕，1995；邓丹，2003）。汉语中/a/、/i/和/u/三个元音与日语中的/a/、/i/、/u/则属于相似元音。但是，同是相似元音，它们与汉语对应元音相似度的大小也不尽相同。经过统计分析和在声学元音图中的观察，我们发现，汉语的/i/元音和日语的/i/元音在统计分析中 F1 差异显著、F2 差异不显著，在声学元音图中，汉语中的/i/元音比日语中的/i/位置稍微靠上。汉语中的/u/和日语中的/u/ 在统计分析中 F1、F2 差异均显著，在声学元音图中，汉语的/u/元音比日语的/u/元音位置靠后且稍微靠上。汉语中的/a/和日语中的/a/ 在统计分析中 F1、F2 差异均为不显著，在声学元音图中，汉语中的/a/元音和日语中的/a/位置基本一致。因此，对于日本学习者而言，/a/元音属于汉语和日语中非常相似的元音， /i/元音和/u/元音属于相似的元音；/ə/元音、/y/元音、/ɿ/元音和/ʅ/元音则属于新元音。

那么，学习者在学习的初级阶段，对非常相似的元音发音最好，其次是相似元音，发音最差的是新元音。这是因为，初级学习者由于缺乏第二语言的输入，几乎所有的发音都是从母语迁移过来的，对于相似的元音，学习者的母语中存在一个音值相似的对应物，而新元音则不存在这样的对应物，这样，语音的部分正迁移会作用于相似的元音，因此学习者对于相似元音的发音水平也就高于新元音（虽然达不到汉语母语者水平）。而非常相似的元音，由于母语中的对应物的相似度最大，因此，学习者的发音水平也就最好。

在学习的中级阶段，由于受到母语语音范畴的影响，相似元音发展缓慢；而新元音由于不存在母语语音范畴的束缚，发展比较快，这时新元音和相似元音的发音水平相当。到了学习的高级阶段，学习者新元音的语音范畴完全建立起来，而相似元音由于受到母语负迁移的影响，仍然停滞不前，因此，在这个阶段，学习者新元音的发音水平要高于相似元音。

当然，这只是普遍而言，有些新元音，由于内在的标记性很强，所以对于学习者来说，很难习得，比如汉语中的/ə/元音具有游移的性质，在元音图上表现为具有动程，这种独特的性质增加了这个元音发音的难度，增强了它的标记性，学习者学习起来会更加困难，习得这个元音的速度会更慢一些，甚至会比某些相似元音习得得还要晚一些。

四、对教学的启示

我们发现，不同学习阶段的学习者的发音难点不同，因此在教学中也需有针对性。

对于基础组的日本学习者，发音的难点是汉语中存在而日语中不存在的新元音，即，/ə/元音、/y/元音、/ʅ/元音和/ɿ/元音。因此，这几个元音是我们教学的重点，正确的教学方法会加速学生建立起这几个元音的语音范畴。新元音的教学可以采用带音辨音（余维，1995）的教学方法，利用学生母语中存在的音引导出新学的音。例如，汉语中的/y/元音和日语中的/i/元音在舌位的高低和前后上都是一致的，只是在唇型上有所差异，因此，我们就可以让学生先发日语中的/i/元音，再把唇部收拢就可以了。

到了学习的中级阶段，学习者的新元音的教学仍然是一个重点，但是这时教师也要注意学习者相似元音的发音，即/i/元音和/u/元音。对于这两个元音，学生在学习过程中，会习惯性地用母语中的元音代替目的语的元音，由此产生语音的负迁移。学习者对于相似元音的发音之所以会不断受母语的干扰，我认为可能有两种原因：一是他认为两种语言的相似元音是相同的，可以直接用母语中的音替代，因此，让学生意识到这种差异是必要的；二是他虽然意识到了二者的差异，但是由于在交流中不影响意思的传达，所以学习者觉得没有纠正的必要。因此，我们要提醒学生，让他们认识到，何种发音会有外国腔，要尽量避免。因此，要通过对比，让学生认识到两者的差异，进而学会正确发音，例如，日语的/u/元音和汉语的/u/元音相比较，在舌位的高低上，汉语的/u/比日语的/u/稍高，在舌位的前后上，汉语的/u/比日语的/u/靠后。我们先让学生认识到这种差异，然后通过不断练习，形成汉语的发音习惯，克服母语的影响。

　　对于高级组的学习者而言，新元音的语音范畴已经建立起来，而相似元音仍然没有发展，所以教学的重点在相似元音上，要让学生认识到，作为一名高级阶段的学习者，不但要会发音，还要发得准确，发得好，这才是最重要的。

吴星云　　　　**华裔学生与非华裔学生声调习得偏误对比与教学策略**

　　美国大学传统意义上的中文教学一般是以母语为英语或其他语言的学生为对象的，但是近年来，华裔学生开始越来越多地走进大学中文课堂，其数量正逐年增长。这种现象的出现，直接源于 20 世纪 80 年代以后中国大陆与台湾地区、香港地区大量人口移居美国。尽管移民的动因不尽相同，但 21 世纪初这一代移民的后代相继长成进入大学并产生学习中文的愿望与要求，这一趋势却是不约而同的。姑且不论刺激华裔后代学习中文的各种主客观因素，越来越多华裔学生选修中文课程，无疑地给以往以非中文背景学生为主的中文教学提出了新的课题。有过相关教学经历的教师恐怕都有体会：华裔学生与没有背景的其他学生习得中文的特点是不尽相同的，因此有必要探讨并提出各有针对性的教学理论和教学策略以适应这一新的变化。同时还应该注意到，即使有着共同文化背景的华裔学生群，由于家庭来自不同地区，带着不同的方言背景，因而在学习中文过程中也表现出不同特征，要求在教学上分别以对，从而给本已疑难重重的中文教学增加了复杂度。具体而言，美国大学要求学习中文的华裔学生大体可分为三类：第一类祖籍广东或香港、澳门，自小生活于粤语环境，有汉字读写基础，但听说普通话比较困难；

第二类祖籍大陆其他省份或台湾地区，普通话听说能力强而汉字书写认读能力差；第三类与母语为英语或其他语言学生相似，自小家庭内外均脱离中文环境，听说读写需要全面跟进。以上三类华裔学生除第三类可以视为与非中文背景学生相似以外，其他两类均与传统意义上的中文教学对象存在很大差异。本文尝试从中文声调习得的角度，分析华裔学生与非华裔学生产生偏误的不同根源，从而探讨一些针对不同学生类别的中文教学的侧重点与教学方法。由于发生声调问题的华裔学生主要是操粤语，因而文中与美国学生进行对比的华裔学生即指这一类。

　　本文的分析与结论来自教学中对学生的实际考察。考察对象为美国威斯康辛大学麦迪逊校区及加州大学戴维斯校区共约 170 名学习中文的学生，分别属于一年级及三年级。其中，华裔学生约 45 人，占 26.5%，内涵操粤语学生共 17 人，其余学生无中文背景，占 73.5%。考察方式分为表格调查与语音调查两种。其中，表格调查为声调习得自我评估，录音调查分为字、词、词组、语句四种录音材料，通过所得学生录音文件考察其声调实际掌握情况。

　　经过对两类调查结果的整理和归纳，可以得出非华裔学生与华裔学生在声调习得上一些带有普遍性的特点和规律。

一、非华裔学生与华裔学生声调习得偏误与特点

　　经过对学生声调习得自我评估表格及学生录音文件的整理，取得了两组数据如下：

非华裔学生声调习得自我评估　　　　（共 125 人）

scale / tones	易	较易	难易适中	较难	难
First	80	23	15	3	4
Second	22	33	38	20	12
Third	15	31	26	32	21
Half-third	10	11	36	31	37
Fourth	46	30	25	14	10

　　表中数据显示：125 名非华裔背景学生中，分别有 5.6%、16.8% 和 19.2% 的学生认为第一声、第二声、第四声较难，相对而言，认为三声、半三声较难的学生比例较大，

分别占 42.4% 和 54.4%。同时，通过录音文件，发现在非华裔学生的所有声调错误中，一、二、三、四声出错比例分别约为 10%、24%、23% 和 14%，二声与三声（含半三声）发声偏误率明显高于一声和四声。此外，字、词发音声调较准，但词组、语句连读变调时准确率降低。

与之相较，操粤语华裔学生的调查数据如下：

操粤语华裔学生声调习得自我评估　　　　（共 17 人）

scale tones	易	较易	难易适中	较难	难
First	9	2	1	2	3
Second	3	3	7	1	3
Third	4	5	4	3	1
Half-third	4	4	4	2	3
Fourth	1	3	4	6	3

表中数据显示：17 名操粤语华裔学生中，认为一、二、三及半三声较难者分别占 29%、23.5%、23.5% 和 29%，认为第四声较难者比例较高，占 53%。与之相应，实际录音结果也表明，在所有声调中，操粤语学生的第四声偏误率明显高于其他声调，且第四声均发成第一声，此现象在字、词、词组及语句材料中并无不同。

综合以上调查结果，可以得出两类学生如下声调习得特点：第一，在四声习得中，非华裔学生较难掌握三声及半三声，同时实际录音显示二声掌握不够准确，与之不同，操粤语华裔学生其他声调不困难，但第四声常发成高平调，类似一声，出错率较高。第二，实际录音显示，非华裔学生虽在字、词、词组及语句等语音材料中均发生声调偏误，但相对而言，认读词组及语句等动态声调的偏误率明显高于认读字、词等静态声调。操粤语华裔学生这一区别则不明显。第三，学生声调习得自我评估与实际录音结果基本一致，说明两类学生在理论上对自我声调习得难点的认知是基本准确的，有利于其在不断练习中有意识有目的地克服难关。

上述特点表明非华裔学生与华裔学生在声调习得上存在区别，这些区别的产生无疑与其不同的语言背景有关，从理论上进一步探讨产生以上差异的根源，将有助于区分声调教学，从而做到教学上各有侧重，有的放矢。

二、非华裔学生与华裔学生声调偏误差异的理论思考

语言背景的差异会导致第二语言习得者不自觉地受第一语言——母语影响发生迁移，从而产生偏误，影响其准确把握并习得目的语。按照目前语言习得对比分析中使用较多的标记理论，可以比较清楚地说明二语习得中产生偏误的原因。按照标记理论，凡是二语中与一语（母语）相同的部分是自然的、无标记的，学生习得时即使受母语影响，所产生的也是正迁移，因此这部分学习不会成为难点。与之对应，凡是二语中与一语（母语）不同的部分是不自然而有标记的，学习时受母语影响很容易产生负迁移，从而形成难点。非华裔学生与华裔学生在中文声调习得中所反映出的不同特征，正是由于语言背景不同，其所面对的无标记部分与有标记部分存在差异的结果。

首先，相对第一语言（母语）而言，中文声调在两类学生中的标记部分是不同的。操粤语的华裔学生以粤语为第一语言，粤语属于方言，与中文教学中的普通话有着很大差异。就声调而言，普通话仅分阴平、阳平、上声、去声共四个声调，粤语却有九个声调，分别为：阴平、阳平、阴上、阳上、阴去、阳去、阴入、中入、阳入。粤语九声与普通话四声存在一定对应关系，如下表所示：

粤语		普通话	
调类	调值	调类	调值
阴平	55	阴平（一声）	55
阳平	21/11	阳平（二声）	35
阴上	35	上声（三声）	214
阳上	31	上声、去声	214/51
阴去、阳去	33/22	去声（四声）	51
阴入、中入、阳入	55/33/22	阴平、阳平、上声、去声	

由上表看出，普通话除去声（第四声）以外的其他三个声调均能在粤语声调中找到比较能对应的调值，对操粤语的华裔学生来说，属于基本无标记的部分，通过练习

掌握不难。但普通话第四声属于高降调，调值 51，与之相应的粤语去声调值为 33 或 22，明显不对应，而在粤语其他声调中也找不到类似的声调，因此普通话第四声对于操粤语的华裔学生而言属于其不熟悉的标记部分，练习掌握难度较大，且受粤语去声调值较平的影响，很容易将第四声发成调值平平的第一声，从而将普通话一声和四声相混难分。

对于非华裔学生而言，中文声调中有标记和无标记的部分是不同的。在美国，非华裔学生以母语为英语者为主，其习得声调的过程不免受其母语英语的影响。英语无声调，因而严格说来中文四声对于非华裔学生都是有标记较难掌握的。然而英语虽无声调但存在升降语调，因而经过一段时间的练习后，学生对调值较高的一声、调值上升的二声以及调值下降的四声掌握较好，但声音曲折变化较大的三声和半三声却成为其完全不熟悉的标记部分，构成许多人的难关。

其次，除了声调中标记部分本身存在区别以外，由于声调标记所产生的习得困难在阶段上的差异，也会造成两类学生在实际学习中偏误发生的阶段有所不同。对操粤语的学生而言，普通话的第四声异于粤语所有声调，与其语言背景完全不同，因而从一开始就是高难度的声调，由于还未对这一高降声调形成自觉意识，因而即使在字词的认读阶段，发生偏误的概率仍然很大。相对而言，非华裔学生由于从学习初级阶段就建立了对中文四个声调的自觉意识，因而字词等单纯性静态声调尽管也带有标记性质，但不会成为其难度最大的部分。然而，随着词组及语句的加入，随着连续变调的出现，尤其是第三声调变化的多样性，无疑增加了更多标记，使习得过程变得更加艰难，从而构成其声调习得中标记最多的阶段，偏误在这一阶段的发生概率明显高于此前。因此，在习得声调的过程中，如果按照先字词后语句的练习顺序，操粤语华裔学生声调标记最多的阶段是早于非华裔学生的。

此外，从认知角度看，两类学生在声调习得中发生偏误的心理因素也有区别。调查中发现，操粤语华裔学生相比之下汉字认读能力高于非华裔学生，但即使在认识汉字并从理论上清楚应该读第四声的情况下，仍然会不自觉地读出偏向第一声的高平调，而非高降调，在指出后方能改正过来。非华裔学生面临的是相反的情形。调查中有的非华裔学生学生反映，声调之所以难是因为忘记应该是什么声调，随意读出因而造成偏误。

华裔学生与非华裔学生在声调习得中所表现出的上述差异，表明应该存在各有针对的中文教学以及相应不同的教学方法和策略。

三、建立在不同习得模式上的教学对策

华裔学生与非华裔学生在声调调查中所表现出来的差异，表明中文教学中实际存在着两种不同的声调习得模式。具体而言，操粤语华裔学生声调习得难点在第四声，重点是以字词为基础的静态训练；非华裔学生声调习得难点在三声及半三声，重点是以短语、语句为主的动态训练。习得模式的不同对具体中文教学提出了新的要求，同以往以非华裔学生为主的统一的单一性教学方式不同，目前的中文教学有必要根据学生不同的习得模式实施相应教学对策，例如以不同背景为依据实行分开教学，有利于在教学中各有侧重，加强针对性，从而使不同背景的学生在有限时间内均有最大收获。

谢文庆　　# 对外汉语词汇教学的思考

　　笔者从事了二十余年对中国学生的现代汉语教学，又从事了十余年对外国留学生的现代汉语教学，两相比较，深深感到，虽然教的都是现代汉语，但是教外国人必须把它作为一门外语来教，无论教学目的、教学内容、教学方法以及教材的选用都应该同教本国人大不一样。这绝不是什么深和浅、难和易的问题，而是各有各的体系。在这里，我想仅对对外汉语词汇教学，谈一点儿想法。

一、对外汉语词汇教学的目的任务

　　对外汉语词汇教学应该包括两个方面的教学任务。一是对外国留学生主要是高年级本科生、特别是硕士生进行系统的词汇的基础知识和基本理论的教学。

　　另一任务是对学习汉语的外国留学生进行以词语讲练为主的词语教学。词语教学是语言习得的一个重要内容。它不是一个孤立的教学环节，而是与语音、语法、语义、语用相结合的语言整体教学。我们绝不能把词语教学仅仅看作词汇知识的教学，实际上它是一项多维性的综合教学，忽视了这一特点是很难完成教学任务的。

　　无论是系统的词汇理论教学，还是具体的词语讲练教学，其目的都要落实在培养外国学生识词、辨词、用词的能力上，通过大量练习系统地扩大词汇量，提高词语运用能力。所谓"识词",不仅要让学生熟练地掌握词语的形、音、义,还要具备区分词与语素,词与短语的能力。所谓"辨词",不仅要让学生在掌握汉语词义系统的基础上,能够区分同音词、同形词,正确辨析同义词、反义词以及多义词的不同义项在理性意义、色彩意义、以及句法功能方面的细微差异,而且要了解并把握汉语同学生母语中一些非等值词的关系,比如汉语中的"雄心"是褒义,"野心"是贬义,而英语中一律译作"ambition",是中性的。可见,只有掌握了非等值词才能让学生真正了解不同民族语言的个性。所谓"用词",就是让学生根据言语环境,从自己掌握的词语中选择表义精确、句法合理、语用得体的词语进行造句。总之,通过学习词汇提高掌握运用汉语的能力。

二、对外汉语词汇教学的现状

目前在对外汉语教学中,无论是词汇理论教学,还是以词语讲练为主的词汇教学都处于薄弱状况,有待于进一步研究与改进。

先谈谈词汇理论教学的现状。汉语言本科专业和硕士生专业的设制都比较晚,对不同学校来说仅仅有几年或十几年的历史。对外汉语词汇理论课的教学目的、内容、方法还在摸索当中。至今,我们只看到一本专为外国学生所编写的词汇理论教材①,多数学校都是借用为中国学生所编写的教材,这种教材当然缺乏针对性。再说,研究生的词汇教学也往往沿袭着中文系语言专业的教学内容与方式。十几年来,我们的教学虽然在摸索中有所改进,每届授课都从专业特点和学科发展的状况考虑,增删一些内容,以期更有针对性,但是很难说就达到了对外汉语词汇教学的要求。对此,我们深感这是一项有待深入研究的课题。

下面,再谈谈以词语讲练为主的词汇教学的现状。从我个人的观察看,主要存在两方面的问题:一是把词语教学简单化;一是侧重于语音语法的教学,忽视了词汇教学。

大家知道,我们所使用的教材,一般都有生词对译表。"在这种情况下,一张一对一或一对多的生词表就成了多年来语汇教学的唯一模式,而且深入人心,在学生和部

---

① 万艺玲:《汉语词汇教程》,北京语言文化大学出版社,2000年版。

分教师的心目中形成了一种不同语言词语之间存在着简单的对应关系的观点。这种观点不仅不符合事实，而且对语汇教学贻害无穷。"①课本上既然有生词对译表，有的老师觉得学生能看懂，就不必细讲了。有的老师只带领学生读上几遍生词，纠正一下发音，讲讲生词的常用意义，或者再进一步指明词性，就认为已经完成任务了。这样的教学把复杂的多维性综合教学简单化了，表面上看起来学生已经学会了，可是一使用词语就会出现各种各样的错误。

胡明扬先生曾指出："外语教学一向重视语音教学和语法教学，但是往往忽视语汇教学。"②当前对外汉语教学也是如此。外国学生在学习汉语初级和中级阶段常常集中解决语音和语法问题，在这段教学过程中，学生的语言实践比较少，自由运用汉语的机会也不多，因此，词语运用的错误往往被暂时掩盖起来，这种现象需要引起我们的重视。

词汇是语言体系中一个复杂系统，它的数量多，每一个词语几乎都有自己的个性，它的具体性同语法的抽象性形成了鲜明的对比，因此，词汇的规律很不好讲。词汇同语言以外的客观现实直接联系，具有开放性、特殊活动性，因此，要想掌握一种语言里处于不断变化状态的词和语，无论教与学都得投入很大的精力。再者，词汇又具有鲜明的民族性，负载着使用这种语言的民族文化传统以及心理特征和思维习惯等，这些丰富的文化蕴含，不经深入研究很难讲清楚，外国学生对汉语的语感很差，不了解词语的深层含义，在语言实践中怎能不出现错误呢？

综上所述，忽视词汇教学，或是把词语教学简单化都是当前对外汉语词汇教学亟待解决的难题。

三、对外汉语词汇理论教学的要点

在阐明现代汉语词汇的基础知识和基本理论的前提下，要突出重点，尤其对现代汉语词汇的民族特点应深入讲授。下面，谈谈需要重点讲授的几个问题：

1. 语素的概貌及其特点

明确语素的概念，有助于理解词的构成材料和词义构成的基础。单音节语素是汉

---

① 胡明扬：《对外汉语教学中语汇教学的若干问题》，《语言文字应用》，1997 年第 1 期。
② 胡明扬：《外语教学的几个理论问题》，《语言教学与研究》，1990 年第 4 期。

语语素的基本形式，它的活动力强，组合灵便，正是汉语词汇丰富、纷繁的一个重要原因。

2. 词的构成形式

词的构成形式包括语音形式、书写形式和结构形式。要让学生尽快掌握汉语构词的方式和特点。

3. 词义的构成

词义的构成主要指词的理性意义、色彩意义和文化含义。重点是了解现代汉语的词义系统。

4. 词义的言语形态

词义的言语形态指词义的动态形式。要了解词义的组合形态和语境形态。掌握词义的组合条件，明确词语的搭配规律是外国留学生学习汉语的关键。

5. 词的同义聚合和反义聚合

要让学生了解现代汉语同义聚合、反义聚合的条件、作用和关系，重点掌握同义词辨析的方法。

6. 现代汉语词汇的主要类集

要让学生根据在词汇系统中的地位和来源的不同把握现代汉语词汇系统的结构情况，熟悉各类词汇在语言表达上的作用。

7. 熟语及其类别

了解熟语的性质、类别及其特点，尤其要认识成语的性质、结构及特点。

8. 现代汉语词汇的民族特点

这是对外汉语词汇教学的重点。要让学生认识现代汉语词汇语音形式的民族特点，如单音词在词汇体系中具有核心作用，双音词占绝大多数等。结构形式的民族特点，如复合词最多，有重叠形式，无严格意义的形态变化等。还要了解汉语中一些词的理性意义或色彩意义反映了汉民族独有的文化内涵，一些熟语具有双层意义等。另外，还要让学生认识色彩词、非等值词、称谓词，成语是最能集中反映汉民族特点的词汇单位。

四、对外汉语词汇教学的几点想法

1. 树立多维性综合教学的观念

田卫平先生指出对外汉语词汇教学的多维性，就是指"词汇教学牵涉面广，兼及语法、语义、语用、语音、文化五个维度，而诸要素在词汇教学中相互关联，交叉渗透的特点"[①]。多维性的提出不是要求教师对每个词语都进行全方位的描写，而是要从思想上树立起这个观念，选择最能体现该词语用法的因素加以阐述，使学生准确掌握该词语的特性。

2. 树立不同语言词语间存在着个性差异的观念

胡明扬先生指出："改进语汇教学，首先必须破除不同语言词语之间存在简单对应关系这个观点，要深刻认识不同语言词语在语义概括方式和范围方面的差异，在使用范围和搭配关系方面的差异、在附加色彩和文化内涵方面的差异。"[②]我们只有充分认识并揭示汉语词语的个性，才能改变多年来仅凭一张一对一或一对多的生词表进行词语教学的模式。

3. 在语素和构词法理论指导下进行词语教学

汉语单音节语素大约有 5000 个，它的构词能力强，按照构词法繁衍出大量词汇。外国学生学习初期多半靠囫囵吞枣地死记单词，大约掌握 2000 个常用生词后就可以依靠语素的组合理解词义，这样做对扩充生词量、掌握语义大有帮助。

4. 结合汉字进行词语教学

汉字与汉语词汇虽然属于两种不同的符号系统，然而，由于汉字是表意文字、语素文字，这就同它记录的汉语词汇形成一种特殊的关系。如果我们采取有效的方法将汉字教学与对外汉语词汇教学结合起来就会产生积极作用。

（1）汉语具有词多字少、以字（语素）构词而生词熟字的特点，因此解词时，如先分解字义，可使学生对词义知其然，而且知其所以然，既便于记忆，也有利于扩充词量。

（2）初学阶段以"字"为基本教学单位，加强从字扩展到词，从词扩展到短语或

---

① 田卫平：《对外汉语词汇教学的多维性》，《世界汉语教学》，1997 年第 4 期。
② 胡明扬：《对外汉语教学中语汇教学的若干问题》，《语言文字应用》，1997 年第 1 期。

句子的练习，可以多、快、好、省地学习。

（3）汉字有形象，可因形推理，见形知义，加强汉字部首教学，可以提示意义范围，帮助学生系统地把握词义。

（4）汉字具有丰富的文化内涵，利用某些汉字形体挖掘其社会文化含义，便于学生了解词的文化义。

5. 联系语境进行词语教学

学习语言的目的在于使用，因此不仅要讲解词的静态语言义，还要延伸到语境中说明动态的言语义，这样才能更好培养学生的语用能力。

在句子中、段落中讲练生词，这样就会遇到词的句法功能、搭配关系、褒贬色彩、语体风格等问题，学起来既生动又切合实际。如果在语境中多作一些同义词、多义词或虚词的选择，会收到较好的效果。

6. 有意识地将文化因素纳入词语教学

翻译家王佐良先生指出："不了解语言当中的社会文化，谁也无法真正掌握语言"。[①]在对外汉语教学实践中，人们对此越来越重视。笔者曾发表了《试论汉语词汇的文化意义》[②]一文，深感汉语词汇在其形成、发展过程中，在词语内容和形式及其类聚关系中蕴含着丰富的文化内容。这些一般在辞书中是查不到的，教师应深入挖掘，向学生阐释，只有让外国学生了解到目的语中蕴含的文化信息，才能在跨文化语言交际中减少信息差，有效地完成交际任务。

---

① 王佐良：《翻译：思考与试笔》，外语教学与研究出版社，1989 年版，第 193 页。
② 谢文庆：《试论汉语词汇的文化意义》，《天津市对外汉语教学论文集》，天津人民出版社，1995 年版。

邓 葵 关于教师对语言点、词语教学的控制的几点思考

我们所说的教师的"控制"并不是指教师在教学活动中是主体，是最主要的角色，而是指，处于主导地位的教师有权利也有责任始终主导教学活动的过程和方向，教师不是保姆，而是引导者、管理者。

这种"控制"涉及很多方面，包括最基础的教学程序中的内容，概括起来，首先是课前的备课控制，即在备课时，教师必须确定课堂教学的目标、内容，并且就内容预测可能出现的偏误。其次就是课堂控制，也就是教学中内容的引入、讲练以及对学生反馈的认识和处理。最后还有后续的反思控制，即教师在总结课堂教学及分析学生作业的基础上，根据学生的反馈，反思备课及课堂教学，并进行修正、补充。

其中，课堂教学中的随机控制对教学效果来说是最关键的。本文主要从词语、语言点的讲练入手来讨论课堂教学中教师如何控制，其中的一些感想来自自己在教学实践中的摸索和体会，还有些是得益于一些有经验的老师的帮助和指导，在听他们课的时候我作了一些记录，并观察了学生的反应，在此基础上作了一点点提炼，不揣浅薄，求教于大方之家。

一、引入句一定要目标鲜明，控制用词

在语言点、难词的引入中，一定要注意引入的简单、直观，可以从课本原句引出，如果课文中的原句不好用可另设情境。但需要特别注意的是：操练所给的第一个句子一定要浅显、典型，我们知道，第一印象是最重要的，第一个句子在很大程度上决定了学生对这个知识点的认知和定位。一旦这种认知和定位形成了，以后就很难改变了，如果学生的认知很模糊甚至有错，那就可能要花很长时间才能矫正过来。

所以，语言点的例句一定要控制好用词，特别是第一句。

二、操练的例句要根据知识点的难易来选择

在选择例句的时候，一般来说，难点浅出，易知多变。较难的语言点首先要让学生能理解、接受，所以例句中的词语要容易、常见，尽量不要出现难词，不然学生会在例句理解上花费一些时间，以致干扰操练的重点。较容易的语言点可以适当置入难词，并且变换例句形式，如肯定、否定、不同形式的疑问等，尽量给全。

学生的基础与备课时的假设往往会有偏差，所以可以在操练的第二或第三句通过提问一个中等水平的学生来了解知识点的难易，根据学生反馈的信息随机控制操练的难易。其实这就要求在备课的时候就对知识点进行细分，一般的知识点都有常用、少用和易、难的等级差别，在备课时就要做到心中有数，这是课堂能随机调整控制的基础。

三、在引导中要抓住关键处，给学生搭好桥

在讲解说明的时候，一定要简明扼要，抓住关键的地方，给出的情境也要与之呼应，而且要给学生搭一座桥，让他们顺利地从导语句走向目标句。教师就是要控制好这座桥的方向，关键时刻拉他们一把，不能让学生偏离了目标。如："果然"这个词并不难，但学生用的时候却常出错，常常前边没有说明。对于这样的词语，在引导的时候就要注意给出提示，如导语设计为下面的形式：天气预报说今天会降温，今天（像天气预报说的一样）降温了。/听说狗不理包子很好吃，我昨天去吃了，（像听说的那样）味道不错。/比赛前，我认为韩国队能赢，韩国队（跟我想的一样）赢了。引导学

生说出句子时一定要让学生充分意识到与前一句的照应。

另外如"宁愿/可"的教学，一般教材和词典的解释是：表示在比较利害得失后选取一种做法。如果这么讲解，学生就会出现这样的句子：我宁愿吃妈妈做的饭（/我宁愿在家吃饭），也不愿意自己做饭。其实，"宁愿"的句型可以分为 "宁愿 A 也不 B"和"宁愿 A 也要 B"两种，与"也不"一起用时，A 和 B 都应该是有说话人不喜欢的地方的情况，与"也要"搭配时，B 表示目的，A 常常也是自己不太喜欢的、比较难的事。所以在讲解时就要引导学生认识到这一点，用"也不"时，如：一个人住，和别人一起住，一个人住要多花钱，和别人一起住不方便，所以在这两种都有不好的地方的情况中，你选择哪种呢？选择的情况放在前边，不选的情况放在后边：如选择"一个人住"：我宁愿多花钱一个人住，也不愿意跟别人一起住；如选择"和别人一起住"：我宁愿和别人一起住，也不愿意多花钱一个人住。而用"也要"时，则有一种情况是非常想要的，而要做到这样必须付出一些努力，想要的放在"也要"后，前边是条件，这种条件一般是你不太愿意做的、有点儿难的，如：你想看比赛，但是如果看比赛你就没有时间吃饭了，你还愿意吗？学生说："愿意。"老师问："看比赛的条件是什么？"学生答："不吃饭。"老师引导学生说出："用'宁愿……也要……'说就是：我宁愿不吃饭，也要看比赛。"老师接着引导："当然，有的同学不想看比赛，想吃饭，那我们也可以说：我宁愿不看比赛，也要去吃饭。"

四、讲解时要创设情境，切忌以词释词，尽量少用"相当于……"

导入语言点例句时一定要注意情境，并应尽量设计真实的情境，不要就词论词地解释，那样只是做无用功，因为学生不是语言学家，不需要掌握那么多语法解释的术语，而且很多词典式的解释他们根本就没法理解，甚至有些会误导学生。只有放入语境中，在例句的基础上，带着他们去总结和归纳，才有可能让他们真正领会到意义和用法，学生很难发现特点的时候，教师可以结合例句先适当说明用法。

如："V 来 V 去"的教学。很多教材、词典上的解释是：该结构表示反复地做某事。上个学期我们上课时也基本沿用了这一思想，结果学生造出了这样的句子：我的钥匙不见了，我找来找去。/ 他说来说去这句话。/我懂来懂去。根据对语料的分析，我们发现，"V 来 V 去"是表示一种方式，一般不能单独用，后边不能再加宾语，而且动词必须是可以控制的，最典型的用法是前边有"在＋地点"或后边有说明结果的成分。如：他在房间里走来走去。/我的钥匙不见了，我找来找去也没找到（/终于找到了）。所以第二次讲解这个知识点时，我们注意到了这个结构用法的特点，所以给了学生几个情境，让他们说出了几个常用的句子，并在最后引导学生找出它的规律，从作业及考试的情况可以看出，学生掌握的情况明显好多了。

五、创设的情境一定要真实、自然

如果为了凑数，出不真实的例句，不如少出例句，如"仿佛……一般"是很书面化的结构，如果用非常口语化的例句来说明，会很别扭和奇怪，所以一定要严格控制情境的自然和真实性。

这种语境可以是现场创设，也可以通过说明来创设，前者一般效果更好。如讲练"光"的时候，可提问一平时比较害羞的学生一个比较难回答的问题，或者上课分神的学生，刚才老师讲的是什么，可能学生会笑一笑，但是不说话，那可以引导另外的学生说出"老师问他问题，他光笑不说话（/回答）"，然后可接着问："他为什么光笑不说话？他刚才在干什么？他为什么不能回答老师的问题？"引导学生回答："他刚才光顾说话了，没有认真听老师讲。"

非常难或不太常用的语言点，要有系统意识，应该控制操练的范围，如：给出常用的几个搭配，要求学生记住这几个就行，以后到高一些的水平再扩散到练别的用法和搭配。

六、用提问作为上课的指挥棒

在上课的过程中，提问是相当重要的，可以随时了解学生的情况和问题，以便调整教学的内容，也是控制课堂的利剑。不时地提问，才能让学生有存在感，紧紧跟随着老师的步骤。如有老师在讲到"插"一词时，发现有学生分神了，马上利用刚给出的例句问："老师今天的时间都排满了，还可以见×××同学吗？"别的同学回答："不可以了，因为老师今天的时间都排满了，插不进别的事了（/一件事也插不进去了）。"一下子引起了分神学生的注意，比较客气地提醒了她，也让学生加深了对词语"插"

的理解。

七、对学生的偏误要保持敏感，自己也要控制新词新语的使用

在课堂上，有时学生的偏误正好是现在有些中国人所谓的新用法，有些老师可能因为听多了，习而不察了。作为语言教师，一定要敏感地指出学生的偏误，同时也要控制自己课堂用语中新词、新语法现象的用法，当学生在很明显地能听出你是在开玩笑时，可以说一点儿，但是如果对学生的错误不敏感，反而用新语法的观点去接受，那就会造成学生的滥用了。如，"很玩笑"这类的说法就不宜进入课堂。

八、处理学生提问的缓急策略

学生在课堂上常常会提问，初级阶段主要是词语、语言点的辨析。这主要靠教师自身知识的素养及应变能力来解决，但同时也可以通过控制学生的注意方向来解决或缓解。一般说来，备课时应该提前预测学生的提问并进行准备，当然很多词语之间的一些细微的差别有时是很难分出来的，特别是备课时没有想到在课堂上临时遇到的，要解答学生的提问，平时要多留心，注意培养良好的辨析思维习惯，如：书面语和口语、常用搭配、词义侧重、词性、句中位置、能否持续、句式运用（即能否用于不同类型的句式，如：陈述、疑问、感叹、祈使句等）等方面的考虑，另外，总结一些临时的应对措施也是非常必要的。如果实在是碰到一时不能回答的问题，可以诚实地告诉学生："我现在还没想好。"但是这样可能会影响教师在学生中的威信，所以最好运用一些策略转移学生的注意力，有很多老师提示说可以交给学生处理，以问题的形式再把球踢给学生，但是那仅限于比较容易的问题，如果每次都这样，学生肯定很反感。我们认为，对待课堂提问，可作缓、急两种处理。在课堂上进行临时的、紧急的处理，如：可先用一些比较容易看出的方面来临时"回避"一下，如"书面与口语"、"常用与不常用"等的区别；在课后时间从容一些，认真考虑，想清楚了再找机会跟学生进一步作出具体的解释说明。这里所说的临时"回避"，并不是胡说、乱说，不要轻易下结论，一般是举例子比下结论保险，最好举例子来说明两词的区别，即使是很不全面的例子也比随便下结论好，同时在举例时也可以给自己一个思考的缓冲时间。

如：有次上课，学生问到"眼看"和"马上"的区别，因为课本上"眼看"的解

释就是"马上、很快就要发生某事",而且给的例子都是可以用"马上"替换的。因为这个语言点不是当时那课学习的内容,所以我上课之前没有准备,一时也无法概括出来,就只好先从字面着手,说明"眼看"比"马上"生动、形象,而且"眼看"一般只用于口语。下课以后,我仔细想了想,发现它们用法的区别还是比较大的,主要如下:(1)句式限制不一样,"眼看"不能用于祈使句中,"马上"可以,如:马上(×眼看)集合!(2)对谓语部分时间限制不一样,"眼看"只能用于还没有发生,但是快了的动作,"马上"可以用于叙述已经发生了的动作,如:听到这个消息后,我马上(×眼看)就给她打了电话。(3)意义也有差别,"马上"有"暂时"的意思,如:这件事马上还办不了。她马上还不会走。"马上"还有"紧接着某件事情发生"的意思,"眼看"只是表示"即将发生",如:有错就应该马上改。回来以后,我马上跟你联系。你再等十分钟,我马上就去。(4)"眼看"不能加光杆动词,它还可以用作动词,指出正在发生的情况,必须带小句宾语,没有否定式,常带"着"。如:眼看着那个人一手抢过她的包,飞快地跑了,她却没有任何办法。还可指"坐观(不如意的事情发生或发展)而无所作为",必须带"着",带小句宾语或与另一动词连用。如:这么重要的事,我怎么能眼看着不管呢!我们不认识她,但也不能眼看着她饿死啊!当然,上课时不用讲那么细,讲最常见的就可以了,其他的区别老师自己心里明白就行。

　　在初级阶段,词语、语言点的操练是课堂教学一个非常重要的方面,在操练中应遵循一些最基本的原则和规律,以上只是个人的一些看法,很不全面,很不成熟,有待于进一步探讨,也希望得到前辈和同行们的指教。

王红厂　　《基础汉语》生词的等级分布分析

一、教材的重要性

　　随着中国综合国力的不断提升，在国际舞台上的地位不断提高，特别是经济全球化的扩展和深入，中国与世界各国的经济联系愈加紧密，加之 2008 年奥运会和 2012 年世博会在中国的举行，汉语作为第二语言教学面临难得的发展机遇，同时也为对外汉语教学提出了新的课题和挑战。

　　要想让汉语大踏步走向世界，除了上面提到的促动因素外，还要完善作为记录汉语符号的文字系统，推动语文的现代化，减轻汉字的记忆负担，与国际接轨[1]；同时还要提高我们的教学质量。要提高教学质量，除了具备高素质的师资队伍，掌握一套好的教学方法，还必须有与之相配套的高质量的教材[2]。教材的本质是一种教学工具，但好的教科书，不仅符合语言规律和语言教学规律，易于教便于学，而且能唤起学习

---

　　[1] 马庆株：《完善汉语文字的体系》，载《语文现代化论丛》第三辑，语文出版社版社，1997 年版；又《忧乐斋文存》，南开大学出版社，2004 年版。
　　[2] 陆俭明：《汉语走向世界的一些思考》，载《语言研究的务实与创新》，外语教学与研究出版社，2004 年版。

者的学习兴趣，激发其学习动力，同时还起着传播文化的功用，可见教材的重要性。总体来说高质量的教材，一般应具有科学性、实用性及趣味性这三大特点。科学性涉及生词量及重现率是否适当，语法点的选择和编排顺序是否合理等等。教材的选词要注意收入一定数量的基础词汇，基础词汇的编写应充分考虑《汉语水平词汇与汉字等级大纲》中词汇等级、词频、音节分布等因素。当然，也要收社会中较常用的词，以及一些文化词和新词新语等，但同时要考虑难易度及学生的接受程度。

二、《基础汉语》的特点和生词的等级分布分析

　　由施向东教授主编的"挑战汉语"系列教材，是由我院诸位有着丰富教学经验的教师集体编著的，分基础、初级和中级三个阶段，每个阶段各有一套精读、听力、口语教材。《基础汉语》是针对零起点留学生的一套教材，目前只有精读和听力两本教材，共计三册，其使用教学时间为四个月。这套《基础汉语》教材应该说是比较成熟的，它对象明确、特色鲜明、实用性强、紧跟时代特点，另外，在语言点的编排上，也吸取了相关教材的长处，即用公式表示语法项目，摈弃艰深的专业术语，通过句型训练、功能项目替换等训练，培养学生的语言技能和交际能力。特别是该教材还包括了练习册、教师用书、各个类型和层次的考试命题、练习题库以及多媒体课件，是一本名副其实的立体化教材。这也是对外汉语教材以及其他教材编写的大方向。

　　生词的选择和融入量是编写对外汉语教材需要考虑的一个重点。应该说这套教材的生词收入是具有时代特点和实用性的。如它收入了"超市"、"小费"、"二手"、"小吃"等体现时代特点和我们日常生活联系密切的词语。我们这里根据《汉语水平词汇与汉字等级大纲》（以下简称《大纲》），对《基础汉语》教材的生词分布作了统计。《基础汉语》教材共计三本，为《精读》（上册）、《精读》（下册）和《听力》，分别收录词语为 549 个（其中专有名词 21 个）、573 个（其中专有名词 13 个）和 286 个，课均新词语分别为 27.4 个、28.6 个[①]和 9.53 个。三本书总计收入新词语 1408 个，如果去掉 34 个专有名词，课后阅读中出现的新词语 84 个，以及《精读》上册和《听力》重复的 63 个，《精读》（下册）和《听力》重复的 74 个，《精读》（上册）和《精读》（下册）

---

① 这里包括课后阅读中的新词语，如果去掉这 86 个，则课均新词语为 24.4 个。

重复的9个新词语，则总计收录词语1178个①。详细情况见下表：

表1 《精读》（上册）

	数量	HSK 等级词汇分布情况				非 HSK 词语	百分比
		甲	乙	丙	丁		
名词	229	173	37	2	3	14	43.37%
动词	111	95	5	1	0	10	21.02%
形容词	57	52	3	0	0	2	10.80%
数词	14	14	0	0	0	0	2.65%
量词	22	21	1	0	0	0	4.17%
代词	26	26	0	0	0	0	4.92%
副词	33	31	2	0	0	0	6.25%
介词	7	7	0	0	0	0	1.33%
连词	8	8	0	0	0	0	1.52%
助词	7	7	0	0	0	0	1.33%
叹词	2	1	1	0	0	0	0.38%
其他	12	8	1	0	0	3	2.27%
总计	528	443	50	3	3	29	100%

---

① 说明：这里的重复是指词性相同、意思相同的情况，不包括比如"原来"在上册标明为名词、在下册标为副词的情况。另外，标注为离合词和助动词的词这里归入动词；标明兼类的词，我们看其在课文中属于什么词性便归为某一词性；其他包括非词成分，以及个别难于判断的兼类词。

表 2 《精读》（下册）

	数量	HSK 等级词汇分布情况				非 HSK 词语	百分比
		甲	乙	丙	丁		
名词	232	140	42	15	8	27	41.4%
动词	167	126	25	9	0	7	29.8%
形容词	68	50	14	2	1	1	12.1%
数词	1	1	0	0	0	0	0.18%
量词	18	14	4	0	0	0	3.21%
代词	10	9	0	0	0	1	1.79%
副词	34	25	8	0	0	1	6.07%
介词	6	6	0	0	0	0	1.07%
连词	8	7	1	0	0	0	1.43%
助词	2	2	0	0	0	0	0.36%
象声词	1	1	0	0	0	0	0.18%
其他	13	7	1	0	0	5	2.32%
总计	560	388	95	26	9	42	100%

注：本表中包括阅读中的词语。

表 3 《听力》

	数量	HSK 等级词汇分布情况				非 HSK 词语	百分比
		甲	乙	丙	丁		
名词	134	52	31	10	9	32	46.85%
动词	78	41	21	3	3	10	27.27%
形容词	39	20	14	2	1	2	13.64%
量词	4	0	2	1	0	1	1.40%
代词	1	1	0	0	0	0	0.35%
副词	16	9	6	0	0	1	5.59%
连词	3	1	2	0	0	0	1.05%
其他	11	2	1	1	0	7	3.85%
总计	286	126	77	17	13	53	100%

通过对图表的数字分析，我们发现《基础汉语》所收录的 HSK 甲级词汇只占 69.65%。我们知道，对外汉语教学词汇分级有四个界标，即 1000 词、3000 词、5000 词和 8000 词。根据对外汉语教学几十年的实践经验，在基础阶段，前 3～4 个月的词汇量接近 1000[①]。可见如果从《精读》、《听力》收入词汇的总量来说，还是符合这个标准的。但是如果从分级词汇所占的比重来看，就有一些问题，即非甲级词汇和超纲词汇所占的比重有些过高，达到了 30.35%。相比较来说，《精读》（上册）HSK 甲级词汇所占比重为 89.3%，HSK 甲乙两级词汇所占比重为 93.49%，基本上符合汉语水平词汇等级的大纲要求，而《精读》（下册）和《听力》HSK 甲级词汇所占比重分别为 69.3% 和 44.06%，甲乙两级词汇分别占 86.25% 和 70.98%，则超等级词汇比重过高，特别是《听力》，达到了 55.94%，占一半多。可见如果只从数字上看，《精读》（上册）的词汇收入还是很成功的。编写教材中出现超纲词汇这是正常现象，也比较普遍。但是这种超纲词汇要控制在一定的度或量内，这是共识，但是具体到多少，恐怕现在还没有一个标准。我个人觉得 10% 左右应该是个比较合适的比重，当然这个问题还要讨论、研究。

以上是从词汇总量来分析的。如果从实词和虚词来看，虚词的收入很成功。据统计《汉语水平词汇等级大纲》中，所收的虚词总计 519 个，其中甲级词中有虚词 108 个，见表4[②]：

表4

	副词	介词	连词	助词	总计
HSK 甲级	54	20	18	16	108
基础汉语甲级	65	13	16	9	103
基础汉语乙级	16	0	3	0	19
基础汉语	83	13	19	25	122

① 参见国家对外汉语教学领导小组办公室汉语水平考试部编写：《汉语水平词汇与汉字等级大纲》，北京语言学院出版社，1992 年版，第 10～11 页。

② 所采用数据见李晓琪：《现代汉语虚词讲义》前言，北京大学出版社，2005 年版，第 3 页。

从表 4 我们可以看出，基础汉语教材所收介词、虚词全部为不超纲词汇。另表面上，基础汉语教材甲级虚词中副词的总量是 65 个，但排除《精读》（上册）与《听力》重收的 4 个副词，《精读》（下册）与《听力》重收的 6 个副词，是 55 个副词。可见甲级中的副词被该教材完全收入。然后，再除掉连词中重收的 2 个词，这样基础汉语教材所收甲级虚词，排除重复收入的词还剩 91 个，占 HSK 甲级虚词的 84.26%。

三、其他

系统性是教材的基本属性。它要求和与之平行的教材有联系和照应，与不同层次水平的相关教材有衔接，而且其内容本身也要有系统性。《基础汉语》这三本教材出现生词重收现象，而且有近 150 个，占除专有名词以外的全部词汇（1374）的近 11%，可见数量不小。另外，生词的复现率问题，一般而言前一课的重点生词在后一课的课文或练习中应该复现，以利于学生的掌握。但是，就《精读》（上册）而言，我们抽看了该书的几篇课文，发现生词复现率很低。这可能是因为本教材所有课文全部是由对话组成的，每篇课文是一个独立的情景或话题。这种话题的相对独立性和对话体的经济性特点可能在一定程度上影响了词语的复现率。当然我们实验班采用的教学方法弥补了这一瑕疵。

还有一些问题是我们都要思考的问题，即在编写教材时，是否要考虑生词中名词、动词、形容词的大致比重，如要考虑大概的比率是多少，等等。

最后需要说明的是，本人这里绝对没有吹毛求疵的意思，因为我觉得自己还没有这个水平和资格，只是希望，如果这里的分析有一点合理的地方，并为该教材以后的再版有所裨益，就很欣慰了。希望我们的这部教材使用范围越来越广，影响力也越来越大。

王 洋　　　"视听说"课的单词识别能力训练

提起视听说课留学生们都说难，比听力课还难。确实，听力的录音材料教师可以重新制作，把语速减慢，逐渐变快。但是，视听说的语音材料不能随便改变语速，因为它与屏幕上的人物动作、表情、故事情节是一致的。那么怎么样让教学产生效果？让学生尽快提高语言能力呢？即使使用了我们编写的《现代汉语视听说多媒体教学》软件，仍然还有一个课堂教学方法的问题。特别是对于"单词"的识别是同学们感到最困难的：很简单的词语，在快速语流中就听不懂；另外，电视节目的词语十分丰富，同一个意思，不同语体、不同年龄、不同职业、不同性别的人说出来都会有差别，难以掌握……对此，本文运用语言学、心理学的有关理论，对对外汉语教学视听说课的单词识别能力训练进行了初步的理论分析，并在教学实践基础上，针对视听说课提出了通过"特征"记忆单词法和跳跃猜测法，进而提出：注意最经济的资源分配，决定语言学习者言语交际的最高效率。

词不仅是词汇的基本单位，而且是语言组织中的基本单位，瑞士语言学家索绪尔说："词是我们意识脱离不开的单位，是整个语言机构中占据中心地位的单位。"①在对外汉语教学中，在视听说课的教学实践上，我们深感词的识别是语言理解的关键。具体地说，语言理解包括口语理解和阅读理解这两方面。口语理解，依赖于短暂存在的听觉意象和听觉的单词识别，而阅读依赖于稳定的视觉表征和视觉单词识别。视听说课上的语言理解属于前者。上视听说课时，听者要加工他听到的语言，这受到说话人语速的限制，而且对词的识别能力要求较高，因此视听说课也将其作为一项专门的语言技能，对学习汉语的外国留学生进行训练。其训练方法是多方面的，本文仅就单词的记忆储存、快速反应训练和跳跃猜测训练从心理学角度进行分析。

一、单词的记忆储存和快速反应训练

该训练是从学习并记忆一个新的单词，到在录像里的正常语流中靠听觉捕捉到这个词，建立起听觉意象，并进行听觉的单词识别，进而构成对该词语及相关语言的理解。

1. 视听说课单词识别过程的简单描述

首先，学生要建立自己的心理词典。② 这里存储的汉语的词量越大，排列越规范、越系统，对于使用者来说就越方便。对于视听说课，不仅要存储词的意义，特别要存储词的声调、重音等，以支持自己的听觉和理解两方面。

其次，当输入听到一个词音的感觉后，就开始在自己的心理词典里查询、搜索、找到相应的词条，并获得对该词的解释，这个单词则被识别。

2. 特征记忆反应法

以上描述告诉我们，在记忆储存和快速反应中，记忆是前提，它是理解反应的基础，而快速反应是目的，两者互相依赖，缺一不可，在这两种能力的共同作用下，留学生们才能看懂录像内容，达到用汉语进行交际的目的。

在单词识别中，存在着特征分析阶段，这是被许多心理学实验所证实了的，在我们的日常生活中，记人、记事、记地点往往是记住了它们的特征。据此，单词记忆与快速反应训练，应抓住汉语的一些特征并结合视听说课的特征进行。在这里我们暂且

---

① 索绪尔：《普通语言学教程》，商务印书馆，1980 年版。
② 彭聃龄：《语言理解》，载于《当代心理学研究》，北京大学出版社，1993 年版。

将这种方法叫做"特征记忆反应法"，它表现在单词的记忆存储和快速反应这两方面。

（1）利用汉语词形特征扩充单词

视听说课在每节课之前都要先学习录像中的生词、解释词义并进行认读训练，即单词的记忆存储。但它与语法课、写作课对记忆单词的要求有所不同，因为录像内容涉及生活面广，单词量较大，专业性较强。所以，视听说课的单词记忆存储，用记住汉语词形特征的方法进行训练，而不是一笔一画精确地写出来。例如：学习新的单词"捏"就与以前学习的"担"字作比较。相同点：左边都是"扌"旁，右上方都是"日"字，只是右下方不同。与此同时，把学过的跟"手"有关的动词写在黑板上，一个同学读，一个同学指，另一个同学做动作（或其他同学一起做动作）。

练习示例：拿、抓、担、握、摸、拍、推、拉、挑、扛、

抱、抬、搬、指、扎、打、扑、扔、扩、扣

托　护、板、报、拉

然后老师再带领同学用"捏"字组词造句，体会它的用法及在语流中的声调（变调）发音情况，如：

　　▲　~ 住这支笔

　　▲　把豆子里的沙子 ~ 出来。

　　▲　轻点，别 ~ 碎了。

　　▲　用手~~，就知道好坏了。

　　▲　他参加比赛那天，妈妈真为他 ~ 一把汗。

视听说课的生词有时比较多，遇到这种情况，就把生词分为两部分：重点掌握的与一般掌握的。重点生词要像"捏"字那样教。用这种方法看起来有点麻烦，但很适合视听说课，比如例句中肯定有一句是后边录像中要听到的，这对学生听懂录像内容和不断地复现记忆单词都很有帮助，也符合单句识别的心理特征。

近一个世纪以来，心理学家就单词的识别问题进行了大量的实验研究，发现对拼音文字来说，单词的视觉加工依靠其外部轮廓和首尾字母，就可以较为顺利地完成，在一定条件下(如快速呈现、掩蔽、速读)，单词识别不一定依赖于对其全部现成字母

的识别和分析①。汉字和拼音文字属不同的文字体系。它的整体性占有优势。研究发现，汉字的字形对其识别也有重要作用。1929 年周先庚先生在美国斯坦福大学学习时，曾用省略恢复法研究了半字对汉字识别的影响，结果发现，被试半字写出整体字的平均正确率为 60%，而保留汉字上半部有利于汉字的识别。他认为，这种差别可能是由于汉字的偏旁多在上部或左边，而写字总是先左上，后右下。这样汉字前面的笔画比后面的笔画似乎携带了更多的信息。视听说课的单词识别，可以借用语言心理学家关于文字阅读时的单词识别的研究成果，尽管视听说课是听觉的单词识别，但单词是音、形、义的统一，听到词音就出现词形、词义，与看到词形就出现词音、词义是相同的，都是单词识别中自动的不可控制的心理过程②。因此我们设计单词记忆储存的训练时，对某个生词，先找出它的特点并将其放在与它类似的字词堆里，在对比中记忆，这样做的目的是让学生对其了解的角度更多一些。因为人要想记住一个人或一件事，对它了解得越详细越容易记住，对单词也是如此。另外，除了静态特点外，还用它造句，使学生了解该词的动态特点，它有几种最常用的形式，在这几种形式中该词的声调有什么变化，这样依靠其特点记的单词，也仍然会以同样的特点标记搜索出来，做到快速反应。

（2）借助体态语的特征扩充单词

体态语在视听说课的录像材料中表现比较充分，所以在单词记忆阶段，可同时向学生介绍表现某一生词意义的体态语，让学生借助它记住所学的生词。在体态语中有因文化而异的部分。二次大战期间，有些美国情报员被德国盖世太保逮捕，是由于他们用右手拿叉子吃东西，而没有严格训练成欧洲人用左手拿叉子吃东西的方式，因而露出马脚。又如"摇头不算点头算"的常规动作，在保加利亚和印度的某些地方，摇头恰恰表示肯定。类似这样的体态语，在汉语中也有，如：表示"停止"或制止别人的行动，让别人"别说了"、"别做了"等，是把两手伸开，一只手的指尖顶住另一只手的手心，与汉字"停"字的右下方的"丁"字相似；女孩常用两手捂住脸表示"害羞"、"不好意思"；两人发誓"一言为定"时常以两人手掌相击，如果是孩子，则用两人的小指或食指相勾，拉动几下，叫做"拉勾勾"；表示"胜利"中国人也引进二次大

---

① 彭龄：《语言理解》，载于《当代心理学研究》，北京大学出版社，1993 年版。
② 彭龄、谭力海：《语言心理学》，北京师范大学出版社，1991 年版。

战期间英国首相丘吉尔推出的一种伸出食指和中指，手心向外，做成 V 形状的手势语；在交谈中如果一方看看手表，表示时间到了希望终止交谈，有时甚至相当于逐客令。

体态语是语言的重要辅助手段，在言语交际中较为常见，在视听说课的生词记忆时可以借助体态语帮助记忆，达到快速反应的目的。

除了在特定的社会文化背景和语境中为某一种语言特有的体态语之外，还有一部分是人类共同的由人的先天生理机制确定的体态语，那就是人的面目表情。正如艾克曼（P.EKman）所说的："外国人的表情不同于外国语，不经学习就可作为有效信息在人们之间交流。"在视听说课上学习表示心理感觉词汇时可以利用人类这一共有资源。

（3）利用不同语体的特征扩充单词

看电视时，接受的信息基本上是听觉信息，但人说出来的话并不都是口语，其中也有书面语，它是通过广播员用声音输送给听者的。这是视听说课应向学生说明的。学生明白了所看内容是书面语，就能缩小单词搜索范围，更准确地预测即将出现的单词。对电视节目的主要语体表现作简单的归纳，主要是：

电视新闻是形象化的政论风格，属书面语。

电视口播新闻和电视纪录片解说词均属书面语，特点是文字简练，富有文采。

电视剧和动画片，属于带有文学色彩的口语。

电视实况转播解说词接近口语，但用词有专业化色彩，语言生动。

电视直播（如《实话实说》）属口语。

以上所列电视节目，近乎一半是广播员按照稿件读出声来的书面语，在教学中要处理好书面语与口语在表达上的不同，利用它扩大单词的储备。比如一个介绍中国音乐学院附属少年艺术团赴台湾地区演出的记录片，说到演出路线是"由南向北而行，纵贯全岛"。"纵贯"是个生词，老师让同学们用口语中的常用词替换它，有人说"（从南向北）一边走一边表演"，有人说"（从下向上地走）去到台湾岛的每个地方演出"，还有人说"（从南向北）走光全岛"。最后这个同学因为学过"光"这个词的使用方法，如：所有的饭菜全吃了就说"饭都吃光了"，所有的人都离开了某处就说"人走光了"。于是他结合录像中看懂的内容，就说出了"走光全岛"。这时我们应告诉同学应该用"走遍"替代"纵贯"，并说明这两个词并不是同义词，但却表示相近的意思，这是因为不同的语体所致。对此，不能仅从字面意义去理解，要结合上下文语境、语用的实际准确把握词义。不同语体在表达上的不同，无形中为学习者带来了很多困难，增加了生词量，但这也正是教学可利用的手段。于是，我们设计了利用不同语体表达相同意思的特点扩充单词的教学方法。提出一个主题，汇集多种说法。如：以"第一名"为主题，找出不同的说法，比如在新闻节目中谈到高考有"理科状元"、"文科状元"等，在体育节目中有"取（获、夺）得第一名"、"登上冠军的宝座"、"摘下×××的桂冠"、"×××再次夺冠"、"×××成为金杯得主"、"×××夺得金腰带"、"×××捧得金杯"等，这里面涉及较多生词，记住它们本不容易，但因为都与"第一名"相连，故作为共同特点，一起记忆就会有所依附，互相借助就变得容易记住和搜索了。

二、跳跃猜测训练

1. 跳跃猜测训练的意义

尽管通过单词的记忆储存训练积累了大量词汇，并且选择了适合学生水平的录像，但仍然不可避免在一段录像中有令学生难以听懂的地方。分析其原因主要不是生词造成的问题，而是说话人的感情伴随着所说内容的变化而变化，使发音不那么准确到位，词语听起来就含混不清。从学生语言交际的实际出发，离开课堂，也必然会遇到不懂的词语出现在句子里的情况，因此在大量的单词记忆储存和快速反应训练的同时，有必要进行跳跃猜测训练。

2. 跳跃猜测训练法及其分析

其实，每个操母语的人，在语言交际中时常有跳跃现象，只是因为自己对这种语言的理解有信心而不觉得。如我们看电视采访节目，被采访人的话常常听不清，但并不影响我们的理解。但作为第二语言学习者，由于对目的语的生疏感，生怕哪个词没听懂而影响交际，所以遇到障碍难以逾越，有时因一两个词听不懂，出现心理停顿，使后面的话语白白流过。出现这种现象的原因在哪儿呢？往往是人的"注意"的分配问题（不含因单词量很少而听不懂的情况）。首先要说明，这里所说的"注意"是从人的认知心理学角度，把它与意识分开，将它看成一种资源——人类信息加工系统中的一种可分配的资源。举一个生活中的例子，我们和朋友一起散步时，你突然问他："49乘17等于多少？"他认真进行心算时可能会不自觉地停下来，这表明，尽管行走的动作已经很"自动化"了，似乎它仍然需要人的某些注意或"管理"。日常生活中类似的现象很多，一个人同时做两件事总不如做一件事进行得顺利，这说明，"人类信息加工系统和一般加工系统一样，在它的内部存在着各种各样用于加工外界信息的资源，这些资源在数量上是有限的，这种资源上的有限导致了人们注意分配上的有限，当人们同时做两件事时，就有系统对有限资源的竞争"①。既然资源是有限的，那么，就要从经济学的角度考虑资源使用的效率问题。心理学家尼翁和高佛（D.Nawn and D.Gopher）用一种微观经济学的方法，通过实验证明人对自己注意的分配有主观倾向性，当人面临两个任务时，将会给予其中的一个任务更高的优先权，从而得出"人类信息加工系统根据不同的任务目标来选择一定的输入进行加工，其他的刺激输入则被放弃掉，所放弃的信息已经进入了信息加工系统，只是由于资源有限，它们不能被完全加工"②的结论。

根据这一"注意"的资源理论的观点，视听说课的跳跃猜测训练设计思想是把人类认知心理过程的瞬间动作分为两步，进行分项训练，现具体描述如下：

（1）接受辨别训练

作为听者，第一步是能够接受外界的信息并对其进行辨别。就人类的话语信息接受情况看，听者是把句子切分成成分来加工的。当一个句子的众多成分中出现听不清（或听不懂）的词语成分时，这意味着听者对它已不存在加工的可能性，应坚决放弃掉，即便是有点含糊的词语成分，也应放弃，应给予那些能听懂的词语成分以更高的优先权。如果听者硬要将自己的注意力停在那个听不懂的词语成分处，则必然使后边的话语白白流过，听者就真的没听懂这段话语。从表面上看，是听者的听力差或汉语水平差，不能用汉语进行交际，实际上是他对自己"注意"资源的分配能力差，如果那个词语他听懂了，或者跳跃过去了，可能后边的内容对他来说并不困难。可见，对注意最经济的资源分配，决定语言学习者言语交际的最高效率，因此我们把这一方法暂且叫"跳跃猜测法"。一般情况下，学生通过这种训练，尝试了跳跃后，反而有利于听懂更多的内容，他们才能有信心，有意识地跳过词语障碍，合理分配自己的注意力。一旦他们的心理障碍克服了，听的时候精神不紧张，现有汉语水平也较容易发挥。可见这一训练的第一步的重点是帮助学生克服心里障碍，减轻精神负担，轻松自如地听，

---

① 陈永明、罗永东：《现代认知心理学——人的信息加工》，团结出版社，1989 年版。
② 同上。

并对目的语产生亲切感，减少生疏感。

（2）猜测推理训练

第二步是把已经听懂的内容连接起来，充分发挥自己现有的汉语能力，对其进行理解，然后，根据已知的（听懂的内容）推测分析出未知的（没听懂的内容），构成对全部话语的理解。这样学习者才能最大限度地发挥自己的视觉、听觉和现有汉语知识的潜能，养成一个良好的听力理解习惯。这种训练的方法是：选择生词量少的录像材料，教师不作任何讲解直接放，可以让学生多听两遍，让大多数人基本听清生词以外的内容，然后让学生们将听到的内容写出来，把听不懂的生词空着，再根据前后语境让学生自己寻找合适的词填上。这时一个空格可能有多种答案，有的答案甚至将句式作了改换，此时老师仍然不给正确答案，让同学们将黑板上五六种或更多的不同答案作比较、分析后再作判断，也可查字典，结果往往都有三种左右的答案接近原词语意思，可以说，他们理解了整个语段。

实践证明，在掌握一定单词量和汉语水平相差不多的前提下，学生有没有经过这种训练，其对语言的听力理解是不同的。经过训练的学生在汉语水平考试（如 HSK）中做听力理解试题时一般准确率都是比较高的。

刘晓红

留学生作文过程中炼字的"度"

一、问题的提出

留学生作文给人的一般印象是错别字成堆，病句连串，辞不达意，勉强为之以完成任务而已。这就使有些作文课的教师对学生放低要求，只要他们能用汉语写作，在用汉语写作的时候基本上能表达出自己的思想感情就可以了，不敢对他们奢望太高。

我们认为，经过语言基础技能课程的学习，留学生大都有这样的意识：汉语书面语表达跟口语表达有比较大的差异，书面语表达需要选择词语和句式。这样的意识很重要。因为它是个十字路口，这个十字路口或者将学生引向正确的方向，从而顺利地不断提高自己的书面语表达水平；或者使学生误入歧途，因为他们感觉书面语表达很难，用书面语长篇大论地阐述自己的思想感情更难，在这种畏难情绪的支配下，他们逐渐地丧失了对写作的兴趣。根据本人教授写作课程的经验，发现在这样的十字路口适时地引导学生，为他们指明一条既不是高不可攀又不是没有一点儿挑战性的写作之路，可以激发留学生写作的热情，从而起到事半功倍的效果。

指导留学生练习书面语表达表现在很多方面，本文主要谈如何帮助学生在写作过程中进行炼字。如果在学生写作过程中能够通过种种方式把握好使他们进行炼字的"度"，会激发他们练习写作的热情，这特别适合于中高级水平的留学生。

二、关于"炼字"及其在对外汉语作文教学中的应用

"炼字"是我国传统的修辞艺术，锤炼的目的在于寻求恰当的字词，既生动贴切又新鲜活泼地表现人或事物，就是说不仅要求字词用得对，还要用得好。从语言本体的角度看，所谓"炼字"实际上就是通过字词的选择，使句、篇达到最佳化，以求使自己所要表达的意思（思想、感情）最为充分。

我国古代的名家学者深深懂得炼字对作文赋诗的作用，他们在炼字方面不惜功本，因此留下了很多这方面的故事。比如唐代诗人齐已的《早梅》诗和贾岛的"推敲"故事，宋朝王安石的《泊船瓜洲》和欧阳修的《醉翁亭记》，都是这方面的事例。"为人性僻耽佳句，语不惊人死不休"更是诗圣杜甫留给后人的炼字座右铭。元代刘秉忠《读遗山诗四首》，其中之一写道："青云高兴入冥收，一字非工未肯休。直到雪消冰泮后，百川春水自东流。"作者以形象的诗句描绘诗创作中炼字的过程，以及诗人炼得至当至隽的字以后的美好心情。

"炼字"必须以"炼意"为前提才具有美的价值。因此，只有在篇中炼句，在句中炼字，炼字不单是炼声、炼形，同时也是炼意，只有切合题旨，适合情境，做到语意两工，这样炼出来的字才能真正精光四射。沈德潜指出，"古人不废炼字法，然以意胜，而不以字胜。故能平字见奇，常字见险，陈字见新，朴字见色"，说的就是这个意思。历史上成功的炼字都是和炼意紧密结合在一起的。炼字，就是使"意"——作者主观的情思和作品所表现的生活具体化、生动化、纵深化与美学化，只有炼出具体生动的富于美学内容和启示性的字，才能使"意"具有感染人的力量。

这些知识，系统地给留学生讲解是不合时宜的。但是，炼字却是使用汉语写作的一个基本功，是汉语写作的一个基础性技巧。所以教会学生在作文的过程中认真"炼字"，是汉语作文课的一个基本任务，作为对外汉语教学写作教师来说，对这个问题必须有充分的正确认识。

首先我们要认识到，中国人的炼字是在对不对的问题彻底解决之后进行的，炼字

的目的在于追求更好。而留学生的炼字是跟对不对的问题紧密结合在一起的，有时候二者分不太清楚。但这并不妨碍我们从理论上分清楚"炼字"和"改错"的本质区别。

其次，我们要从观念上认识到，留学生作文的时候，要求或者教授他们炼字，是为了使他们培养一种良好的汉语书面语表达习惯。这主要表现在以下三个方面：

第一，态度认真。要使留学生明白，必须认真对待作文，认真对待书面表达，甚至每一个字都要一丝不苟。因为这是中国人的传统，千百年来历代文人都视文字如生命，视自己的文章如自己的人格。任何想真正地懂得汉语书面语的人，任何想真正地用书面语来跟人交流、想卓有成效地表达自己的思想感情的人，都要认真对待汉语书面语，培养认真对待每一个字的精神和态度。

第二，字、句、篇、意一体。字组成句，句组成段，段组成篇，篇表达意（系统的思想，完整的感情）。由字到句、到篇，就是通过书面语表达自己的思想和感情的过程。所以，字、句和篇任何一个环节都不能忽视，都应该仔细推敲、构思和布置。变动任何一个地方，都意味着思想和感情在发生变化。这一点也必须要让学生明白。

第三，书面表达的准确、生动和形象。根据本人的经验，即使是中高级的留学生，脑子里只有正确错误的概念，他们问的最多的是"对不对"。只要对他们的作文作改动，他们就认为是在用正确的代替错误的。这是很不正确的想法。是语言基础技能课和各种各样的考试导致了他们有了这样的不正确想法。学生作文中当然有正误的问题，但在很多时候不是这方面的问题，而是如何才能更确切、如何才能更容易打动人、如何做才更有表达效果的问题。把这些问题一律归于正误，不利于留学生书面表达能力的培养。所以，作为一个作文教师，必须扭转学生这种不正确的理解，培养他们准确、生动和形象地进行书面表达的习惯和能力。

三、留学生作文炼字"度"的表现

留学生写作中存在大量的汉语表达错误，一味地夸大这一点，把任何问题都当成正误问题，结果把作文课当成了改错课，这固然不对；但过分地强调留学生炼字，让他们做到"语不惊人死不休"也不现实。所以，这里存在一个"度"的问题。这个"度"对能否达到预期目标非常重要。

根据我们的实践，留学生作文过程中进行炼字的度，主要表现在以下几个方面：

1. 时效上的度

所谓"时效"，就是把握好最佳时机对学生进行指导，使学生能够举一反三，通过具体实例体会炼字的妙处。根据我们的经验，这样的时机往往在学生作文的过程中和评改作文后学生正在重新审视自己作文的时候。

学生作文的时候往往会查词典，或者会问老师两个词有什么区别。这个时候，适时地启发学生炼字，很容易收到意想不到的效果。不过，在这个时候，应该特别注意，不能一下子把答案告诉学生，要仔细地了解学生到底想表达什么意思。比如，有一次有个学生问"觉得"、"感觉"有什么区别。他知道"感觉"可以作名词，而"觉得"不能。但两个词在作动词的时候，他不知道怎么区分。他问这个问题，原来是想说下面的句子：

> 我觉得/感觉，经常笑也要适当，笑多了也不是件好事。

在这个句子里，显然应该用"觉得"，而不应该用"感觉"。因为"觉得"强调的是自己的态度，"感觉"强调的是受到外界刺激后的反应。但是，如果这样给留学生讲解，他们是不能接受的。最好的办法是让学生体会一些实际例子。当时，我们出具的实际例子是：

我觉得/感觉他很喜欢我。（觉得：认为；感觉：他的行为让我知道）

我觉得/感觉地面在动。（觉得：认为，但地面是否真的在动呢？不一定；感觉：地面在动，这使我知道了地面在动）

这两个实际例子，使学生基本上解决了上述问题。

作文评改后，一般学生很注重老师修改过的地方，不少学生会进一步询问老师为什么会那么改。比如有个学生写作文，题目是"马蹄湖"。开头的一段是这样的：

> 每个学校都有一个自己特色的湖，如北大的未名湖，天大的青年湖。我们南开有一个很有特色的湖，叫马蹄湖。

修改后，这段文字变为：

> 很多（原文"每个"）大学（原文"学校"）都有一个具有（原文无，加）自

己特色的湖，如北大的未名湖，天大的青年湖。我们南开也（原文无，加）有一个很有特色的湖，那就是（原文"叫"）马蹄湖。

其他几处修改学生大都能自己领会，但最后一处修改将"叫"改为"那就是"，学生觉得一下子不好理解。当时，学生是这样问的："老师，'叫马蹄湖'不对吗？"

老师是这样回答的："'叫马蹄湖'也可以，不是不对。但从语气上不如说成'那就是马蹄湖'强。'那就是'带有强调的意思。"接着，举出一些例子，让学生体会：

大家都有自己的爱好，我也有，是踢足球/那就是踢足球。

班里只有一个人通过考试了，是我/那就是我。

从时效上说，一般应该及时，不能拖太长时间。最好是选择学生正在思考的关口，因势利导。

2. 数量上的度

中高级作文练习的字数都在 500 字以上，60 个句子左右（一个理论上的标点符号算一句），对中等水平的学生而言，错误率大都在 1/6 左右，即差不多有 10 个错误的句子。根据我们初步的粗略计算，需要炼字的句子则在 4/6 左右。这就意味着几乎每个句子都有值得推敲的地方。如此高的比率，如果全部要求他们炼字，或者全部帮助他们炼字，时间和精力是不允许的，也没有必要。要求的太多，反而易使学生产生逆反心理，认为汉语书面语太繁杂。我们一般每篇文章选择两到四处供学生炼字。

这两到四处炼字，应该选择那些非常有代表性的才行。比如，下面是一篇《我这个人》的作文，这是一篇汉语水平比较高的文章，所以错误率很低：

我叫姜瑞贤，是一个文静的韩国姑娘，今年 23 岁了。我家一共有四口人：严厉的父亲，慈祥的母亲，还有顽皮的弟弟。因为我的弟弟今年高三了，所以我家里充满了紧张的学习气氛。

我来中国学习汉语已经快三年了，（加"但汉语水平提高得却很慢。因为"）我的性格比较内向，也（删）不爱说话。所以在各门课程中口语课是对我来说最叫人害怕的一门课程。我特别沉默寡言，虽然心里想的多，但是一开口就紧张起来，说话就断断续续了，也不知道该怎么接下去说。我认为要想学好语言，好的语言环境是很重要的。最近，我和一个中国朋友一起住了，我想这是我学习语言、提高语言水平的好机会，我要趁着这个机会努力学习汉语。

　　将来我学完（毕业）后，希望当一个（名/位）中文老师。在韩国教孩子们汉语，而且（加"向他们"）介绍中国的历史和文化，让他们了解中国。

原文使用了"也"字，这显然是没有弄清楚"内向"和"不爱说话"的关系所致；"学完"是一个自由词组，它表达的意思其实可以用词"毕业"来表达；中文老师前面的量词，用"名"、"位"比用"个"更郑重、正式一些，这样才与自己的奋斗目标相配。

这三个地方，只要略微向学生指点，他们就会很快领会，而且数量少，他们的负担也不重，印象比较深刻。那些比较繁难的，或者需要花很多力气才能跟学生解释清楚的，不适宜作炼字的素材，比如文中的第二自然段的"所以"。

3. 水平上的度

留学生的整体构成比较复杂，汉语水平、文化背景以及由此带来的思维方式、表达习惯等方面的个体差异比较大，而炼字明显受文化制约，跟学生的想象力有很大的关系。因此，引导学生炼字，不能强求一成不变的方法，根据学生的实际因势利导至关重要。

我们的一般原则是，对那些水平高的学生有更多、更高的要求。因为中国人炼字追求的是通过炼字画龙点睛，点石成金，落笔生花。这当然也是学习汉语的外国人长期追求的目标。但是，对于正在学习基础汉语的留学生来说，这种要求是不符合实际的。留学生的作文达不到这样的水平：只要修改其中个别字，整篇文章就熠熠生辉，丑小鸭顿时变成天鹅。我们提倡在留学生作文时，培养他们炼字的习惯，目的是让他们培养严谨的书面表达习惯。对他们来说，有良好的书面表达习惯，比令人满意的实际的习作更重要。

那么，如何把握留学生炼字的标准呢？我们认为，根据留学生实际水平，可以分为四个等级标准。这四个等级标准依次是：正确、精简、贴切、生动形象。具体地说，就是当留学生能够达到写出正确汉语的时候，就要求他努力将语句精简；当他达到能够写出精简的汉语的时候，就要求他努力贴切地表达；当他能够贴切地表达的时候，就鼓励他追求表达的生动形象。

下面是学生习作《介绍两种韩国传统食品》：

　　我想介绍两种韩国传统食品，我要介绍的这两种是可以说（"可以说"跟"是"颠倒位置，后加"在韩国"）最基本而且最好吃的。

　　一种是"泡菜"。泡菜，又称辣白菜，一般做法是把洗干净的大白菜，用刀从中间纵向切成两半，然后以辣椒末（沫）为主，粗盐，（、）味精，（、）鲜鱼，（、）生栗子，（、）雪梨片等为配料，一层层夹进菜叶之间，再用缸封闭储藏三十天左右，就可以取出来食用（了）。做这种泡菜，通常是在每年的十一月初，可吃到来年四月份。每年一到腌制泡菜的季节，家家户户都去买白菜，邻居大妈，（、）亲戚朋友都来帮忙，场面很热闹。很多韩国人没有泡菜就不吃饭。(1)

　　别（另）外一种就是"打糕"。打糕，是用糯米制成的一种食品。把淘好的糯米放在水中浸泡四～五小时，捞出风干后，放到笼屉中蒸三十～四十分钟，再洒些淡盐水，闷半小时左右。把闷好的糯米放在臼里或石板上，以木锤用力击打，（糯米被击打得）不见米粒（了，）就成了打糕。同时，把小豆煮熟，做成豆沙，或把大豆炒熟，碾成豆面，拌一点盐或糖。然后，把打糕切成小块，蘸豆沙或豆面食用。

　　我所介绍的这两种食品是和我们韩国人的生活离不开的。(2) 我对这两种食品有不少的爱心。(3) 希望更多的外国人能尝到这些韩国的食品。(4)

这是一篇基本上用书面语写成的说明文，语言表达错误比较少，语句比较通顺，完全做到了正确、精练。在这种情况下，我们通过对学生的作文进行修改，启发学生通过炼字使文章锦上添花。我们是这样处理的，在返回给学生的作文里，我们径自修改了一部分偏误，即用括号标明的部分。

返回给学生的作文中，有四个句子加了下划线。因为水平高的学生，对老师的评改看得比较仔细，通常他们会把自己不明白的细节问清楚。见到这样的下划线，学生就会回来问老师。这是一个非常难得的机会。

(1) 这个句子太平淡，而且太白，显得跟全文的风格不一致。最好选择一些词语和句式，使句子语气更强、更文雅一些。最后，学生提供了两个选项：

A 很多韩国人没有泡菜就吃不下饭。

B 在吃饭的时候没有泡菜，许多韩国人就难以下咽。

用同样的方法，经过启发，学生自己把（2）句修改成"韩国人生活中离不开我所介绍的这两种食品"，（3）句修改成"我对这两种食品也情有独钟"，（4）修改为"品尝到这些富有韩国特色的食品"。

在实践中，对那些书面表达能力比较差一些的学生，不能对他们有太多、太高的要求。下面是一篇作文《周恩来的人像》：

> 自从我来到南开大学上学后，常常看到有（"有"换成"在"）一个人的人像前面有几个人照像，（、）献花。我感觉很奇怪，为什么会有人跟他照像给他献花？所以我问中国朋友"他是谁？"她说"他是以前的中国总理，一位政治家。（"）我觉得更奇怪（了）。因为在韩国政治家很难被人们尊敬地（的）！还有（，）他已经死了一百年（时间上有错误）还能受到人们的尊敬（，那）就更不简单了。
>
> 回家后我查询（查阅）了很多对周恩来总理的资料，在1996年邢台发生（了）6.8级地震（。）他第二天就赴（赶赴）现场（，）一下飞机（就）悲痛万分几乎（"几乎"换成"地"）哭出来。在慰问一个监（临）时医院时，总理坚持和100多位（伤员）一一握手，一一安慰（他们）方才离开。周总理下农村的时候，对（一位）老人家说（：）"我是您的儿子。"一位国家总理（是）何等高贵地身份（，但他）却说自己是老农的儿子。如此和蔼可亲的总理怎能不受到人们的尊敬呢？看过周总理的事纪（迹）以后（，）再看他的人像（，）我有种（"有种"删除）肃然起敬地（"地"删除，后加"，"）好像他站在我面前一样！

从这篇作文看，作者虽然能够把事情基本交代清楚，但书面语表达能力不太过关。对类似这样水平的学生，主要应该鼓励他们培养比较规范的书面语表达能力，应该使他们尽快做到正确、精练地用书面语表达自己的思想，不适宜提出其他要求，否则他们会感到有很大的压力，从而产生畏难情绪。

4. 方法上的度

炼字是在正确的基础上追求更好，这种技巧只有更好，没有最好，但绝对不存在对错的问题。虽然留学生的"炼字"跟正确与否紧密地纠缠在一起，但是正如我们一再强调的，留学生的"炼字"旨在培养他们书面语表达的良好习惯，与其让他们造一个好句子，还不如让他们在追求更好的过程中体悟一种道理，培养一种习惯。因此，在帮助留学生炼字的过程中，一定要以平等的身份和心态对待学生，不能以老师和权威的身份和心态随意指点。

在给他们提建议的时候，只要他们基本上说清楚了，就首先要肯定，比如说"这样写很好"、"这是可以的"等等。然后再以商量的语气，提供几种答案，比如说"这个词换成某某也许更好"。提出建议后，要结合上下文和全文构思全面分析，提供更多例证，让学生仔细体会。在这个时候，切忌态度生硬、直截了当地以对错论，径自轻率地改动学生作文中正确但尚可以更完美的语句。

教学方法

王 辉　　经典阅读、语言教学和论文写作

　　　　　　这里所说的经典，指那些能够代表古代、现代中国文学成就的经典作品。这些经典作品，一方面，是语言学习的典范；另一方面，又包含有丰富、深刻的思想文化内容，是外国学生学习汉语、了解中国文化的极好的材料。当然，也因为是经典，在语言上有一定的难度，对外国学生来说尤其如此，这就要求我们在制定教学计划的时候，要考虑安排适当的时间，选择适当的教学内容和教学模式，以期达到理想的教学效果。

　　笔者现在担任"中国文学名著选读（古代）"和"中国文学（古代）"课的教学任务，在教"高级综合汉语"课时也涉及现代文学的经典作品。在汉语作为第二语言教学的总体框架内，怎样上好这些课，使学生真正能有所收获，一直是笔者探索的内容。这篇小文只是提出一些问题，其中有些问题以前曾经提过，但似乎是问题太小、太个别了，没有引起什么重视。现在旧话重提，也有一些新的思考，希望能够引起大家的批评与讨论。

　　这里所涉及的问题有明确的思考对象，即是我院汉语言专业三、四年级的外国本科生。这些学生在三年级开始学习高级汉语的各项课程，进入高级汉语学习阶段；而且，他们即将面临毕业攸关的一个重大的问题，就是论文写作。因此，这里所提出的问题，是针对三、四年级外国本科生的汉语学习来说的。

在制定"高级综合汉语"课的教学计划的时候，首先遇到一个问题，就是从教材中选择教学篇目，因为教材所提供的篇目远远多于一学期所能学习的内容。在选择篇目的过程中，笔者和同样担任这门课教学任务的其他老师出现了争执，就是教材中鲁迅的小说要不要选。作为"综合汉语"课教材的《汉语高级教程》有两册：第一册是三年级第一学期的教学内容，教材提供了《孔乙己》；第二册是第二学期的，教材里有《祝福》。我是主张选鲁迅作品的，至少应该选一篇，但我不占多数，所以几次未能如愿。持反对意见的一个主要理由是：鲁迅作品的语言太特殊了，不符合规范的现代汉语标准，学生没法练（以前还明确听到过这种声音：鲁迅的作品"太老了"、"过时了"）。这里实际上反映了一个教学思路的问题：课文给我们提供了什么？我们怎样来运用这些课文？是把这些课文仅仅当成语言操练的材料，还是要同时注意到这些经典作品本身所拥有的思想内涵和文化魅力？

笔者时时刻刻不敢忘记自己对外汉语教师的职业身份，对课文中语言点的讲解与操练不敢有一丝一毫的马虎。然而，如果我们把注意力都放在语言操练上，而忽略了作品本身所具有的思想文化魅力，岂不是太可惜了么？这就要求我们教师有责任指导学生去尝试"分析"文章本身的思想与内容。其实，这也是一种语言的训练。语言练习不仅仅是对所提供的语言材料的复制与模仿，更有一种创造性的思维、创造性的学习蕴含其中。我们常说用"造句"这种形式进行语言操练已经是一种比较笨拙的方法，不能适应目前教学发展的需要。我们在进行语言操练的时候，应该给学生比较具体的语境。而我们这里所说的对经典作品的阅读和分析，其实也是让学生在一个具体的"语境"基础上进行练习，只不过这个"语境"变成了包含有丰富思想文化内容的语言材料。学生是否读懂了作品，进而去感受、理解、生发、比较等，所有这一切，都要靠学生的表达——口头表达和书面表达——来完成。我们在教学的时候，可以针对作品内容设计好从具体到概括性的各种各样的问题，学生要对这些问题表达自己的观点，并且结合作品内容作出说明（论证）。从一段完整的表达，到一篇完整的文章，这个过程，实际上就是指导学生练习写出一篇论文的过程。而在课堂上，针对作品内容、学生的理解而进行的提问，不就是对未来答辩的锻炼与准备么？每次论文答辩的时候，面对一些文笔流畅、概括性极强的学生论文，老师们不免总是心生疑惑：且不论枪手代笔的问题，文章中的观点是学生自己思考得来的么？文章中引用的材料学生真的理解了么？面对这些疑惑，我们似乎不能全怪学生。如果平时不对学生反复进行这样的训练，怎么能临了就指望他们写出满意的文章呢？

话题再回到鲁迅上来。几年前，我教学生学习了《祝福》，学完了之后，一些学生对我说：学完了这一课，才知道鲁迅的文章可以读；鲁迅的思想是那么深，读一遍是不够的，要反复地读；以前不敢读，根本没想过要去读鲁迅，现在知道了，只要读，就会有收获。我们不能奢望每一个学生都能产生这样的想法，然而，能多影响一个学生就多影响一个学生。经典作品具有一般作品所无法比拟的思想震撼力与文化亲和力，培养学生对中国文化的深厚感情，不也是我们对外汉语教学的一个目标么？还有一件事，前些年韩国有一种流行的观点：忘记孔子，国家才能发展（据说原来的说法比这要激烈得多）。我给学生讲《论语》里的几条语录，讲完了，几个韩国学生跑到曲阜去瞻仰孔庙孔林。为什么？学生的回答是"敬仰他"。现在，我们在世界各地如火如荼地办"孔子学院"。"孔子"，这个词的意义和分量，也该在我们汉语教师的心中仔细地推敲推敲，掂量掂量。

至于"古代文学名著选读"和"中国古代文学"这两门课，我还是重申以前的想法：赶快将这两门课合而为一。"名著选读"在"中国文学"课之前，是选修课。本来外国学生学习中国文学的起点就不高，再经历了"名著选读"这一学期的学习，学生的起点、知识储备差异更大。四年级的时候上必修课"中国文学"，更容易形成两级分化的现象：好的更好，更想学习越来越多的作品和知识；另一部分学生则感觉学起来很吃力。其次，"中国文学"在我们教学的传统上属于专业课、知识课。然而，给几乎没有任何古典作品阅读基础的学生讲中国文学知识，讲什么？没有作品阅读做基础，文学知识只能是空中楼阁。而且这种课真的将成为老师的"一言堂"、"满堂灌"，老师的口才再好，也只是看上去的热闹，学生所得将极为有限。学生愿意死记硬背那些作家作品的名字以及摸不着头脑的文学知识么？当然不愿意。学生只是听，得不到其他能力的锻炼，其积极性自然大大减弱，这又怎么能有好的教学效果呢？所以，必须读作品。老师带着读，学生讲，用现代汉语讲作品的内容，首先看看读懂了没有，这是基础。然后，向更深的层次锻炼，锻炼学生思考、解答问题以及分析、欣赏作品的能力，这当然要一点一滴地积累。而这个过程实际上就是训练学生表达能力的过程。一节课下来，有些学生能感觉到：得动用学过的所有现代汉语的知识和技能。

上面所说的，是理想中的教学效果。而要这样做，首先就要改变一种习惯的教学安排，专业课要尽量上小课。三四十人乃至六十多人在一起，上述设想显然是很难实现的。

就在笔者写这篇小文的时候，学校要求本科毕业论文也要进行公开答辩，我院的外国本科生也在其中。这几天正在从 03 级本科生中挑选那些选题合适且表达能力较为出色的学生，参加论文选题的公开报告，并要求全体 03 级学生观摩。近来，我们对语言操练的讨论已经非常充分了，初、中等各级实验班教学的展开也取得了瞩目的成效。然而，我们对高级汉语阶段的教学，特别是对即将面临论文写作和毕业问题的高年级本科生的汉语教学，似乎还没有给予过多的注意，还没有像对待实验班教学那样展开专门的研讨。就着这次本科教学评估的机会，希望上述问题能引起大家的注意，也希望这篇小文能引起大家对这项工作的思考。

桑宝靖　　# 对日汉语教学难点略谈

　　近年来，随着中国经济的飞速发展，越来越多的日本学生因贸易、就业等各种原因更热衷于学习汉语。作为一名从事对外汉语教学工作的教师，通过工作实践发现日本学生在学习和习得汉语时易受母语影响而产生一些偏误，这其实也是我们对日汉语教学中的难点和重点。这里，就几点日本学生学习汉语的偏误，粗略谈一谈。

一、"了"的用法

　　对于非母语的汉语学习者来说，"了"是一个非常让人头疼的词。似乎所有的非母语者在学习"了"的问题时都会觉得特别棘手。日本学生在学习"了"的用法时，也倍感头疼，什么时候用，什么时候不用，觉得似乎无太多规律可寻。而且日本学生在理解掌握"了"的语义及语法结构的过程中，都要与日语中表示过去式的助动词"た"联系起来。所以一些日本学生在学习汉语时，用自己的民族思维习惯套用汉语，就造出了下面的病句：

　　　　结婚以前幸子在公司工作了。（結婚する前は幸子学校で仕事をしていました。）
实际上这个句子里的"了"和"た"不能对译。日语里"た"的主要特征是表示时间

（过去时），如：

　　　　昨天玩得很高兴。（昨日私は遊んで嬉しかった。）

　　　　上个星期我在家休息。（先週私は家で休んでいました。）

在日语里，凡是过去进行过的动作，一般都要用过去时"た"，特别是句首有明显的表示过去时间的名词和副词时。而汉语中的过去时有很多种表达方式，不一定要用"了"，所以，汉语中的"了"与时间没有必然的关系。如：

　　　　昨天是吉田的生日。（昨日は吉田君の誕生日でした。）

这句话用日语表达，需要用"た"表示过去时间，但在汉语中虽是描述昨天发生过的事情，却并没有出现"了"。

　　　　除了表示时间外，日语中的"た"还同时表示态。如：

　　　　a. 春天来了，樱花开了。（春が来た桜が咲いた。）

　　　　b. 衣服总算洗完了。（服をやっと洗い終わった。）

上面的句子都是在强调一种状态，a 句强调的是在春天里樱花开着的状态；b 句强调的是衣服已经被洗完的状态。所以表示完成态的"た"与"了"的语法意义一致。但是也不能认为"た"就是"了"，日语中用"た"表示完成的句子在汉语里可以有多种说法，如"昨日私は洋服を買いました。"译成汉语可以有以下几种：

　　　　我昨天买了衣服。

　　　　我昨天买的衣服。

　　　　我昨天买过衣服。

当然，最恰当的译法还要靠上下文来判断。但我们仍不难看出，"た"表达的含义要比"了"宽泛。所以需要注意的是，虽然有的"た"翻译成了"了"，但两者要表达的意义并不完全一致，所以帮助学生从汉语角度正确把握"了"就显得特别重要。

　　　　另外，学生在掌握"了1"、"了2"的位置时也存在很多问题①。如：

　　　　今天上午吉田已经到了中国了。（今日午前中に吉田さんは中国につきました。）

　　　　现在，她已经成了孩子的妈妈了。（現在彼女はお母さんになりました。）

_____

① 吕叔湘《现代汉语八百词》（商务印书馆，2004 年）中认为动词后缀"了1"主要表示动作的完成；句尾"了2"主要肯定事态出现了变化或即将出现变化，有成句的作用。

这种"了1"、"了2"共存的句子结构在日语中是没有的，日语中谓语的"た"既是句尾，同时也是词尾，因此学生看到这样的句子会觉得迷惑。在日语里，"た"本身也没有表示变化的语法意义。如：

　　　　天渐渐黑了。（空はだんだん暗くなりました。）

　　　　孩子可以走路了。（子供は歩けるようになりました。）

在表示变化的意义时，日语中是靠"なる"、"ようになる"的变化，而不是靠"た"。除此之外，初学汉语的日本人还会出现下面的错误：

　　　　昨天我很高兴了。（昨日私はうれしかったです。）

学生本意是想用过去时表示"高兴"发生在昨天，但却忽略了在汉语形容词后面的"了"表示变化。这种错误的产生也是受日语形容词中"た"表示过去时的影响。

　　我们知道，"了1"、"了2"表示的含义是不一样的，如果在概念上产生了混淆，还会出现这样的错误：

　　　　a. 我们终于找到那家旅馆了。（私たちはついにあのホテルを探しあて　ました。）

　　　　b. 在汉语课上，我们做练习了。（中国語の授業で私たちは練習しました。）

日语动词后都用"た"，相对应的汉语"了"的位置却搞错了。马庆株（1981）《时量宾语与动词的类》指出，动词分为非持续性动词、弱持续性动词和强持续性动词。其中非持续性动词在时间轴上只是一个点，它是不展开的。比较起来，非持续性动词后出现"了1"的频率要高得多。a 例中"找到"是典型的非持续性动词，因此要加"了1"，即：

　　　　我们终于找到了那家旅馆。

而 b 例中"做练习"是动补短语，且又在句末，因此在动词后用"了1"。①

　　还有一点，汉语"了"的否定形式用"没"，而且句中"了"也不再出现。而日语"た"本身没有否定形式，而是与否定形共存于"なかった"结构中。下面是日本学生常出现的错误：

---

①　刘月华在《实用现代汉语语法》（外语教学与研究出版社，1983 年）中提到过：动词后有结果补语或趋向补语时，"了1"可以省去。一般情况下，当动补短语处于复句的前几个分句时，多不用"了1"；动补短语处于最后一个分句时，多用"了1"。

　　昨天他没有上班了。（昨日彼は出勤しませんでした。）

　　木村拓哉的歌听了吗？不，没听了。（木村拓哉の歌は聞きましたか。いいえ聞いていませんでした。）

日语的"た"在其否定形式中仍然出现，这就给日本学生在练习"了"的否定形式"没"的时候带来干扰。

二、动词重叠的结构

　　汉语在一定的语境下重叠使用动词也是其一大语言特色，而在日语中却没有动词重叠的现象，所以教学中虽然详细举例分析了动词重叠的用法，但学生在实践运用中却有很多错误。

　　一般动词重叠，多具有动作发生时间短、及带有尝试性目的的功能，如：

　　　　你试试这件衣服。

教师在解释语法含义的时候，并不感到困难，学生看起来也很容易理解，但是练习中却会造出这样的病句，如：

　　　　你吃吃这个饺子。

句中的错误在于学生对动词语义理解的不到位。在语义上，动词重叠带有尝试性或减弱语义的作用[①]，如果想表达尝试，应该把"吃"换作"尝"，而"吃"重叠后只能起到使其动作减短、减弱的作用。所以正确的说法可以是：

　　　　你尝尝这个饺子。

　　或

　　　　你吃这个饺子。

这类错误是日本学生在使用动词重叠这一语法功能时最容易犯的。学生在把握动词语义时往往感到较为困难，所以教学中要通过大量的实践练习帮助学生巩固和掌握动词的确切含义。

　　下面再来看几个例子：

　　　　结婚是大事，你要再想想。

---

　　① 刘月华在《动词重叠式的表达功能及可重叠动词的范围》（《语法研究和探索》，1984 年第 2 期）一文中，详细分析了汉语里动词重叠的时表达时短量少的意义与用法，在此不多赘述。

钱包不会丢的，我帮你再找找。

上面的例子说明，在某些情况下必须用动词重叠式来减弱动词的目的性，以表达一种随意的、没有明确目标、只有一个大致范围的行为。所以在教授动词重叠式时，教师一定要强调，使用这个结构是为了减弱该动词的目的性和明确性。另外，动词的重叠式不适用于进行态，如：

有一天，爸爸在院子里打打太极拳。

这不符合汉语的表达习惯，正确的说法可以有以下两种：

a. 有一天，爸爸在院子里打太极拳。（进行态）

b. 每天早饭前，爸爸在院子里打打太极拳。（持续态）

通过上面的分析可以知道，动词重叠式不适用于进行态，但可以用于持续态。这说明动词重叠式不仅有短时、尝试的语法意义和减弱该动词的目的性、缓和语气的功能，同时还具有明显的时态特征。

对此有了明确的认识后，就可以找出学生在日汉翻译过程中使用动词重叠时出现错误的原因。如日语里的"ちょっと"，表示量少时短，可是翻译成汉语时却不能简单地用动词重叠代替其表达的语法功能。如：

a. 田中さんは昨日ちょっと休みました。

b. 来週私はちょっと旅行に行く。

日本学生常会把 a 翻译成"田中昨天休息休息了"，b 翻译成"下周我去旅行旅行"。出现这种错误的原因在于"昨天"限定了"休息"，"下周"限制了"旅行"，"休息"和"旅行"都是在一个特定时段里发生的，因此这两个句子表达的都不是持续态，所以不能使用动词重叠。

由此可见，从句子表达的时态入手，给学生解释动词重叠的使用方法，学生更容易理解和掌握。

再看下面的病句：

我要说说的事情你可能听说了。

照片上有很多孩子，有睡觉的孩子，有玩耍的孩子，有笑笑的孩子。

上面的例子说明动词重叠式一般不能作定语。因为动词重叠后具有明显的时态特征，动词原有的作定语的功能也随之改变了。但是当动词重叠只作为定语的一部分出现的时候，就成为例外：

妈妈正要试试鞋子的时候，爸爸忽然回来了。

句子中"时候"的定语是一个完整的小句，即"妈妈正要试试鞋子"，因此句中之所以要使用动词重叠，是根据小句中谓语动词时态的需要，根据吴丽君（《日本学生汉语习得偏误研究》）的观点，小句的谓语是未然态，所以符合使用动词重叠的标准。

可以看出，日本学生容易把动词重叠错用于进行态或定语中。汉语中的动词重叠又多见于日常会话体，所以特别需要在口语教学中注意加强这方面的训练，要让学生大胆地使用动词重叠的形式，同时也要提高应用时的准确性。

三、"比"和"より"

汉语中对常见事物的比较，一般是用含有介词"比"的句子。而日语中则是用含有格助词"より"的句型。通常介词"比"和格助词"より"可以互译。如汉语中表达"A 比 B……"，用日语就可以说成"A は B より……"：

姐姐比妹妹大两岁。（姉は妹より 2 歳年上です。）

妈妈比爸爸爱看电视。（母は父よりテレビが好きです。）

由"A 比 B……"句型派生出的一系列句型均可以对应"A は B より……"派生出的句型，如：

a. 汉语"A 的……比 B……"对应日语"A の……は B より……"：

北京的冬天比东京冷。（北京の冬は東京より寒い。）

今年的红叶比往年（的红叶）红得早。（今年の紅葉は例年より早い。）

b. 汉语"A 比（疑问词）都（也）……"对应日语"A は（疑問詞）よりも……"：

饺子比什么都好吃。（餃子は何よりもおいしい。）

以上列举的比较句型是比较简单的。其中的介词"比"和日语格助词"より"的语法特征基本一致，因此日本学生掌握起来也比较容易。但是往往学生在学习了这几种句型后，容易产生一种错觉，就是汉语的"比"和日语的"より"可以互译。实际上在一些情况中"比"和"より"是不能互译的。我们再来看下面的例子：

比起西餐来，我还是喜欢日本料理。（比起 B 来，……A）

　　（私は洋食より和食がまだ好きです。）

　　西餐和日本料理相比，我还是喜欢日本料理。（B 和 A 相比）

　　西餐和日本料理比起来，我还是喜欢日本料理。（B 跟／同 A 比起来，……A）
汉语中的比较句型"比起 B 来，……A"、"B 和 A 相比"和"B 跟／同 A 比起来，……
A"和日语比较句型"B より A……"不能互译。因为这类句子并不是单纯比较 A 和
B 两个事物，而是句中的主语比较对 A、B 两种事物的某种感情或态度等。句中的谓
语也多是表示人的感情、意愿的动词或形容词，主要说明主语对所比事物的体会或感
受。而且句中的"比"是动词而不是介词。这样的句子同用介词"比"来比较两种事
物性状、程度等差别的比较句不同。日本学生在做练习时，往往按照母语习惯简单地
把"比"对应于"より"，就会出现"我比西餐喜欢日本料理"的错误。

　　再有，在汉语中，关联词"与其……不如……"的句型与某些日语句中的"より"
意思更为接近。如：

　　与其坐电车，不如骑自行车。

译成日语为：

　　電車に乗るより自転車の方がいい。

汉语的"与其 B，不如 A"结构，是通过对前一事物的否定来肯定后一事物，表示说
话人在对两个事物进行比较后，不选择 B，而选择 A。可以与日语的"B より A のほ
うがいい"对译。由此可见虽然日语句中出现了"より"，但在汉语中最恰当的对应词
却不是"比"。

　　另外，汉语介词"比"的否定形式是"不比"。而格助词"より"本身没有否定形
式。日语中表示比较意义的否定句一般是否定句末的动词、形容词或助动词，即在句
末加否定助动词"ない"或补助形容词"ない"。如：

　　东京的冬天不比北京冷。（東京の冬は北京より寒なくない。）

　　弟弟不比哥哥高。（弟は兄より背が高くないです。）

日本学生却经常把这类句子说成"东京的冬天比北京不冷"，"弟弟比哥哥不高"。造成
这类错误的原因，主要还是受母语干扰和不能准确把握汉语否定副词"不"的用法及
意义。汉语中的否定副词"不"可以用在动词、形容词、助动词和一些介词前面。但
在比较句中却不能放在句中形容词的前面，应放在介词"比"的前面。这样，才可以

对"比"后面的整个句子成分进行否定，而不是对某个部分的否定。

通过以上的分析，可以看出日语中的"より"比汉语中的"比"对事物做出的比较的范围和程度要宽泛得多，含义也比"比"更丰富。所以当我们在讲解比较句时，要着重帮助学生理解消化"より"和"比"的相同点和不同处。

当然，除上面谈到的问题以外，日本学生在学习汉语时产生的偏误问题还很多，如学生的发音问题、语气副词的用法、补语的用法、数量词的用法等都是学生较难掌握的。以上是我在工作实践中的一点粗浅的认识，还望大家多多指正。

汉语口语的成段表达训练

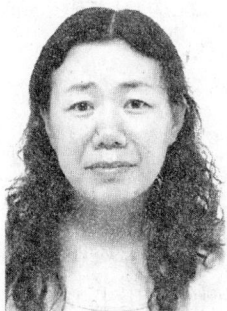

李晓芹

汉语口语除了句式训练和对话训练以外，还有一种很重要的训练形式，就是成段表达训练。一般说来，在初级阶段，以北京大学出版社的《初级汉语口语》为例，"成段表达"很少出现在练习题目里，更多的是"谈一谈"、"说一说"这样的题目，或者简单地表达自己的观点，或者描述一个简单的事实，也有根据所给的话题或者语境，用所给的词语说一段话。中级阶段和高级阶段，同样以北京大学出版社的《高级汉语口语》为例，成段表达越来越成为一种重要的训练形式，除了辩论、演讲这样的题目外，就是直接给定题目，进行成段表达。

成段表达的目的主要是为了训练学生进行汉语思维的能力。教授初级口语的时候，我设计的题目，一般以叙事类比较多，比如"一件不愉快的事"、"一次最有意思的假期"；也有描述类的题目，比如"夸朋友"、"我的周末怎么过"；当然也有一些结合课文进行的题目，比如"什么是真正的男女平等"、"我看老年人再婚"等。教授中级汉语口语的时候，根据北京语言文化大学出版社的《快乐交流》这个课本，每课设计二到五六个与课文相关的题目，如第 23 课设计了"假如我是总统/总理/首相"、"我（不）相信'善有善报，恶有恶报'"两个题目；第 24 课设计了"我要成为这样（善良/拾金不昧/勇敢/正直）的人"、"假如我是世界名模"、"幸运/倒霉的一天"和"一个马马虎虎的人"；第 29 课设计了"我喜欢……菜"、"我最拿手的一道菜"和"我（不）喜欢 AA 制"等等。

我认为，进行成段表达训练时应该注意以下几点：

一、选题

选题应该注意以下三点：

1. 尽量贴近学生的生活

应该选择贴近生活的题目，选择叙述类题目，使学生有一种倾诉的欲望。如"幸运的一件事"、"倒霉的一件事"、"一件最有意思的事"等。同时，可以将同类题目进行组合，让学生找到需要和喜欢的题目，比如，"我喜欢……（韩国/日本/加拿大等）菜"、"我最拿手的一道菜"、"介绍……国菜"等。这样做的一个好处是可以使教师加深对学生生活的了解。比如，有个同学介绍了她自己来中国后的租房经历，我和大部分同学才了解到她五次搬家的特殊经历。

2. 要顾及学生的语言能力

注意照顾学生的层次与水平，比如初级班的课本内容相对简单，侧重日常生活的内容。因此，初级班学生的成段表达题目，叙述类题目应该占主体，说明类题目为辅；中级班和高级班，课本逐渐开始深入地讨论一些社会现象，因此，说明和论述的题目占主体，叙述类题目为辅。初级班学生主要应在表达方式、词语句型的运用上多加训练，而中高级阶段则应更重视表达的完整性。初级班的题目，我主张不用或者少用议论性题目，应该多用叙述性题目，适当地辅以说明性题目，以培养学生用汉语思维时的条理性。

注意与课本的紧密结合，比如学到婚礼的时候，设计的题目有："我参加的一个婚礼"、"中国/韩国/日本/加拿大的婚礼"、"我希望有个什么样的婚礼"等。

3. 趣味性

所选题目应该不但使学生有话可说，而且能够吸引听众，产生共鸣。什么样的题目有趣，应该根据每个班级的具体情况决定。应该说，即使在初级阶段，年龄较大的学生也会喜欢议论性题目，但是此时进行过多的议论性题目训练，并没有多少好处。虽然学生们可能思想已经成熟，但是受汉语知识的制约，他们表达的内容往往存在乱用词语和句型的问题。这样既增加了教师的负担，同时又会使学生缺乏成就感，而且很难结合课本进行。因此，要选择一些有趣的题目，以下是一部分为初级汉语口语成段表达出的题目：

1. 我对流行歌曲的看法
2. 我们国家的学校教育
3. 未来的地球会怎样
4. 我的饮食习惯
5. 我喜欢这样请客
6. 我的业余爱好
7. 我喜欢的一场比赛
8. 我们国家的婚礼形式
9. 一个爱情故事
10. 什么是真正的男女平等
11. 我的周末怎么过
12. 老年人再婚
13. 我的理想伴侣
14. 今天的头号新闻
15. 我怎样当饭店的经理
16. 我最喜欢的一种发型
17. 我最喜欢的一部电影
18. 如果能够克隆我
19. 我怎样才能比现在更漂亮
20. 跳舞的好处
21. 我看卡拉OK
22. 我最难过的时候
23. 健康比什么都重要
24. 我喜欢这种运动
25. 幸福是什么

26. 我最大的希望

结果发现，"一个爱情故事"、"什么是真正的男女平等"、"我怎样才能比现在更漂亮"、"跳舞的好处"、"我看卡拉 OK"等题目是最受欢迎的。特别是说到跳舞和卡拉 OK 的时候，很多人都参与讨论了。而像"今天的头号新闻"、"如果能够克隆我"、"幸福是什么"等题目，因为跟学生的生活有点脱节，所以对他们不太有吸引力。

二、训练形式

几个学期的教学，我曾经尝试了如下几种形式：

1. 每课或者每周训练：每周布置任务，每人有任务，利用一整块时间发表。

2. 每日课前训练：每天课前占用两三分钟，由一个人发言，这种随意性比较大。

3. 每人一题：每人分配一到两个不同的题目，整个学期排队，每个人进行一到两次的成段表达。这在课时较少的时候比较实用。

4. 多人同题：临时下达一个任务，由全体学生每个人都发言，这个题目应该是大家都感兴趣而且有话要说的题目，比如问对某件事或者每个人身上都发生过的类似的事情的看法。这种形式有利于进行对照和总结。

5. 到台前进行成段表达的发表。这有利于学生克服说汉语时的羞怯感，培养汉语思维，并克服惰性。

6. 口头方式与书面方式结合（脱稿）。在开始给中级班上课时，为了避免有的学生不准备，规定他们在发言之前要有书面的材料，教师进行修改，然后学生进行口头表达。但是后来发现学生准备的材料有越来越长的趋势，学生很可能记不住全部内容，或者预先记住了错误内容，虽然经过反复纠正还是一不小心就错。之后我们决定先进行口头表达，打个草稿就发言，发言完了再整理。我认为整理这个过程很重要，学生既要有就某个话题进行成段表达的经验，而且要强化他们已经表达的内容，培养他们进行汉语思维的能力。我曾经跟学生开玩笑说，他们用汉语表达过的东西，应该放在大脑的某个地方，需要的时候就应该能拿得出来。

7. 分组讨论：这种形式实际上是以学生为中心，教师处于一个导演或者领导者的地位的一种互动式教学的方式，符合交际教学的实际。学生们根据自己的意愿，划分成不同的任务组，教师给每组下达一个题目。组员应该各有任务，比如说担任发言人、记录人等等。这种形式需要足够多的题目，耗时较多，应该在高级阶段进行。它不但需要不同性格的人参加，扮演不同的角色，而且学生们的汉语水平和表达能力应该相差不太多，教师才能更好地当导演。

8. 控制长度。在限定的时间内来表达一个清晰而且完整的意思，对语言学习来讲，是非常重要的。如果每课每个人都要进行成段表达训练，那么每个人的表达时间在两到三分钟。如果学生们每个学期只能有一两次这样的机会，时间可以限定在五分钟左右。

以上方式，要根据课程设计的具体情况决定，但不宜单纯使用一种，以免造成学生的疲劳。

三、训练内容

成段表达训练，以学生能够进行比较地道的、连贯的、有效的表达为目的。因此在组织训练的时候，应该着重强调以下内容：

1. 在进行叙述类表达的时候，特别是讲述一个故事的时候，要向学生介绍叙述事件的格式，即时间、地点、人物、事件的起因、经过和结果，浅显一点说，也就是谁在什么时候、在哪儿、发生了什么、为什么发生、经过和结果怎么样，即 6W（When，Where，Who，What，Why，How）。

2. 进行议论类表达的时候，要向学生介绍如何发表评论、谈论自己观点的格式，使学生养成直接表达观点并进行说明的习惯，注意主题句（Topic Sentence）的运用。一般主题句出现在段落开始、中间或者结尾。另外在开头提出观点时，结尾可以进行重述。

3. 说明的格式：应该说明物品或者事物的外观、用途及内在性质。目前这样的题目比较少。我曾向学生举例说，如果你要描述一个人的长相，应该先突出这个人跟别人不一样的地方，然后再说一般的地方。这类题目，应该联系 HSK 高等考试口语的内容进行。一般课堂上较少遇到这类题目。

4. 给定词语与自由发挥：初级阶段，成段表达一般可以作为句式与词语训练的另外一种形式，而在中级阶段及高级阶段，则应该以自由发挥为主，避免用中国人的思维来限制学生们自由表达。

四、调查学生接受情况

在进行过一些成段表达题目以后，教师应该进行思考与调查，并进行总结，以备今后进行这样的训练时注意。需要思考与总结的内容包括以下几点：

1. 什么样的题目最受学生欢迎。有些题目受学生欢迎，但是可能限于水平，并不能作为题目。

2. 听众是否有兴趣。听得懂的而且与自己生活相关的题目听众才会更感兴趣。

3. 听众是否积极参与。感兴趣而且语言能力允许听众才能更加积极地参加。

4. 表达内容能否与课本知识结合。即使课堂讨论再热烈，但与课本毫不相干，也不是一个合适的题目。

5. 学生们能否接受到新的知识。适当地强化一些表达方法的运用、纠正学生比较顽固的表达错误，才是有效的成段表达训练。

6. 除了自己的话题外，学生对别人所说的题目的反应。避免学生因为自己要进行发表而紧张地准备，不去参与别人的话题。

五、一些失败的例子

在教学中，我发现语体非常重要，口语不是政论，因此不能出容易作出政论文章的题目。在《快乐交流》第 23 课，有一个题目是"假如我是总理"。举一个加拿大学生的例子：

假如我是总理

加拿大是个富裕的发达国家。大部分人能生活得很好，但是还有一些人比较贫穷。我觉得应该减少类似的情况。假如我是加拿大的总理，我会保证人民的居住权，让人民安居乐业。这是人民应该享有的基本权利之一。而且我会保证人民不论种族、不论性别，都会在就业、收入、政治等方面具有平等的权利。

……

先不要说这样的文字他能不能自己写出来，单就其语体来讲，也已经背离了口语训练的目的。不但听众听不懂、没有共鸣，发言者自己也很难把这样的文字作为自己的东西。

　　还有这样一个题目是"我要做这样的人"。这个题目学生把握起来也很难。我想主要原因在于思维方式的不同。中国人写可能会写成向英雄模范人物学习的表决心的文字，而外国留学生则不然。当时学生们只有很少的人选择这个题目，一个是说自己想成为好的棒球运动员，另外一个同学说自己想成为一个有信心的人，跟我们设计题目时的想象相距甚远。

　　还有，我在进行好几年的初、中、高级口语教学时经常思考这样一个问题，想求教于方家：在口语训练时，成段表达到底应该占多大比重？是不是应该与课堂讨论和演讲之类的题目更多地结合？

　　以上是我进行口语教学时的一点粗浅的经验，欢迎同行专家指正。

刘春雨　　# 如何提高教学效果

　　作为一名对外汉语教师，主要任务是搞好课堂教学，提高教学质量。要想提高教学质量，取得较好的教学效果，教师自身的业务水平、语言知识、理论功底当然是首要的、必不可少的。但在教学实践中也往往有这样的事例：有的教师语言业务水平较高，又有较高的专业学位，或硕士、或博士，但教学效果却不甚理想，甚至不好。也有较资深的专业教师，初登对外汉语教学课堂，大讲一些抽象的名词术语、深奥的知识理论，结果是老师累得满头汗水，学生却满头雾水，不知其所云。其教学效果，可想而知。

　　为什么会出现这样的现象呢？这说明课堂教学效果，除教师的专业素质外，还受其他一些因素影响。有一些是思想认识问题或非专业素质方面的问题，现在就下面几个方面（不是全部）的问题，略谈一二。

一、应当了解对外汉语教学的性质和特点

　　对外汉语教学是对学习者学习非母语或者说是第二语言的教学，这与小孩子对母语的习得以及对学习者学习母语的教学性质完全不同。学习第二语言的学习者，是在有了相当水平的、牢固的、先入为主的母语的基础上进行第二语言学习的。他们在学习过程中，受母语的影响和干扰是经常的、不可避免的。

对外汉语的教学对象大部分是成年人，还有少部分是在职的中年人、老年人。他们学习第二语言的习惯和方法与小孩子不同，他们学习语言偏重理解，偏重语言知识和语法规律的学习，却不善于模仿，对反复的、机械性的重复训练不感兴趣。但学习第二语言的目的，却要求他们必须偏重后者，这就有一个改变原有的习惯、适应新要求的过程。

对外汉语教学内容，根据学习者的学习目的和要求，必须是实践汉语。实践汉语的教学要把培养学生的语言运用能力，即听说读写的能力作为教学的重点。适当的语言知识、语法规律的讲解是需要的，但要掌握好度，不能喧宾夺主。

对外汉语的教学对象很多都是在母语的环境中学习的。虽然也有相当一部分来到汉语的环境中学习，但这样的学习在时间上和空间上都是有局限的。

对外汉语教师只有对上述的教学性质、教学内容、教学重点、教学目的、教学环境和教学对象的特点有了正确的认识，并采取适应这些特点的教学态度和教学方法，才能取得较好的教学效果。

二、对教师在课堂上所处的地位和应起的作用要有正确的认识

教师在走上讲台前，首先要摆好位置，就是说要清楚地认识到，作为一名教师，在整个教学过程中应处于一种什么位置，起到什么样的作用，扮演什么样的角色。

在传统的教学中，教师是核心，在课堂上教师支配一切，在业务上教师是一言堂，有绝对的权威，教师与学生的关系是不平等的：教师传授知识，学生被动地接受，只是一个受体，在教学活动中没有什么发言权。这种观念今天已越来越不适应新的形势了，尤其是在对外汉语教学中，教学对象来自不同的国家、地区，有着不同的民族、文化、历史、宗教信仰的背景。他们中有青年学生，也有教师、公司职员、商人等。在学习汉语方面你是他们的老师，在别的某些方面，他们可能是你的老师。因此，师生关系必须是平等的。课堂教学，包括教材的选用、教学计划的制定、教学进度的调整、教学方法的实施、课外活动的安排等，必须是民主的、透明的。在课堂上以学生为主体，教师是为他们服务的。教师必须谦虚、谨慎、平等待人、满腔热忱、和蔼可亲，对每个学生都要有热心、有耐心、爱心、责任心，对待所有的学生要一视同仁。

教师在讲课方法上要灵活多样，以启发鼓励为主，一切教学活动都要着眼于大多

数，兼顾快、慢两端的学生，特别要照顾好慢端的学生，要把课堂上大部分的时间留给学生。学生是课堂上的主人，教师是策划和指导者，一堂课的教学重点和难点大都通过实例、比较、归纳、提问、启发、演练、讨论、答疑等方式来完成和实现。衡量一节课的成功与否，主要是看学生活动的质量，以及对所学内容的理解和运用的程度，而不是教师讲得如何头头是道。

在专业方面也不可能是教师的一言堂。许多表面看来（或者说在中国人看来）似乎非常简单的语言现象，学习者有时会提出为什么只能如此，不能如彼，我们却可能回答不上来，或不能给予满意的回答。语言是活的、变化着的，同时也是有规律的，但语言的规律性往往是相对的。一条语法规律往往不能概括所有有关方面的语言现象，所以教师的讲解要全面、客观、留有余地，要避免绝对化。万一出现问题或错误，一定要实事求是地纠正自己，不能碍于脸面，回避错误甚至坚持错误。

教师与学生的关系是平等的，教师在课堂上施教的过程是充分体现民主的。在课堂上学生是主体，是真正的主人。教师是为学生服务的，而且态度应该是热情的、周到的。那么，在整个教学过程中，教师又是处于什么样的位置呢？我们说，一个教学单位，要把预定的教学内容转化为学生的能力，需要三部分人的协同努力，即教学的管理者或说领导者、教师和学生。教学的管理者负责制定教学方针、教学大纲以及相应的管理条例和检查、考核的措施；教师是这些政策、原则的贯彻执行者；学生则是以上三部分人的主体，是管、教、学三个环节中最重要的一环，没有学生，前面的两个环节也就失去了存在的意义。所以，不管是教学领导者还是教师，都是为学生服务的。我们的老师应该认识到，自己的教学工作只不过是为学生服务中的一个环节。认识到这一点，我们才能定好位，并在自己的岗位上发挥自己应有的作用。教师要时刻牢记自己的责任和义务，切不可以自我为中心，错误地认识自己所处的地位和应起的作用。

三、明确对外汉语的教学目的

对外汉语教师都知道自己教的是汉语，包括现代的和古代的汉语。但只知道这一点还不够，还应该知道重点教什么、怎么教。为搞清楚这两点，我们首先要知道我们的教学对象要学什么、为什么学。也就是说要了解他们的学习目的和动机。在这方面我们的教学领导机构，行政管理机构作了大量的调查，大体上有如下几种学习目的和动机：

在学的或已毕业的青年学生，为进入中国的学校学习有关专业课程，把汉语作为工具来学习，为他们学好专业服务。

在学的或已毕业的青年学生为将来谋职，如当汉语老师、翻译、导游或在外资企业中工作。

在职的公司职员、商人、外交外事人员及其家属，为自己的业务和生活需要。

本科生、研究生、博士生把汉语作为一门外国语学习、研究，并取得相应的学位。

不管是青年还是中老年，除少数人要把汉语作为一门学问进行研究外，绝大多数人是要把汉语作为工具来学习。他们要学的重点不是汉语言的知识和理论，而是要运用、驾驭这种语言工具。

了解了这一点，我们就清楚了我们的教学目的应该是什么，我们应该教什么和怎么教。

我们要教的重点不是语言知识和语言理论，而是要着重培养学习者运用语言的能力，即听、说、读、写的能力。此外，我们还应该培养学习者的自学能力及研究、发展、创新能力，以便他们将来能走自己的路，自己去学习和发展。

明确了教学目的，教什么、怎么教的问题也就迎刃而解了。教学的原则和方法也就容易确定了。教学原则就是精讲多练。具体说，就是讲解时要把深奥的理论浅显化，繁杂的语法简单化，抽象的意义具体化，多变的语言现象规律化。

如果我们的教师头脑中时刻牢记我们的教学目的、教学原则、教学重点，并且把这些体现到每一堂课、每一个教学环节中去，我们的课堂就会有的放矢，重点突出，效果明显。

了解了学习者的需要，我们也就可以选择或创造适合学生特点的教学方法，而且可以根据每一节课、每一个内容使用不同的方法，使我们的每一节课都有新内容、新方法，让学生感到课堂的每一分钟都有收获、有进步。

四、课堂上的禁忌

教师还应该知道在课堂上应该做什么，不应该做什么。课堂上教师的言行是受纪律约束的、是有禁忌的。如果我们违反这些，就会影响学生的情绪和学习积极性，甚至对教师产生误解、抵触，因此不愿听我们的课，导致我们教学上的失败。

下面的言行都属于课堂禁忌：

衣冠不整、蓬头垢面、精神萎靡进课堂。

酒后进课堂。

批评或贬低所使用的教材。

批评或贬低其他教师的业务或教学工作能力。

对教学行政人员或领导者的决定、安排流露不满情绪。

讲与教学无关的内容或借题发挥、发泄个人情绪。

对国际上的或民族、宗教方面的重大事件，随意发表个人看法。

为个人私利求助于学生。

占用课堂时间解决个别学生的个别问题。

模仿、夸大或公开展示学生的错误。

千篇一律地按固定次序轮流做练习或回答问题，使学生只顾准备自己的答案，而不听别人的讲话。

对反映较慢的学生不耐心或放弃对他们的帮助。

打断学生的讲话，频繁纠错，使学生失去信心，甚至放弃。

在课堂上吃东西或接听手机电话。

上课迟到、提前下课或拖延下课时间。

不通过教学行政部门的同意或迎合少数学生的不合理要求，擅自调课或改变教学计划、增减教学内容。

对学生有远近亲疏之别或对个别学生建立私人感情。

私自接受学生物质的或金钱的馈赠。

教师要时刻严格律已，切不可肆行无忌。如果因教师的言行不当引起学生的消极心理或不满情绪，我们的教学效果就会大打折扣，甚至很难健康地开展下去。教师的业务水平再高、教学能力再强也是无济于事的。

五、认真研究学习者心理因素

教师要洞察学习者的情绪，研究学习者心理，激发和调动学习者的学习热情和积极性，调整或扭转影响他们学习的某些消极的心理因素。一个学生在受低落的情绪、消极的心理支配或制约的情况下，老师的教学再好，也是很难学习下去的。好像是一个人受情绪和心理的影响，没有胃口，你给他做最好吃的饭菜，他也不能下咽。有些运动员，技术水平很高，但在不少的情况下却输掉了比赛，也是因为消极的情绪和心理作怪。

我们的教学对象，在学习中，其不同的文化、不同的性格、不同的心理因素也起着不同的作用。比如年轻人的求胜心理、中老年的求稳心理、女学生的羞怯心理、中等学生的从众心理、学习差的学生的自卑心理，还有的学生由于某种原因产生逆反心理、厌旧心理等。这就要求我们的老师学习好教育心理学，调整、转化不利于学生学习的消极心理因素。比如，利用学习者的求胜心理，多开展具有挑战性的、竞赛性的活动，而且尽量使绝大多数人有机会得胜，像朗诵比赛、默写生词比赛、背诵课文或短文比赛、书法比赛等。针对求稳心理，我们可以鼓励说汉语多、错误也相对多一点的学生，不鼓励少说或不说汉语可是错误少或者不犯错的学生。针对羞怯心理我们可以多做课下的交流工作，或多鼓励大胆练习的学生，并明确指出，练习中犯错不可怕，可怕的是因为怕犯错而不大胆练习，不大胆练习就是拱手把学习和实践的机会让给别人的表现。

我们知道一个学生的学习好坏，除智力因素外，还有许多非智力因素在起作用，心理因素就是其中的一个重要因素。

教师只要把学习者的心理特点和规律掌握并利用好，调动积极的心理，排除消极的心理因素的干扰，我们的教学一定会进展顺利，健康发展的。

六、对教书育人的认识

在对外汉语教学过程中要不要提倡教书育人，似乎存在不同的意见。有人认为，我们的教学对象绝大部分是外国人，他们的政治思想、文化背景、宗教信仰、民族风俗是那样的复杂多样，千差万别。我们怎样去教育他们？弄得不好可能产生政治上强加于人或者有意进行某种思想的灌输之嫌。因此，我们的对外汉语教学工作，只须局限在汉语教学上，不应提倡教书育人。其实这种想法是不够全面的。

"教书育人"自古有之。孔子被认为是我们的先师。打开孔子与其弟子们会话《论语》一书，就不难发现，孔子的许多言论都是教其弟子如何做人的。孔子说"学而不厌、诲人不倦"，"诲人"就是育人。唐代大文学家韩愈说："师者，所以传道、授业、解惑也。""传道"就是传授做人的道理，"解惑"也是育人的内容。教书和育人是不能分开的，是并行不悖的、相辅相成的。教师在教学生知识的同时也教他们如何做人，做一个好人。这是教师的天职，是天经地义的。

对外汉语教学是教语言的。语言是一种工具，是一种载体。它本身就承载着与它发生、发展的不同历史时期的政治、经济、文化、思想的内容。"助人为乐"是语言单位，也是一种观点，"妒贤忌能"也是一种观点，我们怎能只教语言而避开它们所承载的政治内容呢？

我们所说的在对外汉语教学中教书育人，并不是要我们的教师在课堂上大谈什么政治理论、教育思想，也不是要我们的教师在课堂上对学生们的不同的政治态度、民族风俗、宗教信仰等方面论长道短，而是通过我们所教语言本身所蕴含的内容，通过我们所教的每篇课文、每一个故事，比如铁杵磨针、愚公移山等，来教学生明辨事理、弃恶扬善、奋发向上，做一个品德高尚的人。这无疑是教师的义不容辞的义务。

我们还可以通过组织语言实践活动，让学生深入社会实践学习语言，并在语言实践的过程中接受教育。比如组织学生深入农村与普通农民接触，深入城镇社区与普通市民接触，深入养老院和儿童福利院与老人和孩子们接触，使他们一边学习和实践语言，同时也接受社会上方方面面的教育。

更重要是教师本身的"身教"。教师自身的优良素质、高尚品德，教师对工作认真负责、一丝不苟的精神，以及对学生的热情帮助、既严格要求又关心爱护的行为，一定会对学生产生深刻的影响。这就要求我们的教师不仅在业务方面是学生的老师，在思想品德、人格方面也要成为学生的表率。学生不但在教师那里学到了业务知识和技能，也学到了如何做人的道理，使学生终身受益。

在教师的模范行为的带动下，学生必然也要效仿，使得全班的同学都能关心他人、关心集体、互相帮助，形成一个温暖的班集体。在学习方面也会形成一种刻苦学习、奋发上进、互相鼓励、你追我赶的好的学习气氛。这样温暖的环境、这样好的学习气氛，势必大大促进每个人的进步与成长。

　　教与学两个方面应该是互动的。教书育人绝不是靠生硬的说教、高谈阔论所能奏效的。教师对学生要有真挚的爱心、真诚的情感和友谊，跟他们思想上有交流、感情上有沟通、学习上热情帮助、生活上关心和爱护，学生的学习积极性才能得到最大程度的激发和调动，教学效果才会出现最高值。这样不但学生受益，老师也受益。

刘春兰　　**论任务型教学法在对外汉语教学中的适用性**

引言

20 世纪八九十年代以来，由交际法(Communicative Approaches)发展而来的一种新型教学形态——任务型教学法（Task-Based Language Teaching）逐渐成为国际外语教育的主流。国外一些著名外语教学法研究者和二语习得研究者（Nunan，1989；Willis，1996；Skehan，1998；Ellis，2003 等）先后著书立说，系统地介绍和阐述任务型教学法的相关理论。许多国家和地区（如美国、加拿大、新加坡、中国香港等）的外语教学大纲或课程标准都采用了任务型语言教学模式，并取得了良好的效果。

我国外语教学界也在 21 世纪初开始倡导任务型教学法。2001 年 7 月，教育部制定了以任务型教学为主导的《英语课程标准》，该标准明确指出任务型教学是一种以人为本，能体现语言价值的、先进的、有效的教学途径，并鼓励广大外语教师在教学中采用这种途径，培养学生综合运用语言的能力。几年来，任务型教学法在外语教学中得到了广泛的实践，有关任务型教学法的研究文章也陆续见诸各类杂志和学术期刊。

我校精品课程"大学英语听与说"的建设也是以任务型教学为主导，在充分研究自主学习理论的基础上发展起来的。

然而，迄今为止在对外汉语教学中尝试采用任务型教学法的还为数不多，相关的研究成果也很少看到，尽管很多教师在教学中进行了一些与任务型教学法的理念、方式、方法相似的尝试，比如在课堂教学中采用小组学习的方式，在中高级阶段的教学中采用"句型—情景—任务"结合的教学方式等，但尚局限于少数的课型和个别教师的实践，没有达到自觉的高度。我们认为中高级阶段的对外汉语教学有其自身的规律和特点，而这些规律和特点恰恰与任务型教学的理念和模式相适应，因此，在对外汉语教学的中高级阶段积极采用任务型教学法，并将其与传统的教学法相结合，对于提高汉语教学的效率有着重要的作用。

一、任务型教学法与传统教学法的不同

所谓任务型语言教学法，就是"（教师）给予学生学习任务，让学生在完成任务的过程中，自然而然地学习并运用语言"[①]的教学方法。也就是说，采用任务型教学法的课堂，其操作程序表现为一系列的教学任务，教师在课堂上以学习者完成某些学习任务的形式来组织教学活动，学生则在达成任务的过程中，充分利用自己已经获得的各种知识和拥有的各种资源，通过交流获取所需信息，达到提升语言能力的目的。

从认知心理学来看，任务型教学不仅是学生通过完成任务不断地将所学的知识进行内化的过程，而且是学生在完成任务的过程中不断地将所学过的知识表现出来的外显过程，学生正是通过这种内化与外显的无数次交替而逐步形成、发展和完善自己的语言能力和自主学习能力的。

任务型教学法与传统教学法不同，我们认为这种不同主要表现在四个方面：

一是教学主体不同。传统的教学法以教为主，强调教学主体是教师；而任务型教学法以学为主，强调教学主体是学生。

二是教授方式不同。传统的教学法以教师传授语言知识为主；而任务型教学法则倡导教师引导学生解放思想、活跃思维、贴近生活，充分利用语言环境。

---

① 参见 Foster（1999）"···giving learners tasks to transact, rather than items to learn, provides an environment which best promotes the natural language learning process"，引述于 Knight, 2000, p. 13。

三是学习方式不同。传统的教学法认为学生是被动的，依赖教师和教材的；而任务型教学法认为学生是主动的，学生作为教学活动的主体，其学习的主动性、积极性应得到充分的发挥。

四是学习预期效果不同。传统的教学法由于学生处于被动、从属的地位，加之受教材的局限，视野容易变得狭窄，思维容易受到束缚，往往制约了学生语言的发展；而任务型教学法由于注重实际，突出学生个性，重视表达能力，强调综合能力，能够使得学生更注重求真务实、思维活跃、善于研究，获得更高的效率，取得更快的发展。

基于这些不同，我们认为在对外汉语教学的中高级阶段，可以尝试采用任务型教学法，其原因在于这种教学法与中高级阶段汉语教学的要求有很多相适应的地方。

我们知道对外汉语教学与通常所说的外语教学最大的不同就在于语言环境的不同。外语教学是在非目的语环境中进行的第二语言教学，而对外汉语教学则是在目的语环境中进行的第二语言教学。目的语环境的天然拥有，是对外汉语教学的最大优势，同时也是对外汉语教学的巨大挑战：学生在目的语环境中可以通过自身的自主学习习得老师没有教过的语言知识和内容，而老师在课堂上所教的语言知识和内容学生也很可能选择性地吸收，而不是照单全收。因此教师有必要寻求课堂教学与课外生活的有机结合，对目的语环境善加利用，以达到帮助学生提高学习效率、尽快习得目的语的目的。而采用任务型教学法，恰恰可以达到这个目的。因此我们在中级汉语口语课中作了一些初步的尝试。

二、我们的尝试

我们认为中级阶段的口语课程最重要的教学目的就是要帮助学生提高运用汉语口语进行交际以更好地达成交际目的的能力。

进入中级阶段以后，随着语言能力的不断提高，留学生们往往已经不满足于照本宣科地学习课本所规定的教学内容，而是希望借助课堂的学习帮助他们充分表达内心的想法和感受，有效地解决日常生活中遇到的问题。那种按照课本反复练习某些语法结构，大量背诵和记忆一些他们有可能永远都用不着的词汇，或是耗费大量课堂时间去纠正个别学生的语法错误的教学方法，往往不能适应这种要求和希望。而采用任务型教学法，可以让学生通过任务型的自主学习，自行对一些语法结构进行发现和归纳，习得对他们具有实际价值的词汇、句法和文化内容。因此我们在学期初对学生感兴趣的和迫切需要的问题进行了问卷调查，并根据调查结果，结合教学进程选定适当的任务让学生去完成。

如：很多学生表示对旅游很感兴趣，我们就结合第一单元关于在中国乘坐交通工具、找旅馆的教学内容，为学生设计了一项模拟完成两天一夜旅游的任务，要求学生分组以乘飞机、轮船、火车、汽车等不同的方式，到达某个旅游景点，入住旅馆并完成旅游。学生在任务完成过程中充分发挥了自己的创作力和交际能力，设计了很多人们平日旅游时容易出现的意外情况，并加以解决，达成了目的。

再如：很多学生都在校外租了房子，还有一些学生也想到校外去租房，我们就结合对中国房价的讨论，设计了让学生在中国租房的任务。学生在完成任务的过程中对中国的房地产市场和房屋租赁市场进行了大量的调查，模拟了很多不同的情况，展现出了极大的热情。

我们认为在对外汉语教学的中高级阶段采用任务型教学法具有很大优势，主要表现在以下几个方面：

首先，对外汉语教师具有比外语教师更加优越的综合优势，更有利于任务型教学法的推行。我们知道，任务型教学法对教师的要求非常高，不仅要求教师具有较高的语言知识和能力，而且要求教师具有较高的综合素质，这对外语教师来说是非常困难的。而对外汉语教师则不同，他们在教学过程中操的是母语，而且大部分对外汉语教师毕业于汉语言文化专业，因此其综合优势可谓得天独厚，我们完全可以充分利用这一优势，发挥教师在任务型教学中的导向作用。

其次，任务型教学关注学习的过程，强调学生之间以及学生与教师之间的多边互动，力图创立一个自然真实的语言环境，使学生在完成任务的过程中，通过意义的磋商与交流，通过做事来使用语言，从而发展学生的语言能力，特别是语言交际能力。对外汉语教学本身是在目的语环境中进行的，学生在日常生活中就处于这种真实自然的语言环境中，教师只要有意识地的利用目的语环境，注意把课堂的学习延伸到课外的日常生活中去就能取得事半功倍的效果。

再次，在目的语环境中，教师在任务的选择上比非目的语环境中的局限性要小得多，因为学生所参与的社会生活就是最好的教学任务，所以教师可以选择与生活实践息息相关的任务，或者让学习的任务必须通过与中国人打交道，在中国人的参与和帮助下才能完成，这样不仅实用，而且有趣，有利于充分调动学生的积极性。

综上所述，我们认为，任务型教学法在中高级汉语教学阶段的运用不仅是可行的，而且是非常必要的。

三、在任务型教学法的使用中应注意几个问题

首先，要注意教师角色的转变。

与其他的对外汉语教学方法相比，采用任务型教学法，对外汉语教师的角色面临着重大的转变。在传统对外汉语教学方法中，教师主要担负着"主讲"和"指挥"的角色，教学活动的形式也是以"精讲多练"为主。教师关注的是语言知识的传授，而对学生在学习过程中的情感投入、思维能力的发展、个性发挥和自主能力的培养等缺乏应有的关注。但是，在任务型教学活动中，教师的角色将会变得更为丰富，他们既是活动的组织者、指导者，又是活动的参与者，甚至是学生的"活字典"、"资料库"，是一种媒介和桥梁。教师不仅要适当地传授语言知识，而且要教给学生学习的方法和技巧，同时还要组织和控制好课堂，为学生创造充分的实践机会。因为只有这样学生才能获得充分表现和自我发展的空间，才能真正成为学习的主人。这实际上是给我们对外汉语教师提出了更高的要求。

其次，要注意学生角色的转变。

在任务型教学法中，学生不再是被动的知识接受者，而是主动的学习者。任务型教学的理论依据是皮亚杰（J.Piaget）、科恩伯格（O.Kernberg）等提出的建构主义理论。建构主义以心理学、哲学和人类学为基础，认为知识是暂时的、发展的和非客观的，是经过学习者内心建构并受社会文化影响的。显然该理论强调以学生为中心，认为学生是认知的主体，是知识的主动建构者。学生有了具体的动机就能自主地学习，并且主动地用所学语言去做事情，在做事情过程中自然地使用所学语言，在使用所学语言做事情的过程中发展语言能力。任务型教学符合学生的学习和认知规律，更能体现学生学习的主动性和积极性。当学生成为学习的主人时，学生各种非智力因素的发挥就能进入很好的状态，学习就能事半功倍。

第三，要注意通过互动实现课堂交际化。

任务型教学法认为，课堂教学的本质就是交往。交往的基本属性具有互动性和互惠性。信息的交流可以实现师生互动、互相沟通、互相影响，达到共识、共享、共进。课堂活动是多边互动的过程，是师生互动、生生互动、全面互动的过程。通过互动可实现课堂交际化，增加使用目的语的机会。

第四，要激发学生的学习积极性。

在完成任务的过程中，要对学生的积极性、认真态度、创造性的工作等及时给予表扬，以激发他们的兴趣。在口头活动中则要控制纠错，善于发现他们的优点和长处，以减少他们的心理压力，维持其参与的热情。

因此，我们主张在任务的设计过程中遵循三条原则：

1. 真实性和实用性原则

任务设计应从学生的学习经验、生活经验和兴趣出发，任务的内容和方式尽可能真实。任务输入的材料应尽量来源于真实生活，同时履行任务的情景以及具体活动也应尽量贴近真实生活或尽可能地创造真实或接近于真实的环境，让学生尽可能多地接触和加工真实的语言信息，使他们在课堂上使用的语言和技能在实际生活中同样得到有效的应用。

任务活动要有益于学生汉语知识的学习、语言技能的掌握和语言能力的提高。任务的设计应考虑它的效果，课堂任务总是服务于教学的，因此在任务设计中，要避免为任务而设计任务，要尽量地为学生个体活动创造条件，利用有限的时间和空间，最大限度地为学生提供互动和交流的机会，达到预期的教学目的。

2. 新颖性和趣味性原则

通过有趣的课堂交际活动有效地激发学习者的学习动机是任务型教学法的优点之一。因此，在任务设计过程中，很重要的一点是要考虑它的新颖有趣，让任务的形式多样化，而不是机械的、不断重复的任务类型，这样会使学生失去参与任务的兴趣。

3. 创造性和挑战性原则

在任务型教学过程中，设计一些具有创造性、挑战性的任务，能更好地发挥学习者的主动性，激发他们的兴趣，培养他们的上进心，使他们能积极开动脑筋，让他们在履行任务时得到解决问题或完成任务后的兴奋感和成就感。

此外，任务应尽可能具有结果评价的标准。对完成任务的学生给予适当、中肯的评价，使其产生成就感。

四、提倡任务型教学法与传统教学法的有机结合

任务型教学法有其优势，但在实践过程中也存在一些难以解决的矛盾和问题。

一是学生的个性化发展与个性发展差异之间的矛盾。教育学理论告诉我们学生的学习认识过程是智力因素和非智力因素交互作用、协同活动的过程。智力因素和非智力因素综合地构成学生学习的求知欲、积极性、主动性和倾向性。任务型教学注重学生个性的发展，但同时我们也要看到，每个学生的个性发展是不平衡的。那么，在完成任务的过程中学生的个性冲突现象就会时有发生，影响教学任务的完成。

二是任务的需要与所选材料真实性的矛盾。为了不断激发学生学习的兴趣，教师在设计任务时应着重考虑到任务的真实性、新颖性和趣味性。但我们也看到不是所有的语言材料都是适合学生去完成任务的，即使同一种任务，学生受到年龄、性别、经历、国家、知识等诸多局限，完成起来也是大不一样的。如：选择的任务是有关体育的，男生和女生所表现出来的热情和完成任务的好坏不一样；选择的任务是关于文化的，东方学生和西方学生在理解上也不同。

三是交际能力的培养与读写水平提高的矛盾。语言教学要注重培养学生的语言综合技能。任务型教学强调了学生听和说的技能的培养，但读、写偏弱。如何在有限的时间里既加强听说能力的培养又注重读写能力的提高也是我们需要解决的矛盾。

因此我们倡导任务型教学与传统教学的有机结合。

比如，教师设计了教学任务之后，应在课堂教学一开始就把任务交给学生。因为对学生来说，任务是有知识差距、能力差距、技能差距、信息差距和文化差距的。由于学生缺乏足够的知识、能力、技能、信息和文化意识，他们需要通过学习教学内容来获得完成任务所必需的知识、能力、技能、信息和文化，这个学习教学内容的过程就是传统的知识教学和技能训练的过程。

任务型的语言知识和技能训练与常规的课堂教学程序并无本质的区别，但教学过程必须围绕任务的完成而进行。同时，在教学过程中要不断运用学生正在学习的知识

和技能完成任务。也就是说，教学中应在新学的知识、技能与运用之间建立直接关联，使学生既掌握知识与技能，又形成运用这些知识与技能的能力。

此外，还应注意尽可能地把课堂的任务延伸到课堂之外的学习和生活中去。语言重在运用，只有这样才能进一步巩固课堂所学内容，达到学以致用的目的。

白宏钟　　# 略谈对外汉语词语文化意义教学

——以"人情"与"人情味"为例

一

　　从 20 世纪 80 年代以来，文化教学问题在对外汉语教学领域中一直受到关注。本文不拟全面探讨对外汉语教学中的文化教学问题，而是仅就词语的文化意义的教学略陈管见。

　　多年来对外汉语教学界所讨论的文化教学，实际上包括语言教学中的文化因素与辅助语言教学的专门的文化教学两种内容，这两种教学在内容、形式、性质、目的和方法上都不相同[1]，但在以前却很少有人注意区分这两者（实际上大部分人探讨的是前者）。张英从概念上将两者定义为"对外汉语教学中的文化教学"与"对外汉语文化教学"，指出"前者指的是在汉语作为第二语言教学中语言教学所包含的文化因素，二者是一种包容关系；后者指的是汉语作为第二语言的教学，还包含了与语言相次第的文化教学，二者是一种主次关系。"[2]本

---

　① 参见张英：《对外汉语文化教材研究——兼论对外汉语文化教学等级大纲建设》，《汉语学习》，2004 年第 1 期。
　② 张英：《对外汉语文化教材研究——兼论对外汉语文化教学等级大纲建设》，《汉语学习》，2004 年第 1 期。

文所要探讨的词语的文化意义的教学，属于语言教学中的文化因素，即张英所说的对外汉语教学中的文化教学。

在语言系统中，词汇最容易受社会文化的影响，也因此最能反映出社会文化的特点。语言中所包含的文化内容，主要存在于词汇之中，因此毫无疑问词语文化意义教学在对外汉语教学中的文化教学中理应占有最主要的地位。在对外汉语教学界过去二十几年的文化研究中，微观研究的成果主要集中在词语的文化意义的探索与对比上，这并不是偶然的。今后对外汉语教学界的文化研究固然还需要扩大微观研究的范围，但对于词语文化意义研究方面已经取得的成果，还需要进行整理和总结，对于词语文化意义教学，也需要更加重视。因为一方面已有的研究成果向教学应用转化的情况并不理想；另一方面甚至包括一些词语文化意义的研究者在内，许多人对于词语文化意义教学在对外汉语教学中的重要性认识得还很不够。

二

在对外汉语教学中进行词语文化意义的教学，首先需要确定教学内容的范围。文化意义既体现在词语的语音形式、结构形式中，也体现在词语聚合中，不过最主要的还是体现在词义之中。对于我们的词语文化意义教学来说，词义中所体现的文化意义应该是最主要的教学内容。

每个词语在表达词义时均体现出一定的文化意义，不过并不是所有词语都需要列入词语文化意义教学。有的词语所体现的文化意义是人类共有的，学生在学习这类词语时不会产生文化理解方面的问题，因此词语文化意义教学不必包括这类词语；有些词语则体现着本民族独特的文化意义，这类词语正是我们的词语文化意义教学的最主要的内容。借鉴已有的研究成果[①]，笔者在此对这类词语分类总结如下：

1. 表示我国独有事物的词。这类词又可分为两类，一类因反映的是我国独有事物的客体信息而显示出特定的文化意义，如"华表"、"太极拳"；另一类因反映的是我国独有事物，并在此基础上表达了民族文化心理，从而显示出文化意义，如"红娘"、"人情味"。

---

① 参见谢文庆：《试论汉语词汇的文化意义》，《天津市对外汉语教学论文集（1994）》，天津市对外汉语教学研究会编，天津人民出版社，1995 年版。

2. 一些象征义和联想义表达了汉民族的观念和心态的表示动物、植物、色彩的词，如"红豆"（象征相思）、"喜鹊"（可使人联想到喜庆、吉祥）、"红色"（在汉语里可使人联想到喜庆、节日、欢乐等）。

3. 一些评价色彩表达了汉民族特定的社会文化心理的词，如"龙"、"雄心"、"野心"等。

4. 熟语。成语、歇后语、惯用语等熟语或具有独特的文化渊源，或表达双层意义，因而具有丰富的文化意义。

相对于留学生的母语来说，上述词语可分为不等值词语与不完全等值词语两种。不等值词语指那些表示我国独有的事物，在学生的母语中没有对应词语的词语，包括上述词语中第 1 种的全部和第 4 种中的一部分；不完全等值词语指汉语与学生的母语中意思（理性意义）、色彩（色彩意义）和表达形式不完全相同的词语，包括上述词语中的第 2、3 两种的全部和第 4 种的大部分①。大部分汉语成语、歇后语与惯用语在其他语言中可以找到意思相同或是相近但形式不同的表达，不过汉语熟语所特有的文化渊源、思维方式、幽默意味等却没有对应的表达，因此应该归于不完全等值词。

从所表达的文化内容的层次来看，以上词语可分为体现表层文化的词语和体现深层文化的词语。表层文化即物质文化，指器物层面和制度、习惯层面的文化，如人文景观、交际方式、风俗习惯、社会制度、公共组织等；深层文化即文化的核心部分，指的是文化的心理状态，即决定和主导物质和制度、习惯层面文化的文化，如民族的价值观、道德观、思维方式、民族性格等。

三

以上我们确定了词语文化意义教学的主要内容，下面再来探讨一下在教学中怎样安排教学内容和确定教学方式。

词语文化意义的教学属于对外汉语教学中的文化教学，其目的是为了更好地促进语言教学，它并不是一门独立的课程，而是渗透在各个水平阶段的各门语言技能课之中。尽管各种语言技能课型中都有词语文化意义教学的内容存在，不过总的看来，词

---

① 参见周小兵：《对外汉语教学中的跨文化交际》，《中山大学学报》（社会科学版），1996 年第 6 期。

语文化意义教学最主要的还是存在于精读和口语两种课型之中。在各种语言技能课型中词语文化意义的教学都从属于并且必须服从于该门课程的教学整体。因此词语文化意义的教学在各阶段的各课型中都不可喧宾夺主，为此在教学上应特别注意紧紧围绕着教学的主题，尽量以自然的方式导入。

在安排和确定词语文化意义教学的内容和方式时，应特别注意以下两种认知规律的影响。

1. 在第二语言教学中，学生对于目的语的背景文化（目的语国家文化）及目的语中的文化因素的学习与理解的能力与其对目的语的掌握程度成正比，掌握目的语水平越高，对于目的语背景文化及目的语中的文化因素的学习和理解能力就越强。这一规律为对外汉语教学界的同行们所熟悉，并早有专家针对于此设计了教学上的具体对策。如张英（1994）指出，在不同汉语水平教学阶段中语言教学与文化教学应有不同的比重，不同水平阶段的文化教学应侧重不同层面的文化内容，不同水平阶段的不同课程的文化教学应当采用不同的方式和手段。

安排不同水平阶段的教学内容时应该考虑到上述认知规律的影响。按照这种规律，教学内容的安排应遵循由少而多、由浅至深的原则。

按照由少而多的原则，词语文化意义的教学在初级阶段要尽量少安排，中级至高级阶段则可以逐步增加。

按照由浅至深的原则，从初级阶段至高级阶段，有关词语的选排应按照其词义所体现的文化意义，逐步由表层文化而至深层文化。在表层文化中，又应当是由器物层面的文化而至制度、习惯层面的文化。在初级阶段，应侧重体现器物层面文化的词语，同时从初级阶段后期开始，可以逐步增加体现制度、习惯层面文化的词语；中级阶段侧重体现制度、习惯层面文化的词语，从中级阶段中期开始，可以逐步增加一些体现深层文化的词语；高级阶段应侧重体现深层文化的词语。

2. 在第二语言教学中，学生文化背景的差异及对目的语的背景文化的熟悉程度的差异同样会影响他们对于目的语的背景文化及目的语中的文化因素的学习。由于目前国内的对外汉语教学部门基本上都采取按语言水平将留学生不分国籍地混编的办法，教学中普遍存在着教学对象汉语水平处于同一层次而文化背景和对中国文化的熟悉程度却存在差异的情况，因此这类差异对于我们的对外汉语教学中的文化教学实际上具有很大的影响。遗憾的是，虽然对外汉语教学界在很早以前就有人注意到了这一点（马叔骏、潘先军，1996；刘春雨，1997），但却一直没有讨论过具体的对策。

一般说来，同一汉语水平层次的学生在学习汉语中的文化因素与中国文化时，来自韩国、日本、越南等历史上深受中国文化影响的国家（或曰属于儒家文化圈的国家）的学生遇到的困难较少，来自欧美国家等非儒家文化圈国家的学生遇到的困难较多（华裔学生另当别论）；汉语水平及自身背景文化与中国文化的关联度均处于同一层次的学生进行同样的学习时，接触中国文化时间较长的学生遇到的困难较少，接触中国文化时间较短的学生遇到的困难较多。

确定各个水平阶段及各个课型的不同教学方式时应考虑到这种认知规律的影响。由于混编班中学生文化背景、对中国文化的熟悉程度存在差异，一些词语的文化意义对某些学生来说需要解释，对另外一些学生来说就不需要解释；还有一些词语的文化意义对于某些学生来说需要重点解释，而对另外一些学生来说则稍加解释即可，当然也有一些词语的文化意义对所有学生来说都需要作重点的解释。以上情况要求词语文化意义的教学应该具有针对性，尽量使所有学生都得到恰到好处的解释。达成这样的目的，需要对外汉语教材的编写者和对外汉语教师的共同努力。

词语文化意义的教学并不只是教师课堂上的工作，在编著教材时，教材的编写者也应考虑到那些其文化意义需要解释的词语，在教材中以翻译、图示、注释、背景知识介绍等方式加以解释。我们前面已经谈到过词语文化意义教学在各个水平阶段的选排词语的原则，上述原则适用于教材编写中的词语选排及其文化意义的解释。按照这一原则，初级阶段教材应主要选用体现器物层面文化的词语，并且不适于安排过多的文化教学内容，因此词语文化意义的解释主要应通过生词语的外文翻译与图示的方式来完成。[①] 中级阶段教材要多选用那些体现制度和习惯层面文化的词语，除了生词的外文翻译外，也应多设一些词语的中外文注释[②]，即对于那些预计学生会出现文化理解问题的词语，应以中外文注释的方式来说明。高级阶段的教材在继续选排体现制度、习惯层面文化的词语的基础之上，应多选用体现深层文化的词语，因此除了前述的翻

---

① 关于对外汉语教材的词语外文译释，徐文静《词语·文化·对外汉语教学》一文有专门的论述，该文见《语文学刊》，2002 年第 6 期。

② 同上。

译和注释的方式以外，对于那些体现着深刻中国文化内容的词语，还应以背景知识介绍的方式加以解释说明。

在授课时，教材中的词语翻译、注释和背景知识介绍教师可视需要有选择地讲解，绝大部分应留给学生自己阅读或示意一部分学生阅读。理解有问题的学生可以通过阅读教材自己解决，理解没有问题的学生则可以不必阅读教材中的相关部分。这样，教材就使得词语文化意义教学具有了一定的针对性。

但是教材在编写时无论怎样注意，也不可能完成所有解释词语文化意义的任务。在教学中我们随时可能遇到一些其文化意义需要解释而教材又未作解释的词语，学生也随时有可能向我们提出关于这方面的问题。这时，教师需要以讲解的方式来解释，这无疑对对外汉语教师提出了很高的要求。笔者认为，为了应对这种教学要求，教师主要应从以下两个方面入手。

（1）课前认真进行准备。教师在备课的过程中要预计到那些同学们理解其文化意义会有困难的词，认真分析，准备出简洁有效的讲解方案来。在混编班中不同学生理解汉语词语文化意义困难程度不同的情况下，讲解方案只有简洁有效，才能保证对于全体教学对象有最大的针对性，同时也能保证对于词语文化意义的讲解在课堂上不至于占用过多的时间，避免出现喧宾夺主、影响教学整体的情况。这样当然也对教师的备课提出了更高的要求：解释词语的文化意义，其实是在总结和解释本国的文化，在解释的过程中需要分析和思考的东西往往是非常多的。但是不管分析和思考的过程有多么复杂艰难，最终应把词语的文化意义用最简洁的语言概括出来，并用最简单易懂的例子加以说明。依笔者的经验，为了做好这样的准备工作，教师手中最好常备一些包含文化知识多的辞书，如《辞源》、《辞海》以及各种成语典故词典、国俗语义词典等。

（2）提高自身文化素质。大多数同行在探讨对外汉语教学中的文化教学时，都提出应提高对外汉语教师的文化素质，也有人专门就此撰文①，这一点可以说已经成为对外汉语教学界大部分同行的共识。进行词语文化意义的教学当然也要求教学者自身具备较高的文化素质，这是教师进行词语文化意义教学的基础。为此，对外汉语教师

---

① 如吴竟红：《对外汉语教学对教师文化素质的要求》，《光明日报》，2005 年 8 月 1 日第 7 版。

平时应加强对于中国文化知识的学习，努力提高自身的文化素养。

四

在对外汉语教学界过去二十几年的文化研究中，微观研究的成果主要集中在词语的文化意义的研究上。但即使如此，包括一些词语的文化意义的研究者在内，对外汉语教学界总的说来对于词语文化意义的教学在对外汉语教学中的重要性仍然缺乏足够的认识。这也是已有的研究成果向教学应用转化的情况不理想的重要原因之一。

在词汇教学的功用之外，作为一种语言教学中所包含的文化因素，词语文化意义的教学能在培养学生的跨文化交际能力方面发挥重要的作用。下面笔者谨以自己对于"人情"与"人情味"这两个词的文化意义的分析和讲解方案的准备为例来说明这一点。

几年前笔者上中级汉语口语课时，课文中出现了"人情味儿"一词，一位美国同学请我详细地为他解释这个词。这位同学是美国人，没有中国文化的背景，但是当时在中国已经生活了近一年，见到"人情味儿"这个词后，他联想到了他在中国见到、听到和经历过的许多事情，他意识到了"人情味儿"这个词指代着一种强大的文化想象，有很深的文化意义，不过还不能完全理解，希望我能帮他解开疑惑。我当时还不太注意对于词语文化意义的讲解，没作过这方面的准备，因此我的解释没能令他满意。事后我总结这件事情，认识到必须重视对于词语文化意义的讲解，并重新设计了下面的准备和讲解方案。

对于"人情味"（"人情味儿"）这个词，《现代汉语词典》的解释是"指人通常具有的情感"[①]，《汉语大词典》则解释为"人通常具有的情感、意味等"[②]。

"人情味"（"人情味儿"）是一个比较通俗化的词，它来自"人情"一词，这一点我们从词义上将两个词比较一下就能看出来。

对于"人情"一词，《辞源》的解释是：

> 【人情】（一）人的感情。《礼·礼运》："何谓人情？喜、怒、哀、惧、爱、恶、欲。"（二）人之常情。《庄子·逍遥游》："大有径庭，不近人情焉。"（三）

[①] 中国社会科学院语言研究所词典编辑室编：《现代汉语词典》修订本，商务印书馆，1996 年版，第 1064 页。

[②] 汉语大词典编辑委员会、汉语大词典编纂处编纂：《汉语大词典》（第一卷），上海辞书出版社，1986 年版，第 1050 页。

人心、世情。《文选》晋欧阳坚石（建）《临终》诗："真伪因事显，人情难豫观。"明杨基《眉庵集》二《闻蝉》诗："人情世故看烂熟，皎不如污恭生傲。"㈣以物相馈赠或馈赠品。唐杜甫《杜工部草堂诗笺》三三《戏作俳谐体遣闷》："於菟侵客恨，粔籹作人情。"①

《辞海》的解释比《辞源》多了"情面；情谊"的一个义项，其余基本相同②。

可以看出"人情"词义中的"人之常情"这个义项，是"人情味"（"人情味儿"）的词义来源。对于"人之常情"，《汉语大词典》解释为"人们通常具有的心情"③。这个解释又和上面所引的《现代汉语词典》和《汉语大词典》对于"人情味"的解释很相似。按上面的这个过程来分析，不能揭示出"人情"和"人情味"的文化意义。

再来看看外文工具书。《汉英词典》里对"人情"的解释是：

人情　*renqing*　① human feelings; human sympathy; sensibilities: 他很重～，朋友的事总是愿意帮忙。He sets a great store on friendship, and is always willing to help his friends. ② human relationships: ～之常～be natural and normal(in human relationships) ③ favour: 做个～ do sb. a favour / 空头～ an empty promise ④ gift; present—see also: 送～ *song renqing*; 托～ *tuo renqing*④

其中义项②是前文所引过的各汉语辞书中没有出现过的。这个义项是"人际关系"，这就已经揭示到了"人情"的文化背景了，不过太简略，还不足以使没有儒家文化背景的人完全理解。要更好地理解"人情"与"人情味"的文化意义，还需要去它的文化背景中溯源。

中国传统的儒家文化最重视人伦，在儒家文化主导之下的中国传统社会是一个重伦理的伦理本位社会。在儒家文化看来，社会的基本人际关系就是父子、君臣、夫妇、兄弟、朋友五伦。其他的一切社会人际关系都是这五伦的扩展。在最基本的五伦中，父子、兄弟和夫妇是血缘和亲缘关系，君臣和朋友关系是拟血缘的关系。君臣关系拟于父子关系（君主是国家的家长），朋友关系拟于兄弟关系（朋友往往以兄弟姐妹相称，

① 《辞源》（修订本）第一册，商务印书馆，1979年版，第159页。
② 参见《辞海》，上海辞书出版社，1989年版，第797页。
③ 《汉语大词典》第一卷，第1034页。
④ 北京外国语大学英语系词典组编：《汉英词典》（修订版），外语教学与研究出版社，1995年版，第836页。

不是同胞胜似同胞）。实际上，在儒家的人伦本位思想中，人际关系就是血缘和亲缘关系的扩展。

按照血缘和亲缘关系来确定人际关系，就势必会在人际关系中形成亲疏远近有别的差序。实际上，区分人际关系的差序，正是儒家人伦思想的基本要义。"人伦"的"伦"字，其本义正是"次序"①。费孝通先生将中国的传统社会关系格局称为差序格局，指出"在差序格局中，社会关系是逐渐从一个一个人推出去的，是私人联系的增加，社会范围是一根根私人联系所构成的网络"，每一个人都是他自己的社会关系网络的中心②。在差序格局中社会关系是根据血缘关系和拟血缘关系，按照亲疏远近的差序原则来构建的。在人际交往中，一般是关系越靠近亲缘的核心，越容易被人们接纳，也就越容易形成合作、亲密的人际关系；越是远离亲缘的核心，就越容易被人们排斥，就会形成疏淡的人际关系。

在人际关系中强调亲疏远近的差序，而亲疏远近的外在表现主要是感情，所以在维系人际关系的问题上，中国人考虑最多的是感情因素。这种感情因素在长期的人际交往中以亲情为基础演变成为一种全社会所有人都有精神共鸣的社会情感——"人情"。"人情"是维系中国人际关系的主要纽带。

"人情"能演变成一种社会情感并成为维系中国人际关系的主要纽带，是由中国的人际关系是亲缘关系的扩展这一特点决定的。由于人际关系是从亲缘关系向外推，人们在交往中如果与交往对象不存在亲缘关系，却又期望与对方建立密切的人际关系，就不得不采取拟亲缘关系的办法，使自己较容易获得对方的认可和接纳。而因为人际关系的基础是亲缘关系，人们在处理人际关系时考虑的主要是感情因素，因此采取拟亲缘关系的办法来获得对方的认可和接纳，主要的手段是在感情上获得对方的认可和接纳。在差序格局的社会关系中，按照人际关系的亲疏远近，感情也有亲疏远近，亲情是核心的感情，想要建立拟亲缘的关系，在感情方面就要采取拟亲情的方式。即使希望建立的不是很密切的人际关系，也要拟比希望建立的关系亲密得多的关系，比应有的感情亲密得多的感情才能建立。这样，在中国传统人际关系模式之下，以"亲情"为基础的"人情"，就随着人际交往而扩大成为一种贯穿于人们的社会交往之中的社会

---

① 可参见《辞源》关于"伦"字的释义。

② 费孝通：《乡土中国·生育制度》，北京大学出版社，1998 年版，第 30 页。

情感和精神共鸣[①]。

中国人的"人情"既是一种情感，又是一种主要用于人际交换的资源。"人情"互换的主要表现形式就是"回报"。但是由于"人情"是基于亲情的，因此中国人的"人情"交往一般采用"非等价交换"原则。"对人际交往的一方来说，他希望在人际关系中由于自己的'人情'付出而得到回报，而当获得了回报时，却又觉得对方的回报多于自己的付出，感觉自己反而又欠了对方的人情，于是又想把多得的'人情'还回去；而对人际交往的另一方来说，当接受对方的'人情'时，他就一直把它作为生活中重要的事项，要寻机回报，一旦有了机会，便立即做出回报，而且这种回报总要大于其所接受的'人情'，这样一来，就觉得自己不欠对方什么。"[②]中国人在"人情"交往中的此种表现是基于中国人的"不欠"和"回报"心理，这是中国人和西方人心理的主要区别之一。"人情"就是这样因为人们的"不欠"和"回报"心理，以"回报"为主要方式，成为了使中国人人际互动的纽带。

作为中国人维系人际关系的主要纽带，"人情"既有优点又有缺点。一方面，中国的"人情"关系强调人与人之间的关怀，加强了人们彼此的亲近感和认同感。另一方面"人情"关系容易被泛化到职业活动和政治活动中去，将社会公共生活和职业活动"私人化"、"情感化"，造成腐败和不正之风泛滥。

通过上面的分析过程，我们可以得知："人情"是一种贯穿于人们的社会交往之中的社会情感和精神共鸣，是维系中国人际关系的主要纽带。"人情"作为维系中国人际关系的主要纽带，根源于中国的传统儒家文化。"人情"作为一种社会情感是建立在亲缘基础之上的，是在中国人际关系以亲缘关系为基础扩展的特殊人际关系模式下，由亲情扩展而成的。在中国，无论是过去还是现在，"人情"都在相当程度上起着人际交往的规范的作用。

由于"人情味儿"的词义来源于"人情"，分析出了"人情"的文化背景，我们就可以向学生解释"人情味儿"的文化意义了。

在给学生解释"人情味儿"时，我们需要先解释"人情"："人情"是指导中国人交际的一种感情，这种感情有社会性，它以"亲情"为核心。中国人在处事、交际时，

---

① 王晓霞：《当代中国人际关系的文化传承》，《南开学报》（哲社版），2000年第3期。
② 王晓霞：《当代中国人际关系的文化传承》，《南开学报》（哲社版），2000年第3期。

主要用"人情"来指导自己行事，这与西方人主要是以职责、公义、信念、理性等因素来处理人际交往的方式不一样。"人情"在中国的人际交往中如此重要，是因为中国的人际关系是亲缘关系的扩展，人们在交际中一贯最重视感情因素。它的形成是由于人际关系以亲缘关系为基础向外扩展，亲缘关系中的亲情也被推广应用到所有的人际关系中，于是渐渐形成了一种以亲情为基础的社会情感，这就是维系人们人际交往的"人情"。

从构词法上来看，"人情味"（"人情味儿"）一词，是由"人情"和"味"（"味儿"）两个语素构成的词根+词缀型的附加式合成词。"人情"是词根，"味"（"味儿"）是词缀。以同样的构词法构成的同类的词还有"年味"（"年味儿"）、"女人味"（"女人味儿"）、洋味（"洋味儿"）、"京味"（"京味儿"）、"文化味"（"文化味儿"）等。这里的"味"（"味儿"）是"情味"、"意味"的意思。[①] 当然对于留学生来说"情味"、"意味"也很微妙，不太好理解，综合《现代汉语词典》、《辞源》、《辞海》等辞书对于"情味"、"意味"的解释，我想可以将这个"味"（味儿）解释为"情调、趣味"。

"人情味"就是"'人情'的情味、意味"，也就是"人情"的情调、趣味，也就是上述的社会情感的情调、趣味。

举例来说，公司里的经理和职员是上下级的工作关系，如果经理在工作之外还关心职员的家庭、生活和健康，经常询问职员的家庭有无困难，提醒职员注意身体，和职员一起吃饭，这个经理就会显得很有"人情味"。经理当然并没有义务必须这样做，但是如果他这样做了以后，职员会觉得和经理很亲密，有圈内人的感觉，工作起来会更愉快、更卖力。中国人习惯在人际交往中用"人情"来维系，如果没有"人情"存在，会觉得毫无感情，索然无味。"人情"的基础是亲情，这里经理的"人情"是在模拟家庭感情。再比如在中国老师常会像家长一样提醒学生注意随着天气变化增减衣服以防感冒，注意锻炼身体等，这也是一种"人情味儿"的体现。老师这样做能体现他们对于学生的关怀，学生会由此感到家庭式的温暖，师生关系可因此变得更加融洽。类似的例子还可以再举，但是作为语言技能课中需要解释文化意义的一个词，解释的时间不能太长。

---

① 参见《现代汉语词典》修订本第 1315 页"味"条目；《汉语大词典》（第三卷）第 252 页"味道"条目。

　　笔者以为按以上的讲解方案讲解，可以使学生基本理解"人情味儿"的文化意义。"人情"和"人情味儿"所隐含的文化意义总结了中国人际关系的最大特点，理解了这两个词的文化意义之后，学生自然会对中国的人际关系模式和中国人的交际行为有更好的理解，而且随着在中国的生活的继续，他们还会不断发现实例来印证和加深他们的理解。随着这种理解的加深，他们可以更好地理解中国人和发生在中国的种种现象，更好地和中国人交际。

　　以上的例子说明，对于词语文化意义的讲解能起到增强学生的跨文化意识和跨文化交际能力的重要作用。语言是文化的载体，而词语承载着语言中主要的文化内容，因此在教学中，我们只要进行词语文化意义的讲解，就能起到增强学生跨文化意识和跨文化交际能力的作用，而不必有意识地追求这种效果。

　　目前在全球范围内的第二语言教学中，对教学对象跨文化交际能力的培养越来越受到重视。将提高学生的跨文化交际能力作为对外汉语教学的最主要的目标之一也已成为国内对外汉语教学界不少人的共识。但在教学中应采取哪些具体的教学手段来达成这一目标，目前还在研究和探讨之中。笔者以为由于词语文化意义教学能在培养学生跨文化交际能力方面发挥重要的作用，它无疑应该被列为一种重要手段。我们应该加深对于词语文化意义教学的重要性的认识，加强这方面的研究，并且尽快地将研究成果转化到教学应用之中。

胡明曌　　南开大学留学生"中国简史"
　　　　　课程的问卷调查

一、问卷设置和调查情况

"中国简史"是留学生汉语言文化学习的重要组成部分。冯胜利指出，对外汉语教学是一门以语言学和第二外语教学理论为基础，以文史知识为背景的专业技术学科，"没有理论基础、文史知识，只凭专业技术，虽能应付一时，终会捉襟见肘、用不敷出"，"文史知识则要求'知'——知道即可"①。对留学生而言，能达到"知"中国历史的程度，将会对他们的汉语学习和文化学习起到相辅相成、相得益彰的作用。

"中国简史"课程在性质上属于"对外汉语文化教学"。学者指出，第二语言教学引入文化，缘于两次世界大战中文化冲突所引起的对语言与文化关系的思考，"它对第二语言教学的直接影响，就是外语不再是一门独立的学科，而是与有关某特定地区的政治学、历史学、地理学和文学等学科共同组成一种跨学科的群体"②。对中国历史

① 冯胜利：《海外汉语教学与研究的新课题》，《云南师范大学学报》，2008 年 1 月第 6 卷第 1 期。
② 陈申，《西方语言文化教学的演变与发展》，《世界汉语教学》，1999 年第 1 期。

的学习可以促进留学生语言的内化、存储和使用，提高汉语学习的效果，提升学习能力和实际生活交流能力。

本文的调查对象是就读南开大学汉语言文化学院选修"中国简史"的 05 级留学本科生。参加调查的学生 30 人。本调查采用问卷调查和面谈这两种方式来收集研究所需的数据。

表1　30名问卷调查对象的基本情况（人数及百分比）

性 别		国籍					
男	女	韩国	日本	越南	加拿大	澳大利亚	蒙古
11	19	20	4	3	1	1	1
37%	63%	67%	13.3%	10%	3.3%	3.3%	3.3%

二、问卷调查情况分析

通过分类、统计和分析问卷调查数据，针对如下三个方面的问题进行调查分析：

1. 中国历史与学习汉语的关系

表2　中国历史对学习汉语有无关系

有效问卷总数（份）	有很大关系	关系不大	没有什么关系	不知道
28	18	3	5	3
100%	64%	11%	18%	11%

从问卷调查可以发现，外国留学生对中国历史课程的关注集中在深化汉语学习、加深对中国文化的理解，以及和中国人的了解交流上。在 28 份有效问卷中，大部分认为学习中国历史与学习汉语有很大关系，比例为 64%。从 18 份回答"有"的问卷中可以了解词汇的来源、成语的背景、学习古代汉语和阅读古文。其中有 2 份问卷特别提出在南开上大学的目的不只是学习汉语，还想学习中国文化。值得注意的是，有 3 份问卷回答关系不大，有 5 份回答没有什么关系，但这 5 份中有 3 份提及中国历史的

学习对了解中国和中国文化很有关系。也就是说，只有 7%的留学生认为完全没有关系，29%的学生认为学习中国历史虽然对学习汉语关系不大，但学习中国历史能帮助自己和中国人交流，了解中国人的思想。

通过讲授中国历史，传播中国文化，加强留学生与中国人之间的沟通能力，这是在以后的中国历史教学中应当重视的。

2. 了解中国历史的途径

表3　以前从何处了解中国历史

有效问卷总数（份）	本国中学教育阶段	电影、电视、动画片	中国历史古迹	中国概况课程
28	16 其中：韩国学生10，日本学生4，澳大利亚1，越南学生1	8 （4 份同时提到中学历史）	2	2
100%	57%	29%	7%	7%

（1）从调查问卷看，中学阶段的教育和电视、电影等媒体是留学生了解中国历史的最重要途径，二者比例总和达到86%。还有一少部分留学生是来到中国以后通过实地参观古迹和课程学习了解中国历史。其中，本国的中学教育是留学生了解中国历史知识的首要来源，71%的留学生是从本国中学教育阶段的历史课程中学过一点中国历史，其中5份韩国学生问卷回答学习韩国历史时了解到一些中国历史。电影、电视、动画片也是了解中国历史的重要来源，29%的留学生是从电影、电视和动画片中了解中国历史的。只有 7%的留学生从中国历史古迹了解中国历史，7%的留学生从南开大学的"中国概况"课程中了解中国历史。

所以，中国历史课程的讲授应当注意留学生已有的中国历史知识基础，鉴于他们此前在国内的历史教材与当前使用的历史课本无论是体例、形式还是内容主题都存在很多的差异，所以授课如何与留学生已有的中国历史知识顺利过渡，这是中国历史课程教学的重要主题。同时，建议媒体工作者高度重视电影、电视、动画片中中国历史的严谨性、真实性，这是留学生了解中国的一个非常重要的窗口。这不仅是一个经济行为，更是中国文化崛起的重要内容。

表 4　是否看过课本之外其他中国历史读物

有效问卷总数（份）	看过中国历史读物（本国语）	看过中文的中国历史读物	没有看过中国历史读物	看过网络读物
29	7	1	17	4
100%	24%	3%	59%	14%

（2）大部分留学生几乎都没有阅读过中文编写的中国历史读物，59%的留学生从未阅读过中国历史书籍，仅仅24%的留学生阅读过本族文字的中国历史读物，另有14%的留学生阅览过网络上的中国历史内容。

可见，中国历史这门课程的讲授有着很大的难度。大部分留学生是在一个很不熟悉，缺少必要的已知知识的条件下学习。所以，中国历史课程的讲授必须充分考虑留学生的实际知识状况，而不能一味按照中国学生的情况进行讲授。由于他们的中国历史知识相对较少，所以发掘留学生的兴趣，激发其学习热情是未来留学生中国历史教学应充分重视的主题。

表 5　上课之前所了解的中国历史

有效问卷总数（份）	三国或三国人物	孔子	唐代或唐代人物	清朝	秦始皇	完全不了解
27	8	5	4	3	2	5
100%	30%	19%	14%	11%	7%	19%

从留学生了解中国历史的问卷调查看，基本上回答都很简略，仅仅寥寥数语，相当数量的问卷仅仅填写历史悠久、了解不多等回答，甚至有接近2成的问卷回答对中国历史完全不了解。而且对中国历史的了解集中在三国、唐、清等几个朝代和诸葛亮、刘备、曹操等三国人物、孔子、秦始皇等个别历史人物上。这和《三国演义》等历史小说的广泛流传以及唐代、清代的历史题材电视剧热播似乎有一定关系。这进一步说

明，媒体应当肩负起文化责任，加强电视剧的真实性和严谨性。在教学时应注意帮助学生区分电视剧情节和历史真实的不同。在课程的讲授上，不能按照朝代平均分配课时，可以结合留学生的需要适当安排课时，在他们感兴趣的地方多提问题，多引导，使他们理解真正的中国历史。

表 6　是否看过电视里的中国历史节目

有效问卷总数（份）	看过历史专题节目	看过历史电视剧	没看过／看不懂
29	8	7	14
100%	28%	24%	48%

28%的留学生回答看过，24%的留学生回答看过电视剧（有字幕），如《大明王朝》。48%的留学生回答看不懂，没时间看或不知道播出时间。值得注意的是问卷中有 38%的留学生——11 人表示如果有适合自己汉语水平的中国历史专题节目，他们很愿意看。

从问卷结果可知，多数调查对象的汉语水平与当前电视播放的历史节目差距较大，对节目播出时间和节目内容安排也缺乏了解。通过和参加调查的学生面谈，他们认为中国历史专题节目缺少字幕而且语速快、专业历史术语多，这些因素都不同程度地影响了留学生的收看。此外，少部分留学生的汉语水平较高，已经可以收看专业性较强的《百家讲坛》、《秦始皇》、《丝绸之路》等历史节目。总的来说，留学生们普遍反映当前适合他们观看的中国历史节目不多。

3. 中国简史的兴趣点——人物和故事

表 7　选课期望

有效问卷总数（份）	了解中国历史和文化	了解中国人	掌握历史的专业术语
28	24	3	1
100%	86%	11%	3%

86%的留学生希望了解中国历史和文化，其中 28.6%的留学生清楚地提出希望多了解中国历史上有意义、有意思的重要事件和重要人物。有11%的留学生特别说明希

望了解中国人，1 份问卷明确说明希望通过学习掌握历史的专业术语。

可见，授课时抓住中国历史上的重大事件和重要人物，是吸引留学生兴趣的重要途径，也是帮助他们理解中国历史与文化的重要手段。

表8　对中国历史感兴趣的内容

有效问卷总数（份）	历史人物	历史故事	文物古迹
27	9	13 （其中希望了解成语背景5）	5
100%	33%	48%	19%

81%的留学生都对历史人物和历史故事感兴趣，其中有 3 份提到近现代历史，5 份特别提到希望明白成语背景。5 份回答对文物古迹感兴趣。通过对留学生感兴趣的中国历史内容的调查，可以看出回答多属于和汉语学习、文化感知有关联的内容，比较注重趣味性而不看重历史知识的系统学习。同时，历史事件和历史人物是留学生兴趣的关键，而现实生活中能够接触的中国文物古迹无疑也能激发他们的学习兴趣。

三、问卷调查的结论

"中国简史"的课程性质应当是"中国历史与中国文化"。它不只是纯粹的历史教学，也是了解中国文化的重要途径。虽然它不直接针对汉语学习服务，然而，它却责无旁贷地承担着帮助留学生了解中国文化的责任。"中国简史"课程性质上从属于"对外汉语文化教学"。在教学中，文化教学是显性的，是主体；语言教学是隐性的，是从属的。教学的性质和目的决定了它必须把"文化"而不是"语言"放在第一位。但同时，由于留学生的汉语水平有限，"中国简史"课不可能成为脱离汉语学习而另立门户的专业课，"而是始终与提高第二语言的接受、理解和使用能力相伴的知识型课程，它对掌握第二语言的作用相当于一个助推器"[①]。因此，"中国简史"课程的教学范围和教学深度都应是有限的，应切合留学生的学习基础和要求。

---

① 张英：《对外汉语文化教材研究——兼论对外汉语文化教学等级大纲建设》，《汉语学习》，2004 年第 3 期。

"中国简史"不应当类似甚至等同于大学阶段的通选课"中国历史",或者历史专业的"中国历史"。留学生的中国历史的知识基础非常薄弱,大部分留学生都没有看过中文的历史书籍,只是在本国的历史课程中略有涉及。这样的知识基础是完全不同于在校的本国大学生的。所以,"中国简史"的课程应当充分重视留学生的知识基础,注重激发他们的学习兴趣。抓住中国历史上的主要人物和重要事件,是实现课程目标和留学生学习兴趣结合的关键。避免按照朝代平均分配课时,可以结合留学生的兴趣和需要适当调整课时,多提问题,多引导学生主动思考。同时,辅以文物古迹和成语故事的介绍讲解,不但有助于提高学生的学习热情,而且可以帮助他们清晰地感受中国历史和文化的魅力。

应当高度重视电视、电影、动画片等媒体的影响。留学生针对中国历史的了解大多都是通过这些媒体手段得到的。所以,媒体工作者应当承担起文化责任,而不只是追求经济利益,应当兼顾中国历史题材的电影、电视的真实性和严谨性,帮助留学生了解一个真实的中国和真实的历史。在授课中,也应当结合这些涉及的人物和事件来增加学生兴趣。同时,是否能推出或者推荐适合留学生观看、且能够增加其历史知识又兼具趣味性的电影、电视节目,也是一个值得关注的问题。

管理服务

施向东

加强"汉语言"专业本科留学生的教学管理

汉语言文化学院从 1994 年开始招收"汉语言"专业本科留学生。近年来，随着中国改革开放政策的深化、综合国力的不断提高，"汉语热"不断升温，来华留学生的数目不断增长，我院的"汉语言"专业本科留学生已经达到二百九十余名。为了加强对留学生的教学管理，提高教学质量，我们陆续采取了以下措施：

一、设立班导师制度

外国留学生在学习汉语时，遇到的不仅是一般学习知识时可能遇到的困难，他们还会遇到跨文化的种种障碍，尤其是"零起点"的留学生。即使是有了一定的汉语交际能力的留学生，他们在学习上遇到的问题，也远比中国学生多。针对这个实际情况，学院决定设立班导师制度，为每个学生班配备一名班导师。班导师一般由教学经验比较丰富、在该班任课学时比较多的教师担任，这样，他们可以更多地了解留学生的学习情况、他们的情绪变化、他们对教师上课的意见和要求，随时解答学生的疑难，及时向学院反映他们的看法、意见和要求。院系两级定期听取班导师的汇报，随时解决教学过程中出现的问题。班导师制度的设立，沟通了学生和教师、学生和院系、任课教师和教学管理层的联系，起到了很积极的作用。

二、师生联系制度

为了保证学院能随时掌握学生的动向，也为了方便学生随时能跟教师、学院联系，我们除了有班导师制度外，还建立了师生联系制度。就是在每学期开始时，将学院办公室及每一位任课教师的联系方式（电话、Email 等）告诉学生，同时让学生把住址、电话等信息留给班导师和任课老师。每当"五一""十一"黄金周、寒暑假等学生流动性较大的期间，我们都要求学生把自己的去向告诉班导师，这样，就能使我们随时了解学生的动向。在 2003 年抗"非典"时，这种师生联系制度发挥了很好的作用。在近年来几次遇到突发事件时，师生联系制度也发挥了积极的作用，使学生能稳定在正常的教学秩序内，保证教学的顺利进行。

三、统一考试

留学生的生源与中国学生有很大的不同。制约留学生生源的基本上是市场经济的规则，因此，我们的生源水平不是很整齐，即使是相同的年级，学生水平也常常是参差不齐的。以前，我们按照学生实际水平分班，考试也由各任课教师自行命题、自行考试，这样，教学中有些迁就学生水平的倾向，结果有些教学班很难完成教学计划规定的进度和要求，难以达到培养目标。尤其是近年来学生人数大增，这一现象格外突出。为了统一教学要求，去年以来，我们实行了统一考试，即同一年级的学生同一门课实行统考，这样就对同头课的任课教师提出了统一的要求——在教学进度、教学要求方面要做到一致。实行这一制度的结果，促进了教师共同备课、研讨教学问题的实行，也有利于教师的互相促进。对学习特别困难的学生，我们给他们安排加课，使他们有机会迎头赶上去。

四、宽进严出，实行淘汰制

留学生来华留学既然是受到市场经济规则的制约，我们就应该实行国际通行的"宽进严出"的做法：一方面在入学时尽量满足他们的入学要求（当然不是无原则的来者不拒，我们的基本要求是具备 HSK3 级水平的人才允许进入本科读一年级，具备 HSK6 级水平的人才允许进入本科读三年级）；另一方面只有那些达到培养计划规定的要求的学生才能毕业，不能为了创收而不顾教学质量，败坏我们学院和整个南开大学的声誉。从 2003 年开始，学校实行了弹性学制，我院也实行了中期淘汰制，凡是二年级结束时汉语水平达不到 HSK6 级的，就不能进入三年级学习。他们可以在我院进修生部进修，取得 HSK6 级之后回到本科部继续学业，也可以离开我院，到其他地方学习，取得 HSK6 级之后回来继续学业。实行这一制度以后，2002 级和 2003 春季班各有若干名学生因为汉语水平尚未达到 HSK6 级而不能升入三年级。这对其余学生触动非常大，他们的学习态度发生了积极的变化，教学秩序变好，学生出勤状况大大改善，课堂秩序和气氛都明显好转，教学效果显著提高了。被淘汰的学生也受到触动而醒悟，正在努力奋斗，争取早日拿到 HSK6 级，取得回本科系学习的资格。

五、语言实践

语言学习不是单纯的学习知识，而是学习知识和提高语言能力并重，其中语言能力的提高尤为重要。所以学院重视留学生的语言实践，把它看得跟理工科学生进实验室一样重要。学院除了重视课堂教学以外，还在课表以外安排了许多实践性的环节，如各类球赛、文艺节目会演、讲演比赛、摄影展览等文艺体育活动。对于本科学生来说，我们还在教学计划中安排了一次大型的语言实践活动，即一星期左右的异地旅行考察活动。虽然这需要花费较多的教学经费，牵涉大量人力物力，但是这对提高学生语言能力和增加他们对中国文化、中国社会的了解非常有必要，学生对此也非常渴望，所以我们一直在坚持做。每次大型语言实践活动，事先我们都进行周密安排，带队教师提前将所去地点的历史文化背景知识教给学生，安排实习中要求学生思考和试做的题目，回来后要求每个学生写出实习报告，这样就避免了学生把实习当作旅游而没有收获的不良后果。

六、论文指导

用汉语撰写毕业论文，对留学生来说是比较困难的一个环节，也是比较容易发生问题的环节。为了提高毕业论文质量，防止抄袭等问题的发生，我们采取了许多措施：

（1）将学年论文和毕业论文结合起来，学年论文将成为毕业论文的一个组成部分，这样，从三年级开始就实际进入毕业论文工作，使留学生有更长的时间来做毕业论文。（2）论文选题更加贴近留学生的实际，减少纯知识性、理论性的题目，增加实践性强的题目，如调查报告、读书报告等。（3）毕业论文指导严格把关，限制指导教师指导论文的数量。（4）对不合格的论文（质量不能达到要求的、发现有抄袭嫌疑的等）坚决要求返工，不能达到合格标准的推迟答辩。（5）论文答辩严格遵守程序，严格执行标准，不轻易给高分，不让不合格的论文轻易过关。

七、针对日、韩国内学制，招收"春季班"学生

留学生来源国的学制对留学生生源有一定的影响。如日本、韩国的学年是从春季开始的，我们如果只是秋季招生，将会流失不少生源，所以，从2002年起，我们就招收春季班本科生。这样到现在我们就有了8个层次的学生，即4个年级的春季班学生和4个年级的秋季班学生。学生层次的增加加大了我们教学管理的工作量，但是也有几个方面的好处：第一，增加了招生数量；第二，使弹性学制的灵活余地加大，如上述因为没有HSK6级而不能升级的学生，如在半年内获得HSK6级证书，就可以顺利进入下一个层次的班级学习，不至于浪费半年的时间；第三，便于与进修生的教学相衔接。我院进修生是每半年一招生，所以进修生的层级除"零起点"班外共有8个层级，招收春季班学生以后，本科生与进修生的教学就能互相协调，在教学安排、教材选用、考试考核、教师安排上就更能互相配合，提高效率。

总之，在本科生教学方面，学院根据实际情况的发展变化有的放矢地不断采取新的管理措施，以便更有效地提高管理效果。实践证明，只要我们认真做了，效果就会显现出来。目前，我院本科留学生的学习积极性空前高涨，学习质量有所提高，毕业学生中优秀率也有所提高，学院的声望也随之提高，兄弟院校的留学生中质量较高的纷纷转到我校来学习，使我院本科留学生的整体水平得到进一步的提高。

靖文瑜　　# 对留学生也要教书育人

　　我刚到汉语言文化学院时，发现了一个奇怪的现象：那时管理人员少，有时我们需要人帮助干些力气活时，又没有其他教师在身边，当时我提出用在场的男学生，遭到同事的反对。他们认为，绝对不可以让外国人干活儿。当我不顾常规用了学生之后，学生非常高兴，他认为他做了一件好事，可是我却心有余悸了很长时间，生怕领导会找到我，说我违反了外事纪律。

　　其实，这些年龄的留学生，同样面临着思想成长的过程，他们也需要真善美的教育，需要别人的关怀和信任，需要表扬和鼓励，需要健康的成长环境。

　　在中国开展留学教育的几十年里，我们也曾听到和了解到有些学校有留学生自杀的案例。因此我认为，如果我们的教育工作者，对留学生只进行汉语教学而忽视思想教育，是不完整的留学生教育。

　　在汉院工作的十几年时间使我亲历了学院的成长过程——从只有几十名学生到今天近千名在校生，我认为更应该加强留学生的思想教育。因为，面临社会的压力，留学生也同样会出现迷惑、不知所措等中国青年遇见的问题，这样就需要我们随时随地地为他们排忧解难，帮助他们度过难关。

　　1. 对待有思想问题的留学生，我们应该旁敲侧击地提醒，而不是直截了当地询问

　　记得有一天，国内北方学校的老师打电话说，曾经在他们学校学习过、现在就读

南开硕士的一名日本留学生想自杀，让我们关注一下。对于外国学生的思想教育我也是从那刻起开始做的。

对这个年龄段的人来说，导致她有解不开的结的我认为大概会是恋爱、学习压力、家庭问题等原因。由于年龄小，面对压力又没有人倾诉，所以想不开。但是对外国学生有些话不能随便说，有些事情不能随便问，因此在针对她的思想工作中，我采取讲身边各种各样的案例的方法，让她自己对号入座，从中找到解决问题的方法。当然主要是要让她知道珍爱生命，善待自己是最重要的，一定不要做后悔的事情，让家人痛心，毕竟生命对每个人来说只有一次。经过三次谈话，她终于打开了心扉。当然她的心结不是单一的，并且多次反复，经过两个学期的跟踪谈话，她最终变得性格开朗，并顺利完成了学业。

2．对待学习态度不明确的学生要循循善诱，而不能采取简单粗暴的态度

学习态度有问题的学生毕竟是少数，他们由于年龄小，学习态度不端正，经常迟到、旷课，导致期末不能参加考试，需要重新修学分。

对待这样的学生，我采取的方法不是简单的批评，而是先和他聊天儿，了解他的家庭情况，了解学习汉语是他自愿还是父母要求，了解学费是自己打工挣的还是父母提供，了解他的作息时间和身体情况。没有了距离感，让他相信你，思想工作就好做了。

记得 2000 级有位女生，在读一、二年级时由于不良习惯太多，出勤不好，是有名的落后生。按照规定，对她应该是可以劝退的。但是本着对她负责的态度，我多次找她谈话，并且用攻心战术，从她是一位漂亮的女孩儿说起，告诉她：外表美丽是不能持久的，只有内在美，有内涵，有知识，才是真正的美；如果外在和内心都很美，在社会上会有比别人有更多的机会；以后就算不就业，在家当全职主妇，也需要文化知识来相夫教子，家庭才能牢固，并且给她提出了具体改正的要求。慢慢地，她学习一天比一天努力，有的成绩达到 90 分，并逐渐培养了对学习的兴趣。一个学期末，她高兴地告诉我，这个学期她一次都没有迟到。最后她顺利地毕业了。

每个学期，我都把有这类问题的学生逐一找来谈话，针对不同情况，制定谈话方案。除此之外，还告诉他们南开大学的教学管理是非常严格的，一旦被除名，以后将永远不会再被接收入学。

我认为：严格的管理和善解人意地了解情况后和他们谈心并不相悖。人无完人，谁能无过。只要我们对这样的学生付出耐心、爱心和关心，思想工作做到能让他认识到自己的不足，并下决心改正缺点，相信他会改变学习态度，并能按时完成学业，终将会成为对社会有用的人。

你的工作也许会挽救一个人的生命，你的工作可以使后进学生有显著的进步，这样富有挑战性的工作，我认为是非常有意义的。

刘松岩　　　# 办公室工作规范化建设

在市场经济条件下，高校的行政办公室工作面临着巨大的挑战。办公室工作提供的也是一种产品，那就是它的服务。只是这种产品的价值不是通过价格，而是依据服务对象的满意程度来衡量。一直以来办公室工作强调的是行政，是一种由上而下的工作机制，而现在，管理意识已经在办公室工作中得到了更多的体现，服务对象的需求已成为办公室工作的指南。对我院这样一个以对外汉语教学为主要工作的教育机构来说，我们要更多地面对市场，更好的服务是办公室工作的重中之重。办公室规范化建设是顺应市场经济发展的客观要求，是提供更好服务的有力保证。

一、规范化管理的重要性

办公室作为学院的一个重要窗口，既担负着参与政务、管理事务、综合服务的职责，又是联系、协调学院各方面工作的传输中心。办公室事务繁杂，但办公室工作无小事，办公室工作的任何失误都会影响学院工作的整体秩序。如何在人力资源有限、任务多、时间紧的情况下做好各项工作，是摆在我们面前的一个课题。而办公室的规范化建设可以提高行政工作效率和工作透明度，是解决这一问题的重要途径。其重要性主要体现在以下三个方面。

1. 办公室工作规范化符合办公室管理的规律

办公室管理是依据办公室内在活动机理，利用先进的科学技术，综合运用办公室中的人力资源，从而有效地实现组织目标的过程。

办公室工作的管理职能是：

第一，指导职能。办公室是领导机关的执行部门，代表领导处理问题、办理事务、贯彻领导意图。

第二，参谋咨询职能。搜集资料，为领导决策提供咨询。

第三，管理服务职能。为学院的老师和学生提供服务，保证学院工作正常的运行秩序。

第四，协调职能。协调各部门的工作，保证各项任务的完成。

第五，监督职能。监督、检查学院各项任务的具体实施，保证各项工作优质、高效地完成。

办公室工作的服务对象是领导、教师和学生。办公室同志工作做得怎样，作风好坏，直接体现学院的形象和管理的水平，外界对学院的第一印象也常常是看办公室工作人员的精神面貌、思想作风、管理水平。因此办公室工作规范化程度要高，形象要好，要真正成为高效务实的表率。

2. 办公室工作规范化是稳定学院工作秩序的需要

办公室工作管理具有综合性、辅助性、服务性三重属性。我院是对外汉语教学机构，教学服务工作是办公室工作的主体。围绕这一主体涉及教学设备、设施的管理、后勤服务、学生管理、对外宣传等方面的工作。同时办公室还要承担每年几次的国家级汉语水平考试的承办工作和对外的联络、接待工作。办公室工作涉及的工作种类繁杂，每项工作包含的环节繁多。如果没有规范化的工作程序作为指导，就会使工作顾此失彼，无法维护一个稳定的教学秩序和工作秩序。

3. 办公室工作规范化是提高工作效率的需要

办公室工作的规范化包括场地规范化、管理规范化、办文规范化和办事规范化。场地规范化一方面为办公室的工作人员提供了良好的工作环境，另一方面顾及了来办公室办事的学生和老师的方便，为他们提供了舒适的环境，使事务的处理更为便捷。管理规范化使办公室人员各负其责，明确工作的目标和责任，避免了扯皮和工作的延误，明确的赏罚制度保证了工作的质量和效率。办文规范化使所有的办公文件内容明晰，既条目详尽又言简意赅，避免了信息传输的失误。办事规范化使事情的处理有明确的依据，工作的程序、工作的环节一目了然，增加了任务实施的可操作性，使即使是新参与工作的同志也能快速、准确地完成任务。

二、办公室规范化建设的具体实施办法

规范化办公室就是完成全院各项工作的需要，是树立办公室新形象的需要，是正确履行办公室职责的需要，是为领导服好务、为全院师生服好务的需要，具体要从以下四个方面实施：

1. 场地规范化

场地规范化包括以下四个方面：

第一，办公桌椅基本统一整齐，台面摆放协调、有序，桌椅摆放考虑进出通道的畅通，保证教师、学生办理事务的方便。

第二，办公电脑,设备摆放合理，电路安全、通畅、走线美观。

第三，文件、档案、资料分类有序，文件盒统一规格，标签统一打印。

第四，配有部门告示板或粘贴栏以便发布消息。

在此基础上，办公室布置追求既符合学院统一风格，又有部门特点。我院是对外汉语教学机构，学院统一风格就是突出文化气息，尤其是突出中国文化的气息。在这一方面我院领导都非常重视，其中一项举措就是在楼道中挂放了精美的画框，既美观又营造了一种文化的氛围，此方面进一步的工作也正在进行之中。部门特点是指各个部门结合自己的工作特点和服务对象来设计办公室，如招生办公室要典雅、舒适，使来访的学生对我院留下良好的印象。总之，我们就是要把服务意识贯穿到场地的规范之中。

2. 管理规范化

管理的规范化包括以下四个方面：

第一，工作职责分明。岗位职责清晰，责任到岗，专项工作有专人负责。明确文秘、保密、档案、政务信息、财务职责要求，努力做到规范化。

第二，有良好的办公秩序。办公室人员在岗，电话、网络通畅，保证信息上传下

达；办公室人员严格遵守作息时间，不迟到，不早退。

第三，保证会议和集体活动的出勤率，严格考勤制度。

第四，考察领导、教师和学生对办公室工作的满意率，考察有无任何管理事故及投诉。

管理的规范化一方面需要建立各种相应的规章制度，做到制度完备，使各项工作有所依据；另一方面严格规章制度的执行，不断地进行制度的明确和强调，切实起到规范作用。

3. 办文规范化

公文的规范化包括以下三个方面：

第一，公文制作要科学、规范，内容要正确。公文有不同的类别、不同的用途。每个单位也有自身固定的行文风格，办公室人员应注意掌握不同公文的写作规范。对内部使用的一些表格等也应注意格式的统一，项目的合理性和科学性。所有拟定的文件应注意审核，行文清楚，含混甚至错误的信息会使接收方误解，影响工作效率。

第二，公文办理要按规范程序。呈报给上级机关的公文要经领导审阅。

第三，文档保存要稳妥。文书、档案存档保存要有规有矩、稳妥、安全。注意保密、防火、防盗。重要的电子文档和图片、录音、录像等多媒体资料采用增加备份和刻录成光盘的方式保存。注意资料的收集及整理，为年鉴、院志等的编写创造条件。

4. 办事规范化

事务办理的规范化包括以下三个方面：

第一，制定各部门办事指南。办公室的部门不同，提供的服务不同。通过办事指南对本部门的工作作一个介绍，可以使来访者更快捷地办理事务。

第二，制定、明确部门办事流程。各部门都有自己特殊的工作（如考试报名、签证代办、体检认证等），制定了各项工作的工作流程，就可以使即使是刚接触此项工作的人员也能快速地完成任务，方便了缺位代理制度的实施。

第三，制定规范的办事表格。规范化的表格（如派车单、任务转接单、师生反映问题登记单等）可以把需要的信息简明扼要地提取出来，提高工作的效率，避免事情的延误。

三、办公室工作规范化应注意的问题

通过办公室工作的规范化,明确了办公室人员的责任和工作的程序。但在具体实施中应注意以下两方面的问题。

一方面,面对学院整体的各项工作,所有办公室人员应有共同协作的意识,而不能自扫门前雪。为了规范行政行为,建立协作、高效的行政服务体系,需要以下的制度作为补充:

第一,实行首问负责制。来访的学生和老师可向任何一名办公室人员咨询或提出办理相关事务的要求,被询问人员必须受理或引领来访者到相关办公室办理。

第二,实行职位代理制度。工作人员外出期间,其所负责的工作事项必须实施职位代理。对存在具体困难的岗位,代理人必须接受相关资料,并有专门的任务转接单记录办理要求与联系电话,及时移交被代理人办理,主动通知对方。

第三,实行一次性告知制度。学生与老师到办公室办理相关事务,承办人必须一次性完整告知其必须准备的资料或材料中存在的问题。

第四,实行限时办结制。凡有学生和老师到办公室办理相关事务,能当天完成的,必须当天办结;不能当天办结的,必须按照相关工作标准,在规定时间内办结,并主动通知对方。

另一方面,为使办公室的工作规范化制定了各种规章制度,但制度不是僵化的。办公室的工作也要开拓创新,才能不断发展和前进。这就要求办公室人员要有以下的意识:

第一,要有开放意识和创造意识。我们所处的时代是终身学习的时代,是开拓创新的时代,办公室人员也要符合时代的要求,开放性是新时期办公室工作的一个突出的特点。办公室要注意自身的开放,要虚心学习先进办公手段和管理经验,加强横向联系,交流经验,取长补短。在坚持和发扬好的传统的同时,还需要根据新的形势、新的任务,不断探索办公室工作的新思路、新办法。只有不断地开拓创新,才能使办公室工作永远保持活力。

第二,要有主动性和预见性。办公室所处的地位和它的职能作用决定了其所有工作是服从性的。但是办公室人员对自己负责的工作要有主人意识,化被动为主动,对

很多工作可以提前预测。工作中，不仅要及早发现已经出现的问题，而且要善于发现潜在的问题，要比较准确地预测到它的发展趋势。据此，搞好调查研究早做预案，积极解决。凡事提前考虑，早作准备，才能临事不乱，开创出工作的新局面。

总之，规范化建设是提高办公室工作效率、为师生服好务的有效途径，切实把规范化工作做好，会使办公室的整体工作提升到一个新的水平。

陈　军　**努力做好本科留学生教学管理工作**

高等学校留学生教学管理工作是高校留学生工作中的重要环节之一，随着改革开放的发展和深入，来华留学生的数量与日俱增，如何做好留学生的教学管理，做好教育战线的服务兵，是一个值得我们思考和研究的问题。

汉语言文化学院自 1994 年建院起，留学生的数量由原先的十几名增加到今天在校数三百余人，专业由汉语言文学发展到汉语言专业，在 2006 年增设了经贸汉语方向，可谓成果显著。我院留学本科生的建设主要是为了培养符合现代化、国际化的应用人才，为了保证这一目标的实现，需建立一套具有科学性、规范性、人文性又具有汉院自身特色的管理体系。

一、留学生管理工作的性质

教学管理指的是管理的是教和学两个方面，更重要的是教学服务，一方面执行上级的指示和任务，另一方面反馈教师和学生的意见，保证与教学有关的所有环节都顺利进行。经过多年工作的积累、实践和认识，体会到管理是过程，服务是根本。服务的意识要贯穿于整个管理过程之中。留学生来自世界各地，国籍不同、文化不同、背景不同，工作起来既要掌握原则，又要尊重学生个体，利用换位思考，帮助学生完成整个学习过程。以服务保证教学，用服务促进管理。

二、教学管理岗位职责

本科教学管理工作主要包括学籍管理、成绩管理、考试管理、毕业资格审查、毕业论文管理、教学计划调整和实施、 教学档案的整理、排课管理、学生选课、教室管理、教学质量评估管理、教学工作量统计、安排本科生实习等。

三、教学管理工作的内容

1. 学籍管理

南开大学教务处建立了一套专门的教学教务管理系统，各院系的教务管理人员也是依托此系统进行日常的教学管理，我院也不例外。此外全校的来华本科留学生大多集中在汉院，本科生分春、秋两季招生，每届学生中有修四年的老生，有跳级学生，有插班三年级的新生，这就加大了学籍管理工作的难度。留学生住宿比较分散，本科生主要以上课修学分为主，除上课时间外，管理人员很少能接触到学生。这就需要在学籍管理上要有科学性和准确性，我院建立了自己的留学生信息数据库，抓住学生报到注册的环节，从源头起让学生填写正确的个人信息，及时地录入电脑，制作出各班级名单，每个学期开学时对各班级的学生进行核实和补充。这个学生的信息库同时在学院内部的几个办公室（如招生办、教学办、行政办）共享，随时调出学生的信息，及时对学生的在学情况、交费情况等进行查找和统计。留学生的管理工作同时带有外事工作的特色，经常会和学校、市级外事部门以及公安部门打交道，我院没有设立专门管理留学生学生工作的人员，相关的工作都由教学管理人员承担，因此加大了工作的复杂性，本人认为我院在学籍管理上应该加强力度，建立完善的班级管理制度。

2. 成绩管理

本科生实现选课、上课、考试一体化电脑管理。留学生由于语言的一些障碍，还不能像中国本科生一样自由地选课、上课。因此成绩单完全是由教务管理人员人工制作，而不能由电脑自动生成，这给成绩的管理和登录造成困难，工作人员不辞辛苦，刻苦钻研"教务管理系统"，利用假期登录成绩，保障学生在新学期开学拿到成绩单。

原始成绩单都按学期分别归档保存。

3. 选课管理

每年 6 月和 12 月是学生选课时间，教学办及时通知学生，发放选课手册。选课对留学生来说也是一个难点，为此，管理人员制作了学生个人选课单，指导学生填写，帮助选课。

4. 试卷管理

每学期期末考试试卷按学校规定都要按学年学期保存，汉院留学生的几门主干课为阶段考试，所以每一阶段都要保存试卷。办公室先制作封面，按课程打捆，然后送出去装订成册。

5. 排课管理

每年 5 月和 11 月本科生都要排定下学期课程，并录入学校教学教务管理系统。汉院在排课方面不同于其他院系，具有一定的特殊性和复杂性，原因在于其他院系均为本科生且为计划招生，课表固定后不会有大的变动，汉院除本科生外还有一多半的学生为进修生，不受学历教育的限制，学生人数、水平都不固定，教师同时担任本科、进修及研究生的课程，所以课表不能提前排定，要根据学生的情况随时变化，有时到临开课前才能最后确定。另外由于汉院学生多，教室紧张，排课时一般以两个班合用一个教室为原则，然后考虑上、下午时间的搭配等因素。本科生的一些专业课打破班级界限，3 个班并 2 个班上课或者 1 个班同时分出 2 个小班上课等，进修生从基础到中级又有固定实验班即大小班上课模式，基于上述因素，排课包括了从课程、教室到教师、学生等诸多方面的管理和协调，管理人员每学期都花费大量精力来排课，从初始到成形往往要经过数十遍才能排定。

6. 毕业论文管理

毕业论文对于本科留学生是个难点，办公室按学校要求发给学生指导手册，按开题、选题、中期、结题时间给学生以个别指导，详细解说各项要求，并在学生交论文时逐一核实软盘和论文。

四、对教学管理工作的认识

教学管理的工作内容还有很多方面，就不一一展开说明了。此外汉院没有设立专管留学生的学生工作部门，所以教学办除了管理教学之外，有关留学生的一切活动都要组织管理，工作范围大而杂。留学生不同于中国学生，对待他们需要更多的耐心和服务意识。教学管理工作像一扇窗口，更多的学生通过我们的服务而感知中国，也让我们的服务走向世界。

五、教学管理工作的作用

教学管理工作是整个学院工作的重中之重，规范和科学的教学管理可以使教学工作各环节循序渐进地发展，从而大大提高教学质量，同时促进管理人员的素质建设。

六、教学管理人员的素质要求

应具有强烈责任感，踏实肯干的实干精神，提高自身素质，提高管理水平，加强工作效率，树立良好的服务形象，成为教师和学生的朋友，成为领导和同事的合作者和助手。

为了提高自身管理水平，本人利用业余时间加强本岗知识的学习，上网查阅资料，了解国内外相关学校的信息，探索改进本岗管理方法，向本校其他院系从事教学管理的老师学习教学管理经验，取长补短。

总之，留学生的教育事业在不断地发展壮大，需要教学管理人员不断地提高自己的水平，用一流的服务和管理营造和谐的教学氛围，使我们的管理工作与时俱进。

任向青　　# 外国留学生非学历教育的教学管理

　　南开大学从 1954 年已经开始招收外国留学生，是中国最早接受留学生的高校之一。1985 年南开大学建立了对外汉语教学中心，1993 年，经原国家教委批准，正式成立南开大学汉语言文化学院。五十多年来，先后有七十多个国家和地区的一万多名留学生来校学习，其中外国留学生的非学历教育人数占很大比例。下面从以下几方面简单介绍一下我院的留学生非学历教育的教学管理。

一、制订教学活动安排日程表

　　学院每学期开学前都制订教学活动安排日程表，包括新生报到、分班测试、开学典礼、上课时间安排、班长会、语言实践、期末表彰大会、考试时间、放假时间等。开学学生报到时，学院会将日程表发到每个学生的手中，使同学们对本学期的活动时间安排一目了然。

二、制作教师考勤夹

　　学院为每个任课教师准备了考勤夹，其中包括学院教学管理条例、班导师职责、考勤记录大表、平时成绩记录表、学生名单等。考勤夹放在教师休息室，每天教师上课之前取走登记学生考勤后，下课后再放回原处。这样便于教学办公室统一管理，及时了解教师上课情况及学生的出勤情况。

三、入学分班

分班制度与正常的教学秩序紧密相连。前几年进修生入学分班时，学院允许学生们可随意听课选择班级，一个星期后再固定，这样可以给学生们宽松的选班机会。可事与愿违，学生们每天搬着椅子这班听听，那班听听，有的教室学生坐得满满的，甚至坐到了门外，也有的教室只有几个学生。这种混乱的局面有时会持续半个月，严重地影响了正常的教学秩序。现在，我们已经从以下几个方面彻底解决了这种情况，使开学时的教学秩序井然有序：

（一）面试更加细化

学生报到面试时，学院设计了专门的面试评分表格，从几个方面来了解学生，并通过对话比较细致地了解学生以前的学习时间、地点、学时乃至所学过的课本。口试的题目也更加科学化。面试老师根据学生实际情况给出相应的面试成绩，这为下一步的笔试分班打下了一定的基础。

（二）分班考试更加合理

学院制定了更加合理化、科学化的分班考试题目。听力、笔试各占相应的比例，从而能考出学生的真实汉语水平。

（三）严格的换班制度

新生必须参加面试和分班考试，老生若不参加面试和分班考试，则自动上升一个层次班。学院根据学生的面试成绩和笔试成绩，把同学们分到相应的等级班。确定分班名单后，学生必须严格按照公布的分班名单上课，不能随意换班。为了使学生换班更加制度化，学院制定了《换班申请表》。学生们可以在听课后的一个星期内，提出换班申请。对于听课有困难的学生，班主任在换班申请表上填写同意后，报教学办公室存档，学生才可换到下一层次班。对于想换到高一层次班的同学，提出申请后必须经过严格的考试，未通过考试者则需要在第一次阶段考中成绩在班里名列前茅，后经班主任、部室主任同意后方可换班。

这些措施使开学后的分班更加科学化、合理化，有效地控制住了各班的换班人数，使开学后的教学秩序井然有序。

四、统计学生的基本情况

开始正式上课以后，请各班同学清楚填写进修生基本情况登记表，包括中英文姓名、性别、国籍、出生日期、联系电话、住址、护照号码等内容，各班的班导师选出班长，教学办公室汇总后打印出各班通讯录。这样便于老师与同学之间、同学与同学之间的联系，学院也可以应付各种突发事件及其他各种相关的查询。

五、考勤制度

学院制定了严格有效的考勤制度，要求学生不能无故旷课、长时间缺勤，

学生必须履行正常请假手续。进修生请假如果超过一学期总学时的 1/3，就不允许参加期末考试。病假应有医院开具的病假证明，事假则需到办公室填写《请假表》并说明请假理由、请假时间等，办公室批准后，学生带办公室同意请假单到任课教师处请假。如果请假的时间超过一周，须经院领导批准，事假必须提前或错后一天提出申请，否则办公室不予办理请假手续，并按旷课处理。

六、实践教学

每学期组织一次语言实践教学活动，让留学生们走出课堂，走出校门，去领略中国的自然风光，了解中国的风土人情，增长对中国的认识，丰富课外知识，提高语言交际水平。

春季学期一般安排在 4、5 月份。秋季学期一般安排在 9、10 月份。每学期开学后，学院与各大旅行社确定合适的旅游路线，之后组织学生们报名，统计所有参加实践的学生的护照号码以及教师的身份证号码，与保险公司联系上保险事宜，与旅行社签订合同。教学实践前，发给每个学生此次实践活动的注意事项，包括集合时间、出发时间、旅游路线的安排、联络电话等，每班安排有带队老师，以保证学生们的安全。

七、班主任制度

学院每班配有班主任，负责班里同学们的学习与生活。

八、班长会制度

每学期学院定期召开班长会。院长、部室主任及办公室工作人员参加班长会，面对面与班长座谈。班长在会前向同学们搜集班里同学们的意见，会上，把了解到的教学情况及同学们在学习中、生活中遇到问题、意见提出来，院领导当场解答，发现问题的同时及时地解决了问题。此外，教学办公室随时了解教师或学生提出的关于教学的意见，及时向院领导反映，予以解决。

九、选修课

为了让留学生更好地了解中国的文化，学院为同学们开设了中国书法、中国绘画、中国京剧、中国武术、太极拳、中国烹饪、二胡演奏等选修课，这些课程都深受同学们的欢迎。

十、考试制度

期末任课教师出期末考试题，到教学办公室领取期末考试试卷审批表、监考记录、考试分析表等材料，期末考试试卷必须经系部主任审批通过后才能用来考试。要求任课教师按照固定格式打印试卷，并上交一份期末考试的样卷以及电子文本。

在考试周前的两周内，安排各门课程期末考试的时间和地点，并在各班及教师休息室张贴通知，公布各门课程期末考试的时间和地点。

学生每学期的出勤必须达到 2/3 以上课时，方有考试资格。语言技能课按照单元或相对完整的教学单位考试。阶段考试按百分制给分，考试成绩占 70%，作业和课堂表现占 20%，考勤占 10%，阅卷由各班任课老师交换进行，并互相核对分数。总成绩按阶段成绩的平均分计算。其他课程按期中、期末题库题考试，平行班统一试卷。实验班考试及成绩获得由实验班自行决定。在期末考试结束后，回收每门课的考勤记录表、平时成绩记录表、期末考试试卷审批表、监考记录、考试分析表等材料，和期末考试样卷一起存档。

十一、奖学金制度

为了鼓励留学生发扬"允公允能，日新月异"的优良校风，树立良好的学风，激励留学生在品德、学业方面积极上进，调动留学生专业学习的积极性、主动性，学院制定了留学生奖学金条例。奖学金种类包括优秀学生奖学金，全勤奖学金、学习进步奖、优秀学生干部奖、为校争光奖等。

学期末举行优秀学生表彰大会，由院领导和系部主任公布评优结果，对获奖学生进行表彰，颁发奖学金及证书。

十二、学生成绩单

期末考试结束后三日内教师阅卷后将考勤表、成绩表、考场记录、学生成绩单等送教学办公室。办公室一周内打印学生的个人成绩单，加盖院公章和院长印章后发放给学生。

十三、结业证书

每学期结束的前两个星期，凡是将要结束在我院学习的进修生都可以申请结业证书，填写申请结业登记表，上交两张照片。教学办公室负责打印结业证书，

结业证书包括学生的中英文的姓名、出生日期、国籍、学习期限、证书编号、打印日期等内容。学生领离校通知单办理离校手续，离校通知单上要有院办公室章、学校图书馆的盖章、学院财务室签字、留学生宿舍盖章、留学生科签字、班主任写明该同学上课出勤情况并签字。学生可以凭办理好的离校通知单领取结业证书。

十四、教学评估

每学期学院都要进行教学评估，包括各班全部课程的教学情况。一般在每学期的中下旬进行。教学情况调查表采用不记名的方式，让学生就任课教师教学的十个大方面进行评估，给出成绩，此外学生还可以用文字写出对老师的意见及评价。

评估前教学办公室做好进行评教的大信封，信封上写有班级、任课课程及任课教

师的姓名，里面装有评教表。教师上课前从教学办公室取走评教表，在下课前十分钟，请同学们进行评教。老师会告诉同学们：（1）学生们评价老师的成绩只报办公室，期末考试以后才会将考评结果告诉老师，所以请同学们放心填写；（2）教学评估是学院为了了解教学情况，提高教学质量而必做的工作。请同学们认真、公正的对待；（3）如果你对老师有什么意见或建议可写在最下方或背面；（4）请同学们马上填写后交给班长，请班长收齐装进大信封密封后，立即交到教学办公室；（5）向对支持我们工作的同学们表示感谢。

教学办公室收取教学情况调查表之后，统计每门课参加评估的学生人数、总分、平均分、最低分和最高分，学院根据评教分数在期末对教师进行鼓励或处罚。

十五、丰富的课余生活

学生除了学习汉语以外，学院每学期都安排课外活动。每年春季的全院留学生趣味运动会，秋季的排、篮球比赛，至今学院已举办了几届，这些活动深受同学们的欢迎。在比赛中同学们不仅仅进行了健身、娱乐，更重要的是增进了同学与老师之间、同学与同学之间的感情，增强了班级的凝聚力。汉语节、说汉语大赛、汉语作文大赛、天津市的文艺表演比赛，迎新年联欢晚会、民族音乐欣赏会、京剧欣赏会等，这些活动都极大地丰富了留学生的课余生活。

十六、整理教学档案

学期结束放假前，教学办公室必须整理保存本学期的教学档案，包括教学活动安排日程表、各班通信录、教学实践、成绩档案、教学评估档案、期末考试题库题、奖学金评审等档案，便于今后查询。

我院的留学生非学历教育的教学管理越来越规范，也越来越严谨。这些都是汉语言学院领导和全体老师共同努力的结果。

桂　香　　　**发展来华留学生教育的重要性及对策研究**

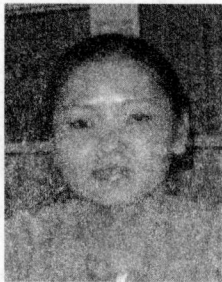

　　随着我国综合国力的日益强大，中国在世界上的政治、经济地位已不容忽视，汉语也随之越来越受到人们的青睐，越来越多的外国留学生到中国学习汉语，攻读学位。特别是一些亚洲国家甚至从小学开始就开设汉语课程，留学到中国已成为年轻人首选目标，这为我国高校教育创建世界品牌构建了有利的外部环境。

一、深刻认识加快发展来华留学生教育的重要性，大力提倡发展留学生教育

　　教育的国际化是世界高校教育发展的趋势。来华留学生教育是高校教育的组成部分，是教育对外开放的具体表现。留学生教育的规模、层次是高校办学水平和学术地位的重要标志。发展留学生教育，有利于深化教学改革，促进学科建设，提高办学水平，扩大高校的国际影响力，提高本地区知名度，有利于引资，加快本地区的经济建设。

二、制定切实可行的发展规划，发动全社会积极参与发展留学生教育

1. 国家教育部已对重点大学来华留学生比例作了明确规定，即留学生应占在校生的12%。各大高校领导应正确认识发展留学生教育的重要性和必要性，制定本校发展留学生教育的中长期计划，发动全体师生大力宣传，积极参与本校的留学生教育。

2. 政府部门应加大留学生教育投入，营造良好的社会氛围。

三、采取各种有效措施，加快发展留学生教育

1. 加大对外宣传，拓宽招生渠道。积极与国外高校签订教育交流协议，建立稳定的生源渠道。与国外中介机构、语言培训学校联合招生，重点吸收本科生源。通过创办孔子学院、制定招生网页，高校教师的出国访问、进修、执教机会加大对外宣传力度。

2. 积极推进教学改革，提高留学生教育质量。高校要充分发挥自身办学优势和特长，针对留学生的学习特点，制定相应的培养计划，设置相关课程，积极探索有效的授课方式，使留学生在较短的时间内掌握大量知识。

3. 突出特色教学，打造知名教育品牌。打造知名品牌要从教材、授课方式、课程建设等多方入手。南开实验班就是从教材、授课方式入手打造出有南开特色的教学品牌。南开爱大项目是将爱大专用系列教材与特色课程如汉语课、中国现代社会论、二胡、绘画、京剧等中国文化课相结合打造出的又一个知名品牌，在中国、日本曾多次被报道，也是日本高校争相效仿的对象。

4. 加强教学评估，以评促改。在制定科学的教学评估表的基础上，要向留学生说明评估的意义，杜绝留学生感情用事，以确保评估结果的准确性。任课教师也应正确认识评估的必要性，把评估结果作为鞭策、改进教学质量的重要手段。

5. 完善教学、生活条件，营造良好的育人环境。教学和生活环境是吸引生源的必要条件，也是保证教学质量的基本条件。高校应逐步改善留学生的教学、生活环境，积极购进先进的教学设备，使留学生能够在良好的学习生活环境中全身心投入学习，尽量减少因生活条件差、教学设备落后导致的不适应。高校应定期组织学生参加社会

实践活动，如体育比赛、中外学生联谊活动等，通过活动使留学生了解中国，找到适合自己的语言伙伴。

6. 建立奖学金制度，提高留学生学习热情。高校应把留学生学费的 10%作为奖学金，奖励学生，也可吸引外资或企业的赞助费以冠名的形式发给学生，鼓励学生认真学习，积极参加学校组织的各项活动。

7. 设立勤工助学机制，保障留学生顺利完成学业。在国家政策允许范围内，高校应利用自身在社会的影响力积极为留学生争取勤工助学机会，如：教英语，带薪到工厂实习或在本校内设置一定的岗位让留学生通过劳动得到资助，完成学业。

8. 加强留管干部素质，建立健全奖惩办法。高校应根据留学生规模培养一批素质较高的专职留管干部。留管干部不仅要熟知我国的《来华留学生规章制度》，还要掌握不同国家、地区学生的文化背景、生活习惯，至少要懂一门外语，并对本校的各项规章制度、教学特点十分熟悉，从学习上、生活上都能给学生一定的指导。对优秀的留管干部要给予表彰，同时在晋升职称时优先考虑。

发展留学生教育是高校教育国际化战略的重要途径，我们要在"国际坐标系"中着眼于未来发展，开展扎实有效的工作，使高校留学生教育更上一个台阶。

于文通　　**做好电教管理工作**

　　21世纪是科学技术竞争和民族素质竞争的时代，其实质是人才、教育的竞争。随着教育教学改革的深入，教学模式、教学手段的变革越来越依仗以多媒体技术和网络技术为核心的现代教育技术的支持。在过去的一年里，我院电教工作以推进"自主—创新"课堂教学模式为核心，更新观念，改善设施，乘信息教育之舟，扬素质教育风帆，在改变教育现状，实现教育现代化方面取得了可喜的成绩。

一、与时俱进，更新观念

　　目前，我院90%的教师能够更新观念，自觉运用现代教育技术、新的教学模式，教学形式发生了深刻的变化，为现代教育技术工作在我院深入开展创造了一个良好的氛围，打下了扎实的思想基础。

二、增加投入，改善环境

　　我们电教建设的基本思想是：面向教师、面向学生、面向信息资源、面向管理，突出一个"用"字。我们总投入几十万元资金购置设备，装备了22个多媒体教室，2套数字化语音室，（我院现共有6套语音室，172个座位），录音室1个，电脑机房1

个（现有机房 2 个共 51 个座位，全天向师生开放）。每位老师都配备了笔记本电脑、打印机、U 盘、大大满足了老师的教学需求。做好电教管理工作，充分为教学服务是我们今后的主要任务。

三、注重培训，提高素质教育

要实现教育现代化，教师队伍的现代化是关键。教育技术的现代化归根到底还是人的现代化，没有教师队伍的现代化，没有一支高素质、掌握现代教育技术的师资，再先进的设备也是一堆废铁，采用现代教育技术也就无从谈起。为此，我们制定了对教师的电教技能的培训计划。要求大家树立高度的使命感、紧迫感，努力掌握现代教育技术。

首先，我们必须利用课余时间，采用分阶段、多渠道、多层次的培训方法，如集体学、个人学等，使培训教师能自己制作课件。其次，院里还要开展多媒体计算机的基本理论、计算机的操作系统、教学软件的使用等基础知识的培训。通过上述手段，使全体教师基本上都能使用和操作各种现代教育设备，形成了全员参与现代教育技术、全员研究现代教育技术、全院各项教育教学活动全面采用现代教育技术手段的局面。

四、落实制度，分类管理

院里电教工作内容多人员少，涉及方方面面，管理工作必须合理分类，才能管理有序，忙而不乱。这一学年，我们先后制定了《语音室规章制度》、《微机室管理制度》、《汉院教学用设备借用规定》、《教室设备使用程序》、《多媒体教室使用程序》、《谊园 3、4 楼教室设备使用程序及注意事项》、《101 多媒体室设备使用程序》。制度、职责的建立和完善，进一步量化了检查、评估各指标，做到了有章可依，任务明确，职责分明，使管理工作落到实处。发现问题及时纠正，做到规范化、制度化、科学化。为配合教师教学，方便教师上网，电脑室开放时间为每天上午 8:00～12:00，下午 1:00～9:00。各室电脑发生故障请报到 208 室，我们及时找技术人员修理，保证教学需要。对于语音室设备的使用，做到及时培训，百问不厌。经常检查设备，发现问题及时修理。在使用多媒体教室设备时，老师发现投影机有问题，我们及时请技术人员解决，保证了教学需要。保证电教室工作时间不离人，老师随时可借用各种设备及复制教学录音带。

在设备借用方面制定了以下规定：必须由汉院任课老师亲自履行借用手续，限期归还；其他人员借用汉院设备要有院领导签字的批示，再履行个人借用手续，限期归还；汉院设备归还时要由汉院电教人员检查完好无损后，方可结束借用手续；借用汉院设备后，借用人员一定要认真保管，按照操作规程使用设备，不得损坏和丢失，如损坏和丢失设备，照章赔偿；由个人长期保管使用的电脑及教学设备，在保修期内发生的维修费用由院里负责联系，由供货方修理，保修期过后发生的维修费用由个人负责。

在设备管理方面，认真按有关规定对电教设备及器材进行分类分项登记，建立好总账及明细账，做到账物相符。认真按学校规定办理电教设备及器材的领取出借、回收、调换等手续；认真按规定办理电教设备及器材的订购、采购及入库事宜；认真根据教育教学需要购买、收录、转录、租借各种教学软件，并及时向教师提供软件目录信息；根据学校需要做好录音、录像的播放及各种会议、活动、讲座的录音、播音、摄像、摄影工作；做好各类电教设备及器材的日常保养工作，学校放假时，应对各类电教设备和器材进行检修；指导和帮助教师掌握电教基础知识及基本技能，经常督促教师积极使用电教手段，为电化教学做好服务工作；做好上级有关部门来校检查电教管理和接待工作，总结汇报有关情况，及时向校领导提出电教工作意见和建议。

在 HSK 考试工作方面，考试前必须做好与各考场单位的联系工作，检查各考场设备是否完好，发现问题及时请维修人员维修，力求万无一失。

五、未来展望

随着现代教育技术的广泛应用，学校电教管理在环境建设、软件资源开发利用、师资队伍建设和教学过程改革方面增添了新的内涵，同时也提出了更高的要求。我们感到，现有的管理模式在思想观念、内容形式、管理程序、量化评估诸方面，都存在着一些与新形势不相适应的地方，还有待改进和提高。

北楼已装修完毕，在院里财力允许的情况下，教室里全部安装了投影机、电动幕布，使我院教室全部实现了现代化。

常志礼　　**后勤工作为教学服务**

2005 年对我来说是特殊的一年，不仅是因为在这一年我终于实现了多年来的夙愿，得以真正地在工作岗位上为南开园贡献自己的一份力量，还在于我的新工作单位——南开大学汉语言文化学院的特殊性，汉语言文化学院除了具有教书育人的基本职责之外，还肩负着更大的责任，那就是通过各种可能的媒介，如在校的外国留学生、派往世界各地的汉语教师和各种级别的汉语水平考试，向全世界介绍中华民族深厚的文化底蕴和浓厚的人文气息。要真正实现中华民族在新世纪的伟大复兴，除了要依靠政治地位、经济力量和军事水平等硬实力的复兴外，还要依靠我们古老的文化传统等软实力的伟大复兴，这二者是相辅相成、缺一不可的。

这一新的工作岗位的特殊性与重要性对我而言既是一种挑战也是一种促进，让我在为教学服务、为南开服务、为国家服务的多重责任感的推动下不断完善自己的工作。下面我就简单地介绍一下这一年以来我的工作情况。

首先，作为院里唯一的一名驾驶员，我深知自己最重要的责任和义务就是绝对保证各位院领导和老师们的路上安全和车内舒适的休息环境，尽自己最大的力量完成领导布置的出行安排，无论是早上四点出发、凌晨三点回家，还是一天来回往返两趟北京都能保证安全，准时地完成任务。在这一年多的时间里，我的行驶里程已经达到了

4 万公里，但从未耽误过领导和老师们的工作计划。当然，车不仅是代步工具，在这个快节奏的社会中也是各位领导和老师们进行短暂休息的重要场所，因此，我会定期给车做清洁和保养，让车真正成为一个移动的休息室。

其次，在日常的工作日中我还负责院里的一些后勤工作。这些工作虽然细小琐碎，但为了能够保证领导和老师们工作和教学的顺利进行，以及学生们日常良好的学习和生活环境，我对每件事都亲历亲为，一丝不苟。这些事情主要包括：按时为老师和同学们收发各种信件和包裹；主动承担消防安全的宣传、检查、监督和维护的工作；当院里的水、电和气的使用出现任何问题时，我都会尽快地向学校的相关部门报修，以最大程度地减少这些突发事件对我院工作的干扰。例如，当我院北楼的装修完工后却突然发现由于施工队的疏忽导致楼里的暖气管断裂，使得整个北楼的厕所在寒冷的冬天里没有了暖气的供应，为了尽快修复暖气管，我通过各种形式和学校后勤水暖科的领导进行了协调，最终使问题得以解决。当然，作为传播我国语言和文化的前沿阵地，对院里环境和卫生的维护就显得更加重要，对学生在楼道内抽烟的不良行为我也都能给予及时的制止和督促。

最后，由于外国留学生不仅仅是需要我们关心和照顾的普通学生，同时也是把我们的文化和传统美德传播到世界各地的中间媒介，因此，无论他们何时何地遇到任何困难或是突发事件，我都会在领导的带领和安排下尽快地赶到并进行处理。例如，他们生病我会尽快送他们到医院治疗，即使是在半夜发生意外事故我也会以最快速度前去给予他们相关的协助。

总的来说，在汉语言文化学院工作的这一年多以来自己不仅早已适应了新的环境，还深深地融入到了这个集体中。工作虽然平凡无奇，却因为多了一份为教育服务的责任感和为国家增光的荣誉感而散发出了别样的光芒。

总　结

郑天刚　　　**大规模进行中国现地教学的**
成功尝试

　　　　　——南开—爱大合作模式评介

　　　　　　　　　　1997 年爱知大学在日本首创现代中国学部，同时也首创了
中国现地教学项目。作为这一项目的最重要的组成部分，每年
8 月底至 12 月下旬（自 2003 年改在 3 月中旬至 7 月上旬），日
本爱知大学现代中国学部一年级第二学期（2003 年后改为二年
级第一学期）的学生在中国进行为期 16 周的汉语和中国文化
方面的强化学习。这一项目的创意在于将语言学习和语言习
得、语言教学和文化教学、课堂教学和环境利用、语言知识的学习和交际能力的培养
有机地结合起来，借此大大提高学生的学习兴趣和学习效率，为高年级的现代中国专
业学习打好语言基础和文化基础。作为爱知大学最亲密的姊妹院校，南开大学积极承
担了这一项目，并由汉语言文化学院具体实施，至今已成功地举办了 9 期，在日本教
育界产生了巨大而广泛的影响。

一、现地教学项目的建立过程

日本爱知大学于 1980 年与南开大学签订协议，正式建立友好交流关系，是中国改

革开放以后第一个与南开大学建立友好交流关系的国外院校。自那时起，双方以各种形式互派教师进修学习，从未间断；在南开大学有南开爱大同窗会，成员均为曾在爱大进修过的教师。除进修学习外，两校之间多年来还一直互派教师和访问学者，在一些重大科研项目上也进行了成功的合作，如爱知大学《中日大辞典》编纂部曾邀请南开大学中文系的教授共同对该词典进行修订。在两校的友好交流中最引人注目的是，自 1980 年起，爱知大学每年都组织短期汉语学习班到南开大学来学习 5 周汉语。正是以上这些频繁而有成效的交流活动为爱知大学中国现地教学项目在南开大学的实施奠定了坚实的基础。

1994 年，爱知大学准备筹建现代中国学部，目的在于培养架设 21 世纪中日友好之桥的优秀人才。1995 年获日本文部省批准，自 1997 年正式开始招生。与此同时，该校决定在现代中国学部建立中国现地教学项目，并着手在中国物色合作院校。经过对中国大陆和台湾地区的数所大学的认真评估比较，最后决定将这一项目放到南开大学来实施。1995 年 8 月 1 日两校正式签订爱知大学在南开大学进行现地教学项目的协议。在该项目的筹备过程中，南开大学方面提出了在南开大学建立项目基地的建议，并得到了爱知大学方面的赞同。1996 年 3 月 1 日，双方在南开大学就建立基地事宜进行了认真的磋商。双方一致同意，由爱知大学出资在南开大学校内建立一个供中国现地教学项目使用的学习、生活设施，定名为"南开爱大会馆"。1997 年 6 月 16 日双方正式签订工程合作协议书。同年 8 月南开爱大会馆破土动工，翌年 8 月竣工并投入使用。1997 年 8 月底，爱知大学现代中国学部第一期中国现地教学项目开始，由于当时南开爱大会馆刚刚动工，第一期项目暂在汉语言文化学院的教学楼进行，自第二期以后，该项目均在南开爱大会馆里实施。

二、合作模式

1. 双赢互利，建立基地

南开爱大会馆占地 3885 平方米，建筑总面积 6500 平方米，是一座集食宿、教学、办公多种功能为一体的综合设施，约需建设资金 250 万美元。要在短期内筹集到这笔资金，对南开大学来说是有困难的，而如果由爱知大学出资，会馆建成后的所有权和使用权的归属问题也比较难解决。双方经过认真务实的协商，终于找到了合理解决这一难题的最佳方案。双方决定，由爱知大学提供会馆建设资金 250 万美元，由南开大学提供会馆建设用地。会馆建成后，在 10 年内每年爱知大学参加该项目的学生可以在 25 万美元的额度内无偿使用会馆，此外，爱知大学的教员、领队等人员也可以无偿使用会馆。中国现地教学项目每年只进行 4 个月，其他 8 个月由南开大学方面经营，会馆的运营由会馆所产生的收入维持，盈利归南开大学所有，亏损亦由南开大学弥补。会馆正式使用 10 年后，协议终止，会馆的所有权利归属南开大学。这一解决办法，既解决了爱知大学方面实施中国现地教学项目的燃眉之急，也符合南开大学方面的长远利益。

2. 建立机构，共同运营

为了合理有效地对会馆进行管理，保证中国现地教学项目的顺利实施，双方商定成立运营管理委员会。委员会由包括委员长在内的 7 名委员组成，委员长由南开大学方面出任，其他 6 名委员由双方各委派 3 名。运营管理委员会的权限包括：（1）对预算和决算的认可；（2）决定重要的教学问题；（3）决定其他有关会馆经营的重要问题。委员会每年 3 月召开例会，经双方同意亦可召开临时会议。

作为具体实施中国现地教学项目的领导机构，爱知大学现代中国学部成立了项目执行委员会，南开大学汉语言文化学院也成立了项目领导小组。每年双方都要举行数次会谈，对上一期项目的实施情况作出总结，并对下一期项目作出调整和改进，制定出实施计划。在项目实施期间，南开大学汉语言文化学院项目领导小组是项目各项工作的直接领导者。

3. 联席开会，及时联络

在项目期间，各种教学活动均由汉语言文化学院实施，生活安全等方面的事项由国际学术交流处负责。爱知大学方面在爱大会馆设立联络处，致力于各有关方面的联络与协调。项目期间每周都要召开一次联席会议，参加者包括汉语言文化学院和国际交流处的项目负责人、会馆的经理以及爱知大学联络室的负责人。联席会议制度使项目中出现的问题得到了及时的解决，并使有关各部门的工作配合得更加紧密，保证了项目的顺利实施。

三、独具特色的课堂教学模式

1. 以共同的语法点为核心，听、说、读、写、译相互配合，同步进行教学的横向联系的系列教材

该项目的汉语专用教材《初级汉语系列教材》是汉语言文化学院经过近两年的前期酝酿和准备工作，于 1997 年组织人力专门编写的。由于编写前已与爱大现代中国学部进行了充分的商讨，所以该教材在语言点和生词的确定上都与学生在爱大第一学期学过的教材紧密衔接。当年试用于该项目第一期后，我们广泛征求了各方意见，作了认真的修改，于 1998 年正式出版。该系列教材由《精读课本》、《口语课本》、《听力课本》、《翻译与写作课本》和《语法教学指南》5 本书构成，前 4 本分别用于"精读课"、"口语课"、"听力课"、"翻译与写作"四种课型，后一本是这 4 种课型共用的核心教材。该教材确立了以语法项目为核心的编写原则，各课型教材均分 8 个单元，各课型同一单元的语法项目完全相同，各单元的语法项目由《语法教学指南》来规定和解释，它既是各课型教学及测试的依据，也是学生预习和复习的依据。这样做可以大大增加语法项目的重现率，使学生在不同的技能训练中以不同的方式体会同一语法项目的意义，更易获得对所学语法项目的语感。正是由于确立了这一编写原则，该教材克服了以往对外汉语教学中不同课型的教材各自为政、互不关联，无法做到目标统一、相互配合、进度一致的弊病，使不同课型可以围绕一个核心，从不同的角度互相补充、彼此配合，系统、同步、有序地完成共同的教学任务。在对学生的问卷调查中，对教材满意和很满意的分别为 23％和 13.4％，不满意和稍不满意的分别为 3.9％和 13.9％。教材的难度也比较适中，在问卷调查中尽管认为难度适当的仅占 22.9％，但认为难和有点儿难的占了 38.9％，认为容易和有点儿容易的占了 42％。后两类人数比例相当，综合来看，教材难度是合适的。

该教材的欠缺之处是，由于侧重于语法，在功能表达方面略显不足。日本学生初次来到中国，急需的是在问路、购物、就医、换钱之类场合所需的实用性的汉语，这类内容便于学用结合，立竿见影。考虑到教材的这一不足，在教学中我们也适当补充了一些实用汉语方面的内容。

2. 语文兼顾，学练结合的课程设置

现地教学项目的课程设置包括 5 个部分：汉语课、HSK 讲座、现代中国社会论讲座课、中国文化技能讲座课和太极拳课。

（1）突出听说，各课型优势互补，相互协调，均衡进行各技能训练的汉语课堂教学

现地教学项目的汉语教学共分 4 门课程：精读、口语、听力、翻译与写作。由于各课型每个单元学习的语法项目是一样的，所以语法项目的讲解主要由精读课完成，这样其他课型就有了更充分的时间进行练习，减少了重复劳动。这样的课程设计既顾及了各语言技能单项训练的要求，也注意到了各技能之间的联系和协调，各技能的发展比较均衡有序，具有较强的针对性、系统性和科学性。考虑到听和说是日本学生的弱项，于是我们在教学上提出了突出听说的要求。具体说来，精读课也要求针对课文内容适当进行口语交际训练，而翻译课则侧重口译和听后译的练习。各课型均有负责人，项目开始前，由课型负责人向同课型教师明确该课型的教学目的、教学内容、教学进度和教学要求，说明该课型在汉语教学总体设计中的位置，以便使各课型分工合作，相辅相成，形成一个横向的教学网络。课型负责人还召集该课型教师集体备课，切磋教法，交流经验，共同解决教学中出现的问题。任课教师们大部分不会日语，但他们都想尽办法与学生进行沟通，千方百计地改进教学方法，活跃课堂气氛，赢得了学生们的好评。

（2）HSK 讲座和考试

项目期间，安排 8～16 课时的 HSK 讲座，除对 HSK 进行系统介绍外，主要是对学生在 HSK 模拟试题中遇到的难点进行讲解。要求学生在项目期间做完 4 套完整的试题。我们还为学生举行一次基础模拟考试和一次初、中等模拟考试，考试后教师要为学生作试卷分析。在该项目结束时，有一次参加初、中等 HSK 正式考试的机会，考试费由爱大方面负担，每个学生都必须参加。从这几年的成绩看，取证率达到 61%，取得 5 级以上证书者占取证人数的 12.6%，对于仅仅在中国学了 16 周汉语的学生来说，这个成绩还是比较理想的。大部分学生都希望在项目结束时，不仅取得汉语课的优异成绩，而且得到 HSK 证书。HSK 讲座和考试的安排提高了学生学习汉语的积极性，在 HSK 中学到的东西对汉语课也有帮助，反之也是一样，二者既相互补充，又相互促进。

（3）内容丰富，形式多样的现代中国社会论讲座课

这门课涉及的内容范围非常广泛，如中国历史、中国哲学思想、中国宗教、中国政治、中国地理、中国经济、中国的风俗、中国的艺术、中国的教育等方方面面的内容。教师用日语授课，主要是想让学生对中国的社会和文化有一个广泛而粗略的了解。

（4）门类齐全，学练结合的中国文化技能讲座课

这门课是由中国书法、绘画、武术、烹饪、京剧、民族音乐（二胡、笛子、声乐等）、中医按摩等多种课程组成的系列课程，师资均为富有教学经验的专业教师，聘于南开大学东方艺术系、中医学院、音乐学院、天津戏曲学校等单位，授课时配有日语翻译。学生根据自己的兴趣选择课程，小班授课，每周1次，共16次课。学生动手动口，亲身体验中国文化的无穷魅力，收获极大。有的参加了技能课（如二胡）的学生回国以后还组织了该技能的俱乐部，坚持操练，并举行演出，产生了一定的影响；有的技能（如按摩、烹饪）的实用性很强，学生回国后用所学技能给亲友带来了快乐。

（5）太极拳课

太极拳课是作为必修的体育课设立的，共上25～30节课，学生能够比较熟练地掌握二十四式简化太极拳的基本套路，对一部分已学过太极拳的同学还开设了长拳等课程。太极拳课不仅使学生们增强了体质，而且使他们对中国文化的精髓有了更深刻的体验。由于太极拳课是早上6点30分上课，学生们逐渐养成了早起早睡的好习惯，8点钟上汉语课时，很少有人迟到。

3. 统一出题，统一判卷，分布均匀，口笔兼顾的汉语测试

现地教学项目各门汉语课程均分作8个单元，每个单元学完考一次，时间为双周的周五。试卷共4张，每个课型1张，各占25分，共计100分。试题由课型负责人拟定，任课教师无权出题，判卷由各班班导师交换进行，并相互核对分数。学生在下一周的周一可看到自己的成绩和试卷，如有疑问，班导师会予以解答。及格者可得到学分，不及格者可于下一周的周五补考，但补考前须参加两次辅导。这一测试方式体现了该项目测试环节的严密性、系统性和科学性。从横向看，可以清楚地了解学生对各语言技能的掌握是否均衡、协调；从纵向看，也便于调查学生在不同学习阶段中的学习情况。通过分析试卷，可以及时准确地找到学生的学习难点，使教学更具有针对性。

存在的问题是，口语考试采取的也是笔试形式，不能真正考出学生的口头表达能

力。2000 年以后将最后一周改为口语训练周，并在最后一天进行了口试，取得了很好的效果。2000 年的口试方式是，采用 HSK 高等考试的办法，在语音实验室里进行，让学生将答案录在录音带里，教师根据录音带打分；2001 年以后为了使考试形式更接近实际的交际场景，改为面试，随问随答。自 2005 年开始，每次单元考试都安排面试，使口语课考试彻底脱离了笔试形式，真正考出了学生的口头表达能力。

4. 与测试成绩相联系的严格的考勤制度

为了提高学生的出勤率，我们制定了严格的考勤制度，并与历次单元考试的资格和成绩紧密挂钩。具体做法是：考勤按节记录而不是按次记录，两次迟到或早退算一节旷课，迟到或早退 10 分钟以上算旷课，病假需有医生诊断证明。凡缺勤 12 节课以上者，取消该次单元考试资格，每旷课 1 节，在该次单元考试成绩中扣掉 2 分。由于实行了这样严格的与测试成绩紧密挂钩的考勤制度，学生的出勤率一般都能达到 95%以上。项目结束时，还会对全勤同学予以表彰和奖励。

5. 现地教学项目成功进行的保证——班导师制度

现地教学项目为每个班指定一位班导师，负责解决该班学生在学习中出现的各种问题，并负责辅导作文、测试、判卷、分析试卷、HSK 讲座等事务，另外，班导师在协调该班不同课型的教学上也起到重要作用，有力地配合了课型负责人制度。当班里学生在学习上有了困难，或个别学生不遵守课堂纪律，或同学们对某课程教师有意见时，班导师会及时找学生谈话、开会，了解情况，解决问题，使教学工作能够顺畅地进行下去。在教学实践等活动中，班导师则成为该班的领队，指导学生完成各项任务；在与企业和乡村负责人座谈时，在访问农户时，班导师因势利导启发和引导学生用汉语进行交谈。班导师还热情地关心学生在生活中遇到的各种问题，积极地为学生排忧解难。班导师制度保证了学生的学习和各项活动能够顺利有效地进行，教学管理工作也有了好帮手。

四、丰富多彩的第二课堂教学活动

现地教学的一个重要目的就是充分利用中国优越的汉语言文化环境，将课上学习与课下习得紧密结合起来，为此，我们利用一切有利条件尽全力为学生开发第二课堂。

1. 参观企业和农村

项目期间，安排访问企业和农村各一次，活动多为访问农户、采摘水果、参观车间、座谈等内容。事先教师对参观地点作简要的介绍，并教给学生在参观中可能会用到的词语，同时要求学生准备要问的问题，参观结束后要求学生写报告或作文。这些活动使学生们对中国社会进行了实地考察，开了眼界，并得以用汉语与中国人进行交流。我们的体会是：参观活动成功与否，取决于准备工作是否充分。

2. 紧密配合文化技能课的观摩活动

学院在项目期间至少要安排京剧欣赏会和民族音乐欣赏会各一场，另外还组织学生看书画展览。这些观摩活动主要是为了配合文化技能讲座课的教学，提高学生的学习兴趣。

3. 文化技能课丰硕成果的大展示——发表会

项目结束时，要举行一场发表会，展示学生在中国文化技能讲座课中学习到的各种技能，是一次大型汇报演出。发表会为每一个学生提供发表的机会，因此时间一般需要 3～4 个小时。发表的形式多种多样，学习书法绘画的同学举办书画展览，学习京剧的同学穿上戏装粉墨登场，学习民族音乐、武术的同学也都登台表演，太极拳表演也穿插其中，学习中医按摩的同学现场为老师和同学提供按摩服务，学习烹调的同学将做好的佳肴分在小碟子里请大家品尝……场面异常热闹。由于学生们早就知道要在发表会上展现自己的才艺，所以上文化技能课和太极拳课时都学习得特别认真。

4. 作文比赛和演讲比赛

项目期间要举行一次作文比赛和一次汉语演讲比赛，内容不限，而实际上作文和演讲的内容多与学院安排的各种活动有关，各种活动有机地结合成了一个整体。作文比赛中写的内容常常也是演讲比赛讲的内容，可以看作同一个活动的两个阶段。比赛优胜者发给奖品和证书。比赛结束后，学院会挑选优秀作文汇集成册，发给每个同学。学生们都把能上《作文选》看作一件非常荣耀的事，所以都积极参与，写得非常认真。

5. 跟中国大学生的联谊活动

学院根据学生们的要求，举行跟南开大学中文系或外文系同学的联欢活动或座谈活动，增进双方的了解和友谊，同时也为学生们提供了用汉语进行交际的机会。

6. 体育活动和运动会

项目期间学校的体育场馆都尽量为爱知大学的同学提供方便，同时也安排他们与中国学生进行棒球、足球、篮球、排球等项目的比赛，使他们既锻炼了身体，又结交了中国朋友，并学到了很多体育方面的词汇。

7. 课堂教学的好帮手——家庭教师

学生们到校的一个星期内，学院通过学校学工部为每一位学生介绍一位家庭教师，每课时学生只需付 10～15 元钱。这些家庭教师都是从文科专业的大学生中选拔出来的，他们学习成绩好，能说标准的普通话，学院事先对他们进行外事纪律培训，并为他们建立档案，统一管理。家庭教师帮助学生理解消化课堂上所学内容，并为学生提供用汉语进行交际的机会。事实证明，家庭教师在帮助学生学习汉语、熟悉环境、了解中国文化等方面确实起到了重要作用。该项目的学习进度是比较快的，学习的内容需要有一个练习消化的过程，家庭教师既是辅导员，又是陪练员，或答疑解惑，或实际操练，起到了很好的作用。该项目的学生绝大多数都是第一次来中国，初来乍到，他们急需熟悉环境，了解情况，家庭教师与他们年龄相仿，极易沟通，既是他们的教师，也是朋友，义不容辞地担当起导游、导购的职责。正因为如此，家庭教师的辅导方式更为灵活多变，更加切合实际，有效地补偿了课堂教学的不足。语言是文化的载体，要学习一种语言，也必须同时学习使用该语言的民族的文化。家庭教师在辅导的同时一般也自觉不自觉地介绍了中国文化的方方面面。另外，家庭教师一般是学生来中国以后的第一个朋友，学生们后来跟中国人的种种交往大都以此为起点，家庭教师在学生扩大与中国人的交往、增进友谊方面功不可没。总之，家庭教师的工作是课堂教学的一个很好的补充。

五、令人满意的教学效果

现地教学项目在南开大学已经成功举办了 6 期，总的来说是越办越好，逐渐成熟。参加人数最多时曾达到 205 人。本项目的教学模式曾被日本三大报纸之一的《朝日新闻》誉为"爱大模式"。在对学生作的问卷调查中，对汉语课感觉满意或比较满意者占 61.8%，不满意或稍不满意者占 12.5%，其他为感觉一般者。对文化课程及太极拳课的满意度比汉语课还要高一些。不少学生在项目结束后，再次来南开大学长期学习。爱知大学现代中国学部的毕业生在日本社会受到普遍的欢迎，毕业生中就职者占希望就职者的 97%，在日本各大院校及爱大各学部中都处于领先地位。就职单位包括丰田车体公司、日本通运、明治乳业、第一生命保险、读卖新闻社、每日新闻社等日本大型企业和报社。另外一些同学考入包括东京大学大学院在内的各大学的大学院继续深造。爱大现代中国学部的毕业生之所以在社会上倍受欢迎，是因为他们对中国社会有着深入的了解，并且能熟练准确地运用汉语从事相关的工作，而这些长处应该说在很大程度上是得益于中国现地教学项目在南开大学的成功实施。

孔子学院汉语师资培训模式的构建与实践

崔建新

——以美国马里兰大学孔子学院为例

引言

目前，世界正以前所未有的热情给汉语以高度关注，美国也不例外。据报道，美国政府已把汉语定为战略性语言之一，随之，越来越多的美国学校将中文列入外语教学计划中。华府国防语言研究所指出，全美的中文学习项目，过去十年中以 3 倍的速度增长。根据美国语言学习先进研究中心的调查，有 640 所美国大学已经开始提供专门的中文学习计划，还有至少 102 所美国中小学已经将中文列为教学课程，其中全美国在学中学生就有 5 万人学习中文。这种趋势还在向低龄化发展，不少美国的私立幼儿园也都开设了专门针对 3 岁儿童的中文试点教学项目。可见，美国的汉语学习人数在持续增长，这就要求汉语教师的数量也应该成正比例增长。

近十多年来，美国的汉语教学跨过了两个台阶：1994 年汉语进入了高中外语选修科目，使许多社区汉语学生感受到了汉语学习的实际价值；2006 年，汉语又作为大学先修课程即 AP（Advanced Placement）（也有人译作：公立高中中文大学学分先修课）进入高中，并于 2007 年 5 月进行了第一次中文 AP 考试，这使得中文 AP 教学在美国日益成为汉语教学的一种规范模式与目标，并带来传统汉语教学的系列改革，随之，将来在美国的汉语教学，从幼儿园、小学、中学到大学在理论上就应该一条龙衔接起来。据美联社报道，美国大学委员会（College Board）作了一项调查，显示全美有超过 2400 所大学有意在进阶先修课程项目即 AP 中增添汉语课程，这对美国汉语教学又是一个新挑战。面临这种形势，在各个层次上设计出符合其外语教学目标和沟通模式的教学活动就成为汉语教师的职责，而只有具备良好业务素质的汉语教师才能做到。

　　除了正规学校外，美国中文学校遍地开花，尤其是华府及附近的马里兰地区，正式或非正式的有中文教学项目的语言学校分布在各个角落，吸引了大量的华人子弟和其他族裔来学习汉语及相关的文化知识。各个学校急需汉语教师，专业教师更是难求。而彼此之间的竞争也是客观的，所以建设一支水平高素质好的教师队伍已经成为组织者和参与者共同面临的任务。

　　要推动美国汉语教学正常发展，最基本的是要有一个好的教师队伍，这既要有数量上的保证，也要有质量上的要求。但众所周知的一个事实是：合格汉语教师的缺乏一直是美国汉语教学发展的一大瓶颈。有专家指出，如今美国大肆兴起的汉语热让本来就不充足的师资队伍显得捉襟见肘，而各个语言培训中心的老师水平更是参差不齐。亚洲协会官员还指出，这种现象反映美国许多学校还没有为汉语热作好充分准备，他们不知道应该如何开始、也不知道应该如何维持汉语教学项目，而且合格的汉语教师也明显不足。这种意见切中肯綮。我们只以美国东部最大的中文学校希望中文学校为例，它所属的 6 大校区最多的注册学生有八九百人，最少的也有 150 名，总数在 4000 名左右，可汉语教师只有 150 人左右，其中男性老师不到 10 位。比例分配上就可以看出教师数量趋于紧张。再从来源上看，与北美总的状况相似，93% 的老师所学专业都与汉语或者汉语教学无关，他们所获学位大部分都在硕士以上，但所学的是气象、电脑、生物、财会、物理、法律、经济等，远离所教专业，只有少数人是外语或者教育专业出身，个别的才有中文专业学历。其中有的老师就是因为孩子在这里学习缺老师才走上汉语讲台并对汉语产生兴趣的。这种专业基础势必影响教学质量，学校的组织者看在眼里，急在心上，试图通过培训提高专业水平，以适应教学需要。老师们自己也有这种意愿，试图通过培训走进这个专业领域，进而提高教学水平。

美国汉语教师缺乏的现状已经引起各方关注，中国有关方面正积极努力，试图帮助美国突破这一瓶颈，比如从国内派专家举办讲座、从国内派任教教师等，花销庞大，但也只是杯水车薪。要解决根本问题，只能从当地出发，就地取材，才会产生影响波。而孔子学院的应运而生，正给这一问题的解决带来了契机。它是中国专业机构与国外相关单位强强结合的普及与推广汉语和汉语文化的产物，既有专业出身且富有经验的汉语教师，也有组织机构，完全可以胜任海外汉语师资培训的任务。如果操作得当，不仅省时省力省经费，而且持久有效，可以做到持续性发展。

马里兰大学孔子学院是美国马里兰大学跟南开大学合作兴建的，两年来一直致力于汉语师资的培训工作，从调查访问、观摩教学、模式构建到付诸实践，我们一边摸索一边改进，一年来已为华府地区及附近的马里兰州、弗吉尼亚州培训了 150 余名汉语教师，使他们终于对汉语教学与推广专业有了了解，并能有意识地将所学理论与方法应用到自己的汉语教学实践中。作为培训者，我们在实践中也在不断总结，不断修正，使所讲内容更容易被接受，更接近美国实际，更富有成效。下面是我们对马里兰大学孔子学院师资培训工作的概括性综评。

一、师资培训模式的构建

任何一种培训都要根据对象来设计一套行之有效的课程与教授方法，根据调查研究，我们最初对美国当地汉语师资的培训模式进行了分类设计，如下所示。

1. 系统培训模式

这是针对那些很想参加各类汉语教师资格考试、争取获得汉语作为外语教学能力证书的学员而设计的，既要有基础理论的辅导，又要有实际教学能力的培养。国内外都有此类证书的考试，但因为国内的证书对当地人就业作用有限，在国家汉办尚未出台《国际汉语教师标准》之前，我们就侧重于美国当地的一些资格标准，比如在美国有一个组织叫全美中小学中文教师协会（CLASS），曾制定了一个《全美中小学中文教师资格鉴定大纲》，对 K-12 的汉语教师提出了比较严格的标准，其中有汉语知识的要求，也有教学法的要求，实际上这个也是对一般从事汉语教学人群的基本要求，所以我们的培训课程基本涵盖了这个大纲的大部分内容，而与国内原来的资格考试大纲具有明显区别。此外，这种培训注重对学员自己学习的引导，注重其能力的训练。下面是该模式的框架。

学　　时　50～60 小时，分配在 5～9 个月内

授课语言　汉语

授课方式

专题讲授、课堂观摩讨论（如观看不同风格的教学录像，然后介绍思考的问题，围绕核心问题进行讨论）、专题作业、延伸实践等

课程目标

此培训课程特别为中文学校、华语补校、中小学汉语教师及其他希望从事汉语教学事业的人士所设立。全部课程根据实际需要进行设计，目的在于使学员具备将汉语作为外语教学的基本知识结构和教学能力，能够根据教学目的和教学对象综合运用教学方法和教学技巧，对学习者进行较为系统的汉语教学工作。

教学宗旨

此培训课程将使学员：

具备汉语作为外语教学的基本能力，包括实施教学、控制课堂的能力、处理教学材料的能力、评价与测试的能力、恰当运用教学方法和技巧的能力。

* 具备与教学需要相适应的汉语普通话水平和汉语语言文字能力。

* 具备与教学密切相关的现代汉语知识和基本的语言学知识。

* 具备职业发展能力，能够胜任各类汉语教学工作。

课程特色

学员在完成全部课程并通过考试后，将获颁：

* 由马里兰大学孔子学院颁发的《结业证书》。

* 优秀学员可以成为马里兰大学孔子学院后备教师。

* 为马里兰大学校友会正式会员。

课程结构

汉语作为外语教学的理论与实践总论

针对美国学生较有影响的汉语教学方法和技巧（观摩与讨论：美国本土学生需要什么样的教学方法）

教学环节、教学技巧与教案

如何进行口语课/精读课/综合课/听力课教学

现代汉语语音及语音教学

现代汉语词汇及词汇教学

现代汉语语法及语法教学

汉字及汉字教学

中国文化撮要

2. 速成培训模式

这是针对那些已经上岗后急需获得汉语教学知识和教学方法以增强实际教学能力的人士设计的。注重实用性，注重联系学员的汉语教学实际，注重引导学员进行实际演练，而不大关注单纯应试的培训内容。这个模式，我们也可以叫做短平快项目，可以使学员在短时间内对汉语教学及推广有一个基本了解，并能提高实际教学能力。其框架如下所示：

学　　时　2 学时/周，共八周 16 学时

授课语言　汉语

授课方式　课堂讲授、观摩讨论、专题作业、延伸实践等

课程目标

此培训课程特别为中文学校、华语补校、中小学汉语教师及其他希望从事汉语教学事业的人士所设立。全部课程根据实际需要进行设计，目的在于使学员初步具备汉语作为外语教学的教学能力，能够根据教学目的和教学对象综合运用教学方法和教学技巧，对学习者进行较为有效的汉语教学工作。

教学宗旨

此培训课程将使学员：

* 具备一定的将汉语作为外语教学的教学能力，包括实施教学和控制课堂的能力、处理教学材料的能力、评价与测试的能力、恰当运用教学方法和技巧的能力。

* 具备与教学需要相适应的汉语普通话水平和一定的汉语语言文字能力。

* 初步具备一定的职业发展能力，能够担任汉语教学工作。

课程特色

　　学员在完成全部课程并通过试讲后，将获颁：

　　* 由马里兰大学孔子学院颁发的《 结业证书》。

　　* 优秀学员可以成为马里兰大学孔子学院后备教师。

　　* 为马里兰大学校友会正式会员。

课程结构

第一周	针对美国学生较有影响的汉语教学方法和技巧之一
第二周	针对美国学生较有影响的汉语教学方法和技巧之二
第三周	针对美国学生较有影响的汉语教学方法和技巧之三
第四周	针对美国学生较有影响的汉语教学方法和技巧之四
第五周	现代汉语语音教学
第六周	现代汉语词汇、文字教学
第七周	现代汉语语法教学
第八周	观摩与讨论：美国本土学生需要什么样的教学方法
学员准备教案，试讲	
待定周	结业典礼

课程详情（略）

　　3. 伸缩式培训模式

　　根据某些学员工作需要或者作息时间的安排，对上述两种模式进行折中综合，来弹性安排整个培训课程：时间上可伸缩，内容上也可伸缩。这需要教师对具体情况有相当了解，然后对上述两种模式中的内容进行取舍，重新写出培训计划。这个模式重在灵活性和针对性。

　　4. 讲座模式

　　在教学单位中进行调查研究，就汉语教师共同感兴趣的话题进行探讨，然后举行不定期的专题讲座。

　　5. 我们在摸索与尝试中对孔子学院这一独特教学实体可能或者能够承担的师资培训任务进行了模式化分类，虽然这种分类还不完全符合严格的科学意义上的分类，但它能使我们在具体的实施中尽快有的放矢地开展工作。当然，任何一种模式在具体实施中都会根据教学中出现的实际情况进行调整，这里也不例外。

二、马里兰大学孔子学院师资培训的实践

我们在实施中的第一个合作对象就是马里兰大学附近的中文学校，它们隶属于华府附近的马里兰州和弗吉尼亚州，汉语教师众多，我们在听课后跟他们作了访谈，很快将这种培训定位于上面的第二种模式，并于 2006 年底实施培训计划。因为中文学校只有周末才开课，所以我们的培训只能安排在周六和周日，老师在这两天分别到两个校区授课。一年下来，除了正规长假期外，老师们利用每个周末跑遍了 College Park, Fairfax, Herdon, Annadale, Chantilly, Geithersburge, Rockville 等城镇，顺利完成了 4 轮培训，使 150 余名教师受益。

1. 培训秩序

我们这几轮培训都是跟中文学校理事会合作进行的，整个培训非常认真严肃，有计划有条理，教学活动完全按模式所述进行。老师准备了教学观摩光盘、PPT 及相关讲稿，有作业，学生大都按时出席，教学气氛紧张而活跃。此外，孔子学院为每位学员建立了培训档案，其中包括学员背景信息、结业教案、试讲评价等。

2. 培训效果

我们在一轮培训结束后会发给大家一张教学评价表，里面涉及教学内容、教学活动及教师表现诸多方面，目前收回来 96 张，有 96 人认为老师态度认真。有 92 人说有收获，占 96%（其中 52 人说很有收获），只有 3 人说收获不大，1 人没评价。另外，有 73 人都表示希望继续加深培训，占 76%：有人提出细化培训内容，有人希望有更多机会听更多内容。最重要的是，老师通过这张表可以知道学员们最想学到什么，然后对教学内容加以调整，使学员们觉得有用。我们进行了 4 轮培训，最后一轮内容与第一轮相比，内容已经更新了 2/5。培训不只是师生之间的一种互动，也为生生之间的互动创造了机会。结业时，每人都必须按指定课文交一份备课教案，并且走上讲台给大家讲出自己认为最精彩的部分，这样，每个人都可以从别人那里直接受到启发，学到新方法新技巧。所以，培训能使大家都有收获。尤其是孔子学院跟中文学校将对教案进行筛选，编出《教案精选集》，成为日后大家共享的教学资源。

三、余论

马里兰大学孔子学院汉语师资培训工作开展了一年，紧张而有序。由于承担培训任务的教师① 还有日常语言技能课的教学，就难以找出时间再进行其他模式的培训。随着经验的积累和学院的成长，其他模式的培训必将会逐步展开。但仅就目前我们迈出的第一步、经验和教训、辛苦与收获，已经可以为孔子学院业务的拓展提供一定的启示：

（1）孔子学院必须走出去，善于跟外界合作，共同确定培训目标与培训计划，才能使师资培训具有一定规模和影响。

（2）师资培训必须有组织有计划，严格管理，按部就班，才能顺利有效地完成。

（3）培训内容力争结合教学实际和教学需求，有的放矢，切忌大而空，比如第二种模式的培训就要避免讲大理论，而应注重教学方法和技巧的传授。

（4）培训过程中要注意互动，注意学员意见的反馈。因为任教老师毕竟都是国内派过去的，对国外的具体情况不甚了解，只有在教学中保持跟学员的交流，才会对原有培训内容作出合理调整，以满足学员的需要。

（5）孔子学院所进行的培训，受益的不只是老师，还有孔子学院自己，那就是孔子学院在社区的影响越来越大。在培训前，社区很少有人知道马里兰大学有个孔子学院，培训后，知其名者日众，尤其是当地中文报纸《星岛日报》、《美华商报》、《新世界时报》、《多维报》、《侨报周刊》等多家报纸报道后，其他地区的中文学校也来马大孔子学院寻求合作培训。

（6）孔子学院的非营利和非学历教育性质决定了它自身所进行的一些业务活动有别于其他教学单位的教学活动，师资培训也不例外，这样它就需要在横向联合与纵向深入上努力寻求自己的发展空间，才能立于永久不败之地。而各地孔子学院又有各自的特点和独特的生存空间，因此师资培训工作的本地化同样十分重要。

---

① 感谢北京师范大学汉语言文化学院李晟宇先生在师资培训工作中的密切合作。

陆平舟　　# 孔子学院的汉语教学模式探索

——以日本爱知大学孔子学院为例

　　我国政府自 2004 年启动孔子学院项目以来，到目前为止，批准启动的分布在 51 个国家和地区的孔子学院已经超过了 100 所，其发展速度已超出了预定的计划。毫无疑问，这和世人对近二十多年来中国经济持续高速发展，尤其是对中国经济持续高速发展背后的中国传统文化的支撑意义的普遍认同有直接关系。当然，我们也不能否认，在这一过程中，国内各高校，尤其是各高校的汉语教学机构，积极响应政府计划，主动联络关系学校，在促成孔子学院的建设方面作出了很大贡献。

　　当今，在世界上一种普遍的观点认为，只有以汉语为工具，以对中国文化的理解为依托，才能在未来"中国将引领世界经济发展"的过程中把握先机。我国政府的孔子学院计划，正是在这样一个大背景下出台的审时度势的重要举措，它不是一时迎合全球性"汉语热"的权宜之计，而是一项向世界推广汉语和中国文化的长期计划。

　　就目前来看，各国各地的孔子学院，虽然都是以推广汉语和中国文化为主旨，但因各自地理的、人文的以及传承关系和各自的条件与优势不同，他们各自所开展的事业内容与形式也各不相同。仅就汉语推广本身而言，因为孔子学院的非营利与非学历的教育性质也决定的它的受教育对象与传统学校的受教育对象的不同，从而，也决定了它的教学方法、手段乃至教材的不同。尽管我们不可能，也不希望把全球各个孔子学院的汉语教学模式统一化，但是，从长远考虑，我们很希望尽快摸索出一套有章可循的、至少是可资借鉴的教育模式，以期使孔子学院的汉语推广工作收到更好的效果。

本文拟以日本爱知大学孔子学院为例，对其汉语教学模式加以总结，希望能在探索孔子学院的汉语教育形式方面提供借鉴。

日本爱知大学与中国政府正式签约建立孔子学院是在 2006 年 2 月，中方依托大学为南开大学。4 月开始正式以爱知大学孔子学院的名义招收学员。

需要说明的是，爱知大学原先即设有包括"汉语会话讲座"在内的面向社会成人的各种公开讲座。孔子学院建立后，即以原"汉语会话讲座"（原有学员每期约 300 人）为基础，经过进一步的宣传与运作，在爱知大学原开设"汉语会话讲座"的两个校区，即车道（学员以名古屋地区为对象）和丰桥（学员以爱知县西三河地区为对象）校区，同时面向社会推出了不同等级的"汉语讲座班"共 35 个，首批招收学员共计 637 名，比以往骤增一倍以上，不仅获得了很好的汉语普及效果，同时，也对在海外树立孔子学院形象、扩大中华文化的影响产生了极大作用。9 月进入秋季以后，根据调查预测，学院在原有的基础上，把开设班级由 35 个增加到 44 个。招收学员总计人数达到 703 人，使全年接受汉语教育人数总计达到了 1340 人（次），年平均汉语教学在学人数 670 人（如图 1 所示）。其规模，在日本国内就面向社会成人的非学历教育来说创下了纪录，这一数字估计在世界范围内的非学历汉语教育中也属罕见。

爱知大学孔子学院在汉语教育方面的成功，除了爱知大学本身因为与中国具有历史渊远的友好关系，在汉语教育和与中国相关的诸多研究方面颇有建树和影响，爱知大学所在的名古屋地区集中了以丰田汽车为龙头的诸多与中国有合作或贸易关系的企业等优势外，我们也看到，学院针对社会成人、非学历教育的学员对象，在经营运作、教学安排与管理方面颇费苦心，自有独到之处。为此，我们觉得有必要对他们的做法加以归纳总结。

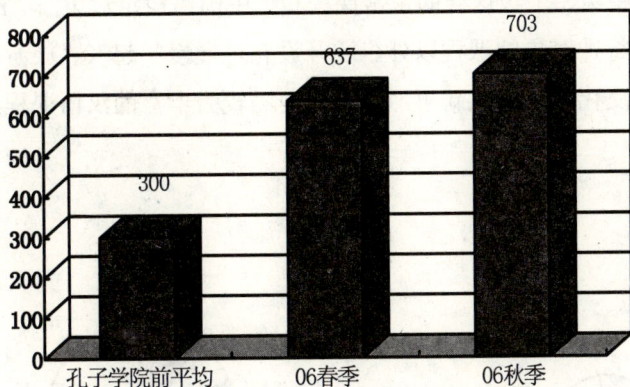

图 1　爱知大学孔子学院成立前后学员人数变化

1．因材施教的教学理念

孔子学院的性质决定了其教学对象的特殊性。因此掌握受教育者的基本性质，有的放矢地设置班级层次、安排教学内容是爱知大学孔子学院实施汉语教学的根本方针。爱知大学孔子学院对学员采取的是会员制做法（一次入会三年有效），从而有可能把会员的性别构成、年龄构成、身份构成、学习目的等基本因素作为安排教学的重要参考依据。以 2006 年秋季为例，爱知大学孔子学院的学员构成情况如下（如图 2～5 所示）：

从性别构成来看，女性比例大于男性，综合日本的社会背景来考虑，我们可以判定女性学员中家庭主妇占有较大比例。从身份构成来看，企业职员占绝对多数。从年龄来看，绝大多数学员在 30～60 岁之间。就学习目而言，真正为"工作需要"和"获取资格"的人两项相加也不足 20%，而有将近 50% 的人选择了"兴趣"。通过进一步了解，我们又知道，这里所谓的"兴趣"，与其说是对汉语语言的兴趣，不如说是对迅速发展的中国乃至发展中的中国人的思想意识变化更感兴趣。综合这些因素，我们认为孔子学院的汉语教学，总的来说，不应该也没有必要照搬学校汉语专业的课程。从客观上来说，社会成人，即使是家庭主妇，也没有学生那样的充足的学习时间。从语言的接受能力来说，我们也不能不面对成年人低于年轻学生的普遍事实。因此，合理安排课时与进度，为保持学员的普遍"兴趣"，在选择教材和教学过程中尽可能多地融入文化元素，应该是孔子学院汉语教学要考虑的重要因素。爱知大学孔子学院的汉语教育，除初级、中级、上级这样的正常课程和"中国语检定对策"、"HSK 对策"、"日汉翻译"等针对特殊对象的课程以外，还开设有"慢慢学起"、"旅游会话"、"时事汉语"、"看电视学文化"、"新人新事"等文化内涵较为丰富的汉语课程。均得到学员的认可和较高评价。

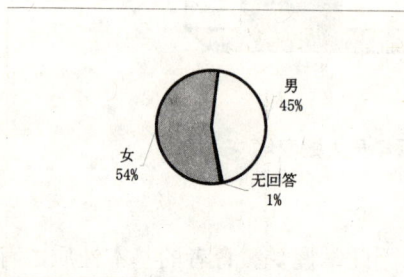

图 2　性别构成

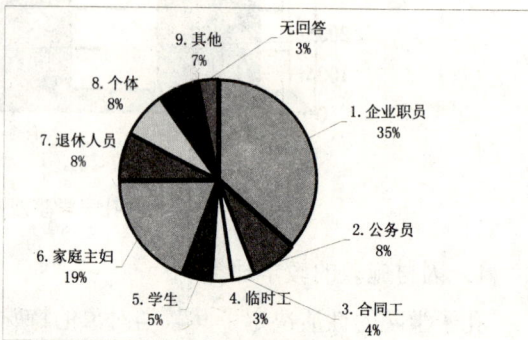

图 3　身份构成

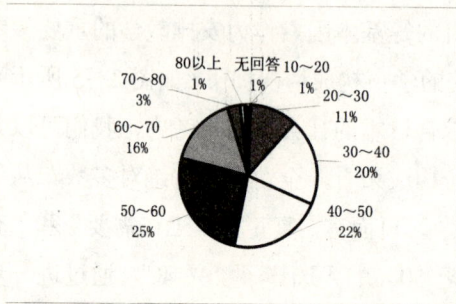

图 4　年龄构成

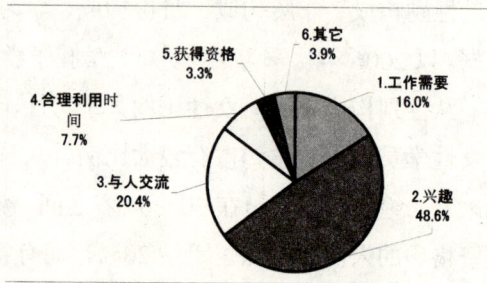

图 5　学汉语目的

2. 递进式班级设置与合理的时间安排

根据年龄和汉语学习的经历与背景的不同，爱知大学孔子学院的汉语讲座分为连续性讲座与一次性讲座两种类型。连续讲座从"汉语入门"到"准高级"共设有 33 个班。一次性讲座主要是针对有较明确汉语学习目的公司人员开设的，包括电脑汉语、旅游汉语、口语会话、时事汉语、汉语检定对策、HSK 对策、口译入门、汉语翻译等

11 个班。由于各个讲座的开设都是经过对学员对象的实际情况的具体分析，并在不同的时间段安排了不同层次的平行班，从而为不同身份的学员选课创造了很好的条件，为避免学员流失和学院的可持续性发展提供了保证。据问卷调查反映，学员回答来孔子学院学习汉语的理由，除了交通方便，其他依次是时间合适、孔子学院的成立、讲座齐全……可以说时间安排相对合理、层次齐全，是爱知大学孔子学院能够较大数量地招收到学员，实现最大限度地推广汉语的重要措施。

根据调查问卷还显示，虽然学员普遍认为学习内容"较难"，但在选择"班级设置与你的要求是否满意"一项时，绝大多数学员还是选择了"满足"和"基本满足"（分别为 60.3％和 37.2％）。今年秋天最后一次问卷调查还显示：现有学员中，60％的学员属于从过去的汉语讲座中延续下来的，36％是今年春天的延续者，除了新增加学员的4％以外，可以看出，总计有 96％的学员都属于孔子学院的继续型学习者（如图 6～9所示）。

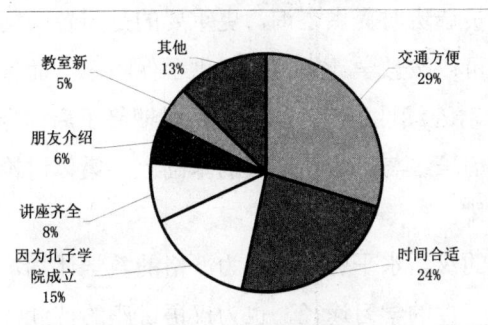

图 6　选择孔子学院的理由

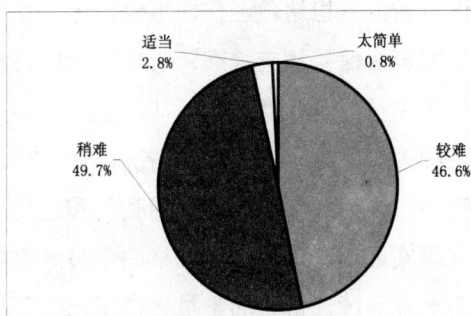

图 7　讲座内容

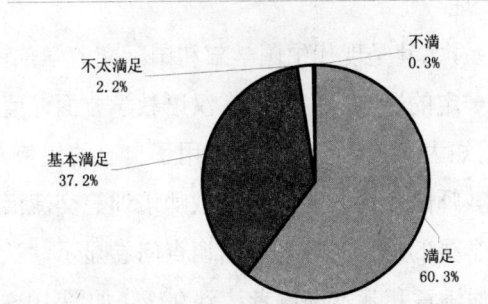

图 8　对学习内容是否满意

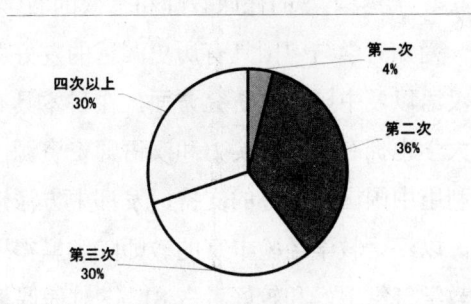

图 9　参加次数

在这里有必要顺便提及的是，爱知大学孔子学院的汉语讲座，虽然按照日本大学的习惯，分为春季（每年 4 月开始）和秋季（每年 10 月开始）开讲，但是，考虑到绝大多数学员是利用业余时间来此学习，而每个讲座原则上每周只有两个小时以及语言学习的连续性的特征，同时，也是应学员的要求，两个季度的讲座之间并没有因为学校的假期而中断。即，除了日本的"正月（新年）"休息两周以外，目前孔子学院的讲座计划是全年滚动进行的。这对于任课老师和相关工作人员来说，意味着他们必须放弃假期。爱知大学孔子学院在这方面也获得了任（兼）课老师对汉语推广工作的足够理解和支持。

3．各讲座的介绍与事先咨询措施

爱知大学孔子学院坚持在学员选班时提供汉语水平咨询（面试）及对适合班级的介绍。

采取这样的措施，本来是为了帮助学员解决选课时的困惑。但事实证明，由专业的汉语教师承担这项工作，不仅仅可以在学员选班时提供咨询，更重要的是为各不同层次的班级保持相应水准，为各连续性班级可以按教学计划授课提供了保障，从而也保证了学员的正常"升级"。与此相应的是，对连续性讲座，学院在每学期终了后，全体老师开会总结本学期教学情况，在充分考虑班级与班级相衔接的基础上，集体讨论决定下一学期各个班级的选用教材和进度安排。

事实证明，这种较为严格的学员选班前的汉语水平咨询和较为严格的教学计划，既为选择连续性讲座的学员提供了一条可持续性的学习途径，也为汉语讲座的持续性发展提供了保证。

4．经验丰富的任课教师和有效的教学管理

爱知大学与中国具有历史渊远的友好关系，尤其是现代中国学部和国际交流学部，在汉语以及中国相关研究方面，在日本具有一定的影响。同时，在汉语教学方面，爱知大学也拥有较强的实力和汉语师资资源。爱知大学孔子学院充分利用了自己的优势，并利用中国国家汉办的支持，发挥中方派遣教师的作用，积极开展教师培训等交流活动，以汉语教学经验丰富的教师阵容赢得了学员的信任与好评。据调查问卷显示，认为教学气氛很好和较好者占 81%，对任课教师满意和基本满意者达到 99%（如图 10～11 所示）。

另一方面，孔子学院虽然属于非学历教育，但学院对汉语讲座的管理十分严格，不仅有严格的教学计划、进度表、考勤管理等健全的制度，而且，每学期中和学期末，在所有班级就上课内容、教师情况、学习目的以及其他与教学相关的资讯，采取问卷调查的方式向学员广泛征求意见。同时，还对问卷调查结果由专门负责管理的人员及时进行分析，形成数据，以为今后的教学安排、招收学员等工作提供参考，与任课教师相关的资讯则及时再向任课教师反馈。

学校历来存在教与学的矛盾。爱知大学孔子学院在学员中定期实施问卷调查，并在此基础上形成图表式的反馈分析报告，在很大程度上为解决教与学的矛盾发挥了作用。它不仅保证了良好的教学效果和秩序，也为募集学员、安排教学、实施管理提供了依据，积累了经验。

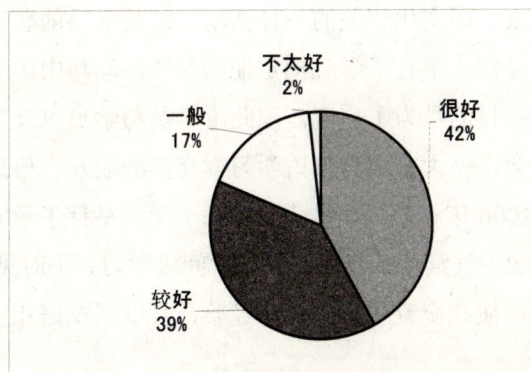

图 10　教学气氛

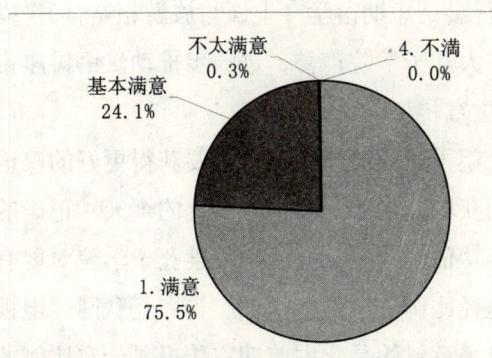

图 11　任课教师

5. 有效的学员管理措施

爱知大学孔子学院对学员全部实施会员制管理。对爱知大学校友具有优惠措施的孔子学院会员制度，不单是为了满足教学管理上的方便，更是为了统筹把握学员的整体特性，以便更好地安排教学。为保证会员制的实施，爱知大学为孔子学院的会员证持有者提供了如下待遇：（1）可以享受爱知大学向在校学生提供的各种服务，比如，享受爱知大学三个校区各图书馆馆藏资料的联机检索与互借、利用语言视听学习室。（2）自由出入、利用大学向学生开放的教室及设施。（3）免费参加爱知大学举办的各类讲座及活动。（4）免费或优惠利用学院专门为学员建立了关系的其他公共或私立设施（展览馆、美术馆等）。这些措施，无疑也是爱知孔子学院吸引学员的一个有利因素。

6. 定期的联欢活动与中国旅游计划

积极开展与汉语或中国文化相关的各种活动，既是学员的普遍要求，也是广义上的文化推广。因此，爱知大学孔子学院把定期的联欢活动与中国现地旅游列入了每学期的计划。语言学习的目的是为了交流，因此给学员与学员以及学员与老师提供更多的和更宽松的交流机会，使大家成为汉语学习、交流的朋友，信息交换的伙伴几乎是每个学员所希望的。2006 年春季讲座结束后，孔子学院举行了学院成立以后的第一次联欢会，学员踊跃参加，气氛活跃，使在不同时间段学习、平时见不到的"同学"，成了真正意义上的同学，彼此交流学习体会与经验，尝试用汉语相互沟通，收到了很好效果。

中国现地旅游计划将自 2007 年 8 月开始实施，拟按照"主题短期留学（京剧欣赏、中国画学习等）"、"旅行会话短期留学（上课与旅游相结合）"操作。据初步调查，学员反应积极，这将对扩大孔子学院声誉、进一步推动汉语讲座带来积极影响。

7. 有的放矢的招生宣传

孔子学院并不寄希望于商业运作，但是，要获得更好的汉语普及效果，就有必要进行招生宣传。在人们获取信息的手段不断变化的今天，正确的判断、选择有效的宣传途径，可以得到事半功倍的效果。据爱知大学孔子学院对现有学员调查，学员获得孔子学院汉语讲座的途径比例依次是：报纸广告、互联网、电视广告、朋友介绍、其他途径和报纸插页。出乎意料的是，占前期宣传投入一定比例的地铁广告的收获率竟然是零，而投入最少的互联网主页竟然排在第二位。由此可见，随时掌握人们获取信息的手段，合理分配宣传投入，最大限度地有效利用网络资源才能使我们的工作获得更好的社会效益。

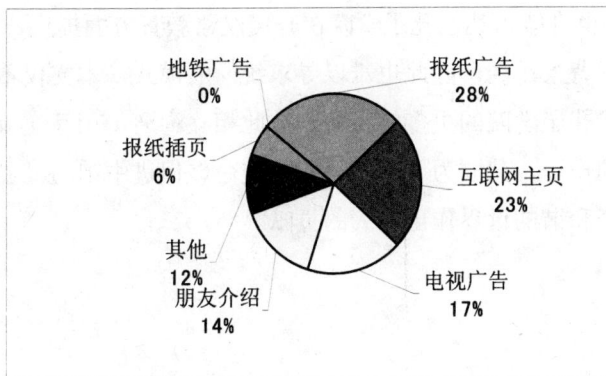

地铁广告
0%

报纸广告
28%

报纸插页
6%

互联网主页
23%

其他
12%

电视广告
17%

朋友介绍
14%

图12　招生宣传效果（2006年秋季）

8. 存在的问题与建议

　　爱知大学孔子学院存在的最主要问题，实际上也是所有孔子学院普遍面临的问题，就是教材的短缺和不适用。众所周知，目前的汉语教材大多是针对在校学生的专业汉语课程或公共外语课程而编写的。因此，无论从课时安排上还是进度上都很难适应孔子学院的教学。此外，如上面已经讲到的，成人教育无论从接受能力上还是从兴趣或目的上也都不完全等同于在校学生。因此，短周期、高重复性练习、高实用性以及针对性较强的高商务信息、高文化含量以及时事性较强的各个层次的汉语教材已成为目前成人汉语教育的迫切需求。

　　此外，各孔子学院的教师或兼职教师缺少联系与交流的渠道。他们虽然面对类似的学习对象，各有面向成人的汉语教学体会，却没有交流的平台和机会。有时他们的工作甚至被认为不能与学历教育同日而语。从这个角度来说，我们一方面应该重视孔子学院教师的培训与管理，另一方面也应该给予孔子学院的教师充分的肯定和评价，从学术的角度重视孔子学院的教学与管理，为所有孔子学院的教师提供交流的机会或平台，也不妨尝试"国际讲师团"、"国际观摩团"等手段，逐步帮助孔子学院教师队伍提高整体水平。

　　总的来说，爱知大学孔子学院自2008年4月正式开校以来，因为有过去公开讲座的基础，再加上中国政府的大力支持，经过在讲座设置、教学管理等方面的积极努力，在短短的一年中，讲座数和汉语学员数都有了明显的增加，在汉语教育方面取得了较大的成果。其做法也许能为其他孔子学院在开展汉语教育方面提供一定的参考。但是，各地的情况不一、背景不同，因此也难以寻求统一的模式，本文仅希望以此为开端，以获得全球其他各孔子学院的更多的经验，彼此相互沟通，相互交流，发挥孔子学院在汉语教育方面的作用，共同为履行孔子学院使命、促进中国与世界各国人民的交流和理解、创造一个和谐的世界作出更大的贡献。

高建新 　　**对外汉语实践教学**

　　　　　　　　　随着中国改革开放的不断深入和发展，来华学习汉语的留学生越来越多。部分留学生来华学习汉语的目的是为了掌握汉语这门语言工具，作为他们今后谋生的手段；相当一部分留学生学习汉语的目的，是为了研究中国文化、经济、社会的发展；还有的来华留学生着眼点放在我国的历史上。新的历史时期对我们提出了新的课题。对外汉语教学只强调语言技能训练中的听、说、读、写是不够的，语言教学不能与文化脱节。语言不能脱离文化，一定的文化制约着语言行为。但是具体到实际教学活动中，究竟应该加强哪些方面的内容，如何使这些文化内容的教学与语言教学有机地融为一体，我们一直在思考，力求找出一条切实可行的新路。

　　基于上述原因，我们不仅从理论上要搞清楚对外汉语教学中语言自身的文化因素、词汇间的文化内涵，还要重视语言生存的基础。作为语言除了有其内涵外，还可以表现出一定的时代性和社会性，生动地反映出一个民族的传统、历史、社会心理，能活灵活现地表现在我们的现实生活中。田桂民先生在他的文章里列举了如"青梅竹马"、"空谷幽兰"、"梅妻鹤子"、"花容月貌"、"雨后春笋"等成语，这些成语及其含义真的是太美了。但是，这些美妙的词句，正像田桂民先生在他的文章里写到的，"不了解中国传统文化所特有的审美情趣的外国人，是很难对这些中国人民看起来充满诗情画意的词语产生出高雅的联想，更无从体会这些词语产生高雅的联想，更无从体会这些词语背后所蕴含着的岁寒三友、傲雪斗霜、高风亮节、孤芳自赏等丰实深刻的文化内涵"①。的确是这样，成语背后的典故他们很难知晓，包括现今社会上新派生出的一些词语。如果我们只从书本到书本，那就很难使留学生弄懂一些特定汉语的含义。假如我们能够定期带领学生们走出去，到社会上去，不局限于书本与课堂所教授的知识，在领略中国自然风光、人文景观和深入社会现实的同时，实地了解课本和课本以外的中国社会文化，包括诸如风土人情、宗教、礼仪、风俗习惯等，无疑会加深学生对课堂知识的理解，提高外国学生学习汉语的兴趣，也有助于巩固教学成果。

中国地大物博，历史悠久，各民族间存在着文化差异，地域上存在着南北差异和城乡差异，不同的历史时期反映着不同的文化。为了使学生更深入地了解中国，了解中国文化，加深理解课堂上所学的知识，多年来我们一直坚持安排社会实践课，使学生们投身于社会，投身于大自然，直接体验在语言课堂上所体验不到的东西。在天津蓟县，同学们看到了万里长城，它是中华民族五千年灿烂文化和古老文明的象征，是世界七大奇迹之一。雄伟的长城像一条巨龙盘亘在连绵起伏的崇山峻岭之中，尤其是有河从长城中间穿过，宛如巨龙嬉水。龙是中国人的图腾，龙是中华民族的象征，更确切地说是一种文明、一种精神——不屈不挠的民族精神。外国留学生看到这一切无不为之惊叹，美妙、神奇的世界极大地激发了他们的表达欲，他们在课堂上学到的知识、技能于是有了"用武之地"，他们或用书信、或用日记、或用散文等体裁将这一切写成文章，他们的语言技能就在这种实践中得到了提高。

学生们下榻的山庄宾馆，是被仿古的城墙包围着的四合院落建筑。四合院引起了他们浓厚的兴趣。我们以四合院为话题，向同学们讲述了中国的建筑文化，介绍了中国古代的家庭模式是几辈人生活在一起的家族生活形式，为了使众多的家族成员生活方便，于是有了这种四合院式的庭院建筑。由于历史的变革、社会经济的不断发展、生活的便捷，中国的家庭也从传统的世系同居模式向小型化、独立化演变、发展。有的学生以前只从书本上看到和听说过中国的四合院，但在城市里他们很难看到真正的四合院到底是什么样子，也很难了解它有什么功能。这次在山庄宾馆他们身居四合院

---

① 田桂民：《对外汉语教学应注重文化知识的传授》，《南开大学学报》，1997年第6期，第52页。

中，亲身体验到了中国四合院的文化氛围，学到了在书本上学不到的知识。

　　登览过壮观的万里长城，同学们又来到了长城脚下的村落——小平安村。小平安村共 30 余户人家，散居在山坡上和路两旁，山坡上种满了果树，柿子、栗子、山楂挂满了枝头。全村农民生活都已达到"小康"水平。什么是"小康"？外国学生并不理解其真正的含义。在访问农户的过程中，同学们目睹了农民的生活情况、居住条件，看到了挂满枝头的果实。农户主动介绍了他们家里的经济情况。他们除了以种植果树、庄稼和饲养家禽、家畜为经济来源外，平均每户都有在乡镇企业或旅游业工作的人口，所以每家生活都很富裕。小平安村居民家家购置了摩托车，有的农户还买了拖拉机或汽车，家家户户过上了安居乐业的生活。通过参观学生们不仅对什么是"小康"找到了答案，而且知道了"亦工亦农"等词语的具体含义。同学们有了住四合院的体验，知道了四合院文化，访问农户时又亲眼见到了"三世同堂"、"四世同堂"的家庭的真实生活情景。在访问农户时，正逢一家农民娶亲。学生对中国北方山区农民的婚娶习俗饶有兴趣——从新房的布置、新娘的穿着、头饰，到新房床上的栗子、红枣、花生……我们就这习俗和文化现象一一加以讲述。中华民族对红色有一种偏爱，新娘子身穿红色的衣服表示喜庆、吉祥，红色还有避邪之意。龙凤组合的头饰代表"龙凤呈祥"：在中国古代把男人比作龙，中国人称自己为龙的子孙，女人比作凤，凤是百鸟之王，龙与凤的结合意味着吉祥如意，婚后的生活幸福美满……如今生活在城市里的青年人对这些婚礼习俗很陌生，对于其风俗习惯和文化现象更是了解甚少。这个巧合让外国留学生意外地获得了中国北方农村的习俗和地域性婚嫁文化方面的知识，为他们今后了解中国文化、研究中国历史和现状提供了一个素材。

　　在参观蓟县乡镇企业程子口毛纺厂时，同学们也有感而发。在参观过程中，他们不仅仅了解了中国的改革开放给农村带来的变化，直观地了解了工厂的规模以及工厂以来料加工的方式出口毛衣给企业带来的效益，而且从每位工人的干劲儿和劳动热情中都可以看到一种精神，一种中华民族振兴的精神，在他们的身上可以感觉到中国经济腾飞的必然性。除此以外，同学们还知道了"打破大锅饭"、"按劳取酬"、"个人承包"等词语的含义和来龙去脉。

　　承德的教学实践把学生们带入了清王朝的文化时代。避暑山庄建筑精美，景色秀丽，山、水、楼台、亭阁无不显示出中国古代人民的聪明才智，使同学们领略到中国古代工匠的高超技艺和设计者的巧妙安排。外八庙建筑既有各民族的特色，又有汉式建筑的风格，从一个侧面体现了中国这个多民族大家庭和睦相处、共同发展的民族大团结。承德的教学实践活动对外国留学生了解中国历史、宗教、建筑有很大帮助，人文景观也对他们学习汉语、领会汉语的含义起到重要作用。

　　摆正了语言、文化、社会三方面之间的关系，我们就可以有的放矢地合理安排好教学。教学实践是课堂教学的延伸，是对外汉语教学中一个不可或缺的环节。如何有效、合理地安排教学实践，为语言学习提供一个更广阔、更有效的语言实地训练的空间，在这方面我们已经迈出了可喜的一步，也取得了一定的经验。但有很多问题还有待我们进一步探索，其中有一些具体问题也有待我们去合理地加以解决。我们相信，在探索开拓对外汉语教学的新路中，语言教学实践活动将会越来越显示出它在整个语言教学中的巨大功能。

给留学生作京剧讲座

刘佳

京剧是中华民族最伟大的艺术创造之一，虽然古老，却仍然对成千上万的"新新人类"有着致命的诱惑。京剧，也曾经在祖国积贫积弱的时代走出国门，让无数骄傲的蓝眼睛为之折服，让一双双忧伤的黑眼睛焕发出奕奕的神采。那么在如今瞬息万变的世界文化背景中，如何让我们的京剧在外国友人心中保持永恒的魅力呢？

在大学教书，使我有机会接触来自世界各国的学生，向他们介绍京剧艺术也成了我的一项神圣使命。每当看到他们欣赏京剧时那如醉如痴的神情，我都觉得特别骄傲。然而渐渐的，我发现让外国人喜欢京剧并不是什么难事儿。

2001年，我随南开大学外国语学院京剧团出访日本函馆，这是京剧第一次来到这个风光秀丽的小城。尽管开场时惊天动地的锣鼓让好多函馆人有点儿不知所措，可他们很快就被舞台上的一动一静所吸引，看得聚精会神，终场时更是报以长时间的掌声。一位观众在看了我演的《霸王别姬》以后说，虽然听不懂唱词，但能体会出这是一个悲伤的故事，而她也早已被那迷人的音乐和舞蹈深深打动了。看来，语言和文化的差异不仅不会减弱京剧的魅力，还宛如一层神秘的面纱，让她越发绰约多姿。

为外国学生开设京剧讲座的时候，京剧的魅力也常常超乎我的想象，不需要千言万语，一句唱腔、一幅脸谱、一个程式都能让听者感动。京剧的美是超越国界的，征服国际友人的不是我们的长篇大论，而是京剧自身卓越的艺术表现力与感染力。

我们可以轻而易举地使外国人迷上京剧，还得益于京剧的国际知名度。许多外国人虽然从未看过京剧，可都知道这是门了不起的中国艺术，不少人慕名而来，专程到中国领略京剧的风采。因此，我们不需要提醒外国人京剧是多么伟大、多么有名，就可以很自然地带着他们陶醉于京剧的美丽。可以说，听者是怀着一种认同感来聆听我们的介绍的，这不仅省去了许多铺垫，可以直接切入主题，也使我们的话容易得到正面的接受。仔细想想，京剧与交响乐、芭蕾舞这些世界性的艺术不同，她是纯粹的中国艺术，是前辈大师为她赢得了国际性的声誉。

从 1919 年梅兰芳先生第一次访问日本开始，京剧便踏上了走向世界的征途，历经几十个寒暑，终于从东瀛的小舞台走上了广阔的世界舞台。今天看来，这一过程仿佛是顺理成章的。可当时中国正处在内忧外患之中，要用自己的艺术感动世界谈何容易！京剧能不能走出国门？京剧要如何走出国门？梅兰芳大师在齐如山、张彭春等前辈学者的协助下，经过深入的调查和反复的论证，摸索出许多行之有效的方法，既保持了京剧的原汁原味，又便于外国人理解和接受。如今，这些方法依然是我们可资借鉴的宝贵财富。

前人为我们开辟了道路，京剧本身卓越的艺术感染力又有着超越国界的力量，依靠这两个得天独厚的条件，让外国人接受京剧、喜欢京剧并不难，难的是如何让这种一见钟情似的爱保持长久。首先，要让他们学会尊重我们的民族艺术，有了尊重，爱才能持久。

许多没接触过京剧的外国人，往往怀有一种神秘感、新奇感，这当然有利于他们去主动地了解京剧，可在他们模糊的认识中也往往包含着某些误解甚至偏见。去年，我担任第一届天津国际少儿艺术节文化夏令营的京剧鉴赏课。头堂课还未开讲，一个韩国男生突然傲慢地发问："听说京剧里有不少男人演女人，女人演男人，所以京剧演员净是同性恋，是不是？"对于这种"傲慢与偏见"，任何正面的反驳大概都不会奏效，我想最有说服力的还是京剧本身。在一周的课程里，我向他们介绍了京剧的基本艺术特征，和他们一起欣赏了经典剧目，还教了他们几个旦角的程式动作。当那个韩国学生正在兴致勃勃地模仿小姑娘开门关门的动作时，我问他："现在你觉得京剧把你变成同性恋了吗？"他笑着说："不，京剧是美丽的艺术。"由于外国人对中国文化的一知半解以及某些影视作品的影响，容易让他们产生误读的现象，这时候就需要我们的正确引导。如果为了迎合某种猎奇心理，再给添上点儿"戏说"，京剧在他们心里恐怕就要变味儿了。

近些年"外国人唱京剧"火暴荧屏的现象，的确有其积极的一面，但也容易使我们陷入一种单纯迎合他人的误区。其实，外国人在中国唱京剧和中国人在外国唱歌剧本来不应该有什么本质上的分别。既然是为了学习我们的经典艺术而不远万里地来到中国，那就应该让他们像那些在外国深造的中国歌唱家一样，接受正规的专业训练，而不能学个三拳两脚就上台当笑星，那样做不仅会让他们误认为唱京剧很容易，从长远角度讲还会损害京剧在外国观众心目中的形象。

当然，想要获得别人的尊重，自己先要尊重自己。在函馆演出的时候，日本朋友对准备工作的一丝不苟，以及观众的郑重其事都让我们很受感动。可刚回到后台，一位担任翻译的中国小姐为了让我们在第一时间赶去和日本朋友吃饭，竟然催得大家连戏装都没来得及收拾。仓皇回首，看到那一件件让无数日本朋友竟折腰、此刻却丢得七零八落的行头，心里不禁涌起一阵悲哀。席间有不少人在对京剧表示赞叹的同时也对我们卸装之神速表示惊奇，他们说这可是歌舞伎演员所办不到的。其实，京剧的服装和化妆远比歌舞伎要复杂得多，日本人可以理解歌舞伎演员的辛劳，而我们的同胞为什么就不能理解自己人呢？看来，在京剧逐渐走向世界、得到越来越多洋人的热爱和崇敬时，想让每一个华夏子孙都能够理解她、珍爱她，我们还有一段很长的路要走。

其次，要让外国人真正感受到京剧的博大精深，我们还要思考一个问题：关于京剧，应该给外国人看什么，怎么看？

在向留学生介绍中国文学时，我曾给他们讲到过《三国演义》一书。当时，我非常想借助一些声像资料帮助学生理解。电影、电视剧、话剧，想来想去，脑海里印象最深的只有京剧。但学生能否理解京剧程式化与虚拟性的表现方法，这一点我实在没有把握，可我还是想尝试一下。结合戏曲故事片《群英会》，我简要地介绍了中国古典小说与戏曲的关系以及各自的艺术特征。开始的时候，学生们的确很难把小说的写实主义风格和戏曲的写意性联系到一块，可渐渐地越看越起劲儿，后来不用我讲解台词，也时常能心领神会。最后，大家竟不约而同地爱上了剧中的两个角色——萧长华先生饰演的蒋干和袁世海先生饰演的曹操。他们说："因为看了京剧，《三国演义》在他们心里成了一部活的书。"

学生的话让我很受启发，京剧从遥远的古代唱到今天，无论是她美妙的旋律、翩跹的舞姿还是她绚丽的色彩，都浸润着我们这个古老民族的观念、情感和心理，闪耀着一种活的中国精神。我们不能仅仅把京剧当作一种技艺来介绍。京剧既是中华文化的一部分，也是传统文化的重要载体，从文化的角度认识京剧，从京剧中开掘传统文化的精髓，都是我们责无旁贷的使命。

1924 年，印度诗人泰戈尔访问中国，题赠给梅兰芳先生一首诗：

  亲爱的，你用我不懂的语言的面纱

  遮盖着你的容颜；

  正像那遥望如同一脉飘渺的云霞

  被水雾笼罩着的峰峦。

是啊，在许许多多喜爱中国文化的外国朋友眼中，京剧、国画、民乐以及其他优秀的民族文化正是这样一座座"峰峦"——美丽又朦胧。外国人渴望了解它们，我们也希望祖国的传统文化拥有越来越宽广的舞台。前辈大师为我们开辟了道路，民族文化也完全具有感动世界的实力，而热爱民族文化的我们，有责任也应该有恒心参与这样一项民族的也是世界的文化使命，让"峰峦"尽显中华风韵，让中华文化倾倒四海知音。我们的力量可能是微薄的，但中华文化魅力无穷，我们应该对华夏文明和自己的点滴努力充满信心，世界上一定会有更多的人像我们一样爱我们的中华文化！

丰　琨　　**美国明德暑期中文学校介绍**

一、学校情况简介

明德大学在美国东北部的佛蒙特州（Vermont，又名青山州），是一所规模不甚大、知名度却很高的私立大学。明德大学是美国知名的文科类大学，建于 1800 年，至今已有近 200 年的历史，尤其以其暑期语言学校在世界上享有盛誉。明德暑期中文学校始创于 1915 年，至今已经有 93 年历史。最早开设的是西班牙文，随后相继开设了法文、西班牙文、意大利文、俄文、中文、日文和阿拉伯文 8 种语言学校，中文学校始于 1966 年。

二、语言誓约

语言誓约在明德暑期项目中扮演着重要的角色，是明德大学的标志之一，学生在开学典礼后签下语言誓约，誓约即刻生效。语言誓约内容如下："In signing this Language Pledge, I agree to use _____ as my only language of communication while attending the Middlebury Language Schools. I understand that failure to comply with this Pledge may result in my expulsion from the School without credit or refund"。直到学生期末离开校园

为止，学生在全部日常生活和学习过程中必须使用目的语，阅读英文期刊杂志等书籍、观看英文电视电影都是不允许的。学生的宿舍内不提供电视，宿舍活动室有电视，但仅播放目的语国家的节目。当然发生紧急情况，或者必需与亲人朋友联系时，可以使用英语，不过不可以在公共场合，而且要低声，不可以影响他人。至于一年级的学生（以中文学校的学生为例），由于入学前基本没有接触过汉语，完全地实施语言誓约并不实际，所以允许学生在课堂上必要时可以用英文提问，但课堂以外的宿舍、餐厅也同样不可以使用英文。为了使学生在公共场合也可以说话，一年级在第一天上课时就开始练习"Survival Chinese"，这样即使是零起点的学生也可以用一些简单的对话交到朋友。

三、教师培训

明德暑期中文学校的师资主要来自美国各州大学、中国大陆和中国台湾知名大学的中文教师。为了提高教师教学质量，每年暑校老师要提前一周到明德，接受教师培训。以 2007 年教师培训为例，培训分为两步：第一步是上课前三天的集中培训，由白建华校长主持，首先是白校长对该项目的情况、教学理念、方法、技巧进行介绍。然后由各年级主任老师对本年级的主要教学任务、教学方法进行介绍，使老师对暑校的教学情况有一个整体的认识。接下来是张曼孙老师针对"如何进行一堂紧凑、流畅的语言课"进行培训，细致地讲解了如何作好课前准备、教学注意事项、教学技巧等方面的问题。在初步的培训之后，由第一年在明德任教的老师试讲，然后就其试讲中的优缺点进行讨论。之后有三个专题讲座，分别是张曼孙老师的《如何教发音》、陈彤老师的《怎么教阅读》和吴凤涛老师的《OPI（口语水平考试）培训》。第二步培训在开学的第二周，由张曼孙老师主持，她在第一周进行教学观察，观察对象以新老师为主，并进行录像，将教学中的问题进行总结。第二次培训主要针对教学中存在的问题，以解决实际存在的问题为目标。

四、教学环节

1. 备课

每周老师集体备课两次，备课前布置备课任务，备课会上直接讨论。备课会上除了备课以外，还会讨论最近两天学生的情况，教学中有什么问题，讨论研究解决方法。

2．上课

每个年级都是两节大班课，两节小班课。

一年级大班课一节用来进行语法讲练，一节用来进行读写训练。小班课第一节属于活动课，有两项任务：复习前一天所学语法和对话练习。第二节主要是对新语言点的操练。

二、三、四年级大班课主要进行语法讲练，阅读听力练习，两节小班课一节是语法操练课，另一节是活动课，活动课主要进行对话练习或针对课文进行半开放式讨论。

3．一对一谈话

周一到周四每人每天 15 分钟，一年级一对一谈话内容也是经过备课会讨论的，一般是通过与学生对话练习当天所学语言点，并进行纠音。

4．Office hour

周日到周四每天晚上 8：30～10：00，由老师轮流值班，解决学生学习中的问题。

5．测试

在开学之前，二年级以上学生都要参加笔试、电脑阅读考试和 OPI 考试，考试成绩决定学生所在年级。正式上课以后，每天有小考，一般是听写词语或句子，每周有周考，第五周有期中考试，周考和期中考试都包括笔试和口试。期末考试与开学之初考试方式差不多。

6．学生评估

学生最后的成绩根据以下几个方面决定：出勤率和课堂表现、作业、发音练习录音（一年级）、周考（包括笔试和口试）、期中考试、期末考试。

老师会在分别第三周、第六周和第九周对学生进行评估，评估共包括 11 项内容，包括听、说、读、写、语法、词汇、发音、流利度、准确度、学习动机、语言誓约等内容。每项最高 5 分，最后的成绩以 A、B、C、D 计。前两次的评估结果在一对一谈话中通知学生，告知其在这段时间内学习的优缺点，并给学生提出相应的建议。学生在期末会接到一份详细的评估报告。

7．教学评估

学生对老师的教学评估有两次，分别在第二周和第九周进行。评估主要包括一些内容：Presentations were clear and well organized；Instructor stimulated class participation；Instructor stimulated intellectual curiousity；Handouts and visual aids were used effectively；Instructor kept students informed of their progress；Class time was used constructively；Instructor generated interest in the material；Instructor generated enthusiasm for the subject；Instructor was well prepared for class；Student questions were answered well；Instructor was available to assist students outside of class。每个问题有 6 个选项，分别是 Strongly Agree，Agree，Neutral，Disagree，Strongly Disagree，N/A。最后一个问题是：Overall , I would rate this instructor。选项分别是：Very High，Somewhat High，Average，Somewhat Low，Very Low，N/A。此外学生还会对老师的教学工作写一两句简单的评语。

8. 课外课

每周有课外课，包括诗歌、书法、烹饪、麻将、象棋、曲艺等，学生可以根据兴趣选择。整个暑期会有 5 次晚会，其中 4 次是由各年级学生分别组织的，另外还有 1 次最大的晚会叫做"中国之夜"。每周末都有一些娱乐活动，如看中国电影、欣赏中国古典音乐等。

五、OPI 考试

OPI（Oral Proficiency Interview），口头面试资格，顾名思义是一个测试会话能力的标准测试。它通过美国外语教师协会（ACTFL）来管理，近年来，受到越来越多的企业和政府的广泛承认。这种考试有统一的标准，是目前口语测试中比较科学和系统的一种方法。OPI 最突出的特点是考试内容跟学生所学的教材和课程没有直接的关系，是一种能力的测试，所以学生考试前不必作任何准备，也无从准备。

（1）OPI 的四个方面

第一，能做什么。考察学生能用中文完成什么任务，也就是检测学生已经掌握的语言功能（functions），比如叙述、描写、提问、回答、解释、假设、辩论。

第二，能谈什么。包括谈话的内容、语境、范围以及应变能力。通过这些方面我们可以大概确定学生的汉语水平，初级水平的学生的话题一般都是围绕日常生活，而水平较高的学生则可以涉及经济、政治、文化、风俗等各个方面。

第三，语言的准确性。包括语法、语音、词汇、语速、流利程度以及所用的语言得体不得体等几个方面。

第四，语言的形态。考察学生是用单词、短语，还是用完整的句子、段落来表达。

（2）OPI 的程序和步骤

考试时间一般为 10～30 分钟不等，明德三年级以上学生的考试一般要持续 45 分钟，因为汉语水平越高的学生，我们越难找到学生语言能力的上限，所以需要更多的问题来确定他真正的语言水平。考试要用录音机进行录音，便于试后复听检查和评分。考试一般有以下几个步骤：热身准备（warming up），查清底线（level checks），寻找并确定上线（probes），收尾结束（wind-down）。

第一，热身。这个阶段问题通常比较简单，主要作用有两个：一是帮助考生消除紧张情绪，适应考官说话的语音语调以及语速、说话方式等；二是使考官对考生有一个初步的了解，并寻找问题线索，选择适当的话题去挖掘考生的潜力。

第二，查清底线。这一程序是热身的一个延续，所谓底线，就是指考生最能轻松愉快地去回答考官问题的一个级别。对于这一级别的问题和任务，考生都能比较自如地应对，毫不费劲。

第三，寻找并确定上线。在这个过程中，考官逐渐提高问题难度：如果考生仍能够应对自如，则需要不断提升问题难度；如果考生开始词不达意，频频出错，重复或不自觉地使用母语，那么考官可以就此打住，这便是考生的上线。之后考官逐渐将问题难度降低，过渡到最后一个步骤。

第四，收尾结束。因为在寻找上线的过程中问题难度较大，学生比较狼狈，收尾的目的是恢复考生的自信，肯定其能力，回到考生能轻松应对程度的问题上。

需要注意的是，底线和上线的确定并不是一轮问题就能大功告成的，往往需要反复多次的测试，从不同的侧面、角度、题材去考察学生真正的语言能力。另外，很多考官比较重视语言的准确性，而忽略其他方面，过多地注意语法和词汇方面的错误可能会掩盖考生其他方面的能力。有些考生说话很流利，词汇也比较丰富，语法错误很少，但是其叙述和描写的能力却很低。特别是有些华裔的学生，表达很流利，发音很标准，但他们不大会谈论比较抽象的事情，也不会假设、推论等，所以在确定这类考生上线时一定要慎重。

（3）评分标准

OPI 分为四个等级：初级、中级、高级、超级。每个等级还可以再分成上、中、下三个档次。

初级水平：这一类学生基本没有交际能力，他们的表达大多是背下来的单词短语，并不具备造句能力或者造句能力很弱，所用的词语是孤立的，缺乏内在联系。

中级水平：能够组词造句，他们可以不依靠死记硬背，初步具有创造语言的能力，能够进行简单的提问和回答。但所谈的都是比较熟悉的、眼前的生活题材，或是可以预先估计到的跟个人有关的一些内容，语句简短，问题比较简单，且非正式。

高级水平：能够叙述描写眼前的、过去的或者将来的情景，能够在非正式的场合和少数比较正式的场合谈论比较具体的、跟个人有关的人和事，一些复杂的、预想不到的情况也可以应付。所谈内容比中级水平者要广泛得多，能够使用连接词，使用段落比较连贯地表达思想，有一定的准确性。

超级水平：可以讨论各种各样的问题，既可以是具体的，也可以是抽象的，可以用假设、推论等方式证明自己的论点。这个水平的学生所说的话已经不只是单个段落，而是可以出口成章，句子结构可能相当复杂，已经可以用书面语、文言典故之类的话语去表达思想和见解，也可以生动详细地描述细节。他们的语言还是会有错误，但绝对没有 Patterned errors （固定类型的错误）。

OPI 通过不断的提问和回答来进行，考官所提问题因人而异，问题基本来自考生所提供的语料，而不是事先准备的。因此这种考试不仅对学生，对考官来说也是一场考试，因为考官一方面要确定考生的语言水平属于哪个层次，一方面还要准备后面的问题，一般来说问题是一环套一环，逐渐提升难度，要不断地从考生的回答中寻找新的问题线索，找出有针对性的问题，并穷追不舍。明德的 OPI 有两位监考老师，一位是主考，另一位可以适当做一些笔记（但不提倡做过多笔记），并在必要时进行补充提问。

如果学生水平大概在中等（intermediate）和高等（advanced）上下，考试过程中常常会进行角色表演，因为一般的对话有一定的局限性，不一定能完全把考生的语言能力展现出来，而角色扮演（role play）则正好可以弥补这方面的不足，既可以用来判断底线，也可以用来检测上线。角色扮演的问题一般写在考官事先准备好的、用英文写的卡片上。学生拿到卡片后，用英文读出题目，这样做的目的是保证学生能正确地理解问题，在学生对所要做的角色有正确理解的基础上考察其语言能力。不同级别的学生问题难度不等，比如中等水平的问题：

Your neighbor is going on vocation and has asked you to take care of things while he/she is away .Ask four or five questions to find out what you need to know.

高等水平问题：

You are traveling in China & you becoming ill.

1. Identify yourself & your address.

2. Describe your symptoms : you have a high fever, you are vomiting frequently, you are listless. And you have abdominal pains.

3. Find out what you should do.

超级水平问题：

You have just received an award from the Chinese-American Cultural Society for your work in promoting multicultural awareness. Make a brief speech accepting the award.

六、教学方法理论基础

白建华校长在进行教师培训过程中将 Focus on Form 作为重点，进行了多次的解释。Focus on Form 是近年来国外第二语言教学领域的热点之一，从字面上看，是将教学的重点放在形式上，其实不然，为了更好地了解 Focus on Form 的意义，我们先简单地介绍一下相关的两个概念：Focus on Forms 和 Focus on Meaning。

Focus on Form 是伴随着对 Focus on Forms 和 Focus on Meaning 的否定而形成的。Focus on Forms 要求教师或教学大纲的设计者对目的语进行分析，将其分解成词（words）、短语（collocations）、语法规则（grammar rules）、音素（phonemes）、语调（intonation）、句型（tress patterns）、结构（structures）、概念（notions）和功能（functions）等语言要素。而学习者的任务是把这些成分进行组合以便进行交际。但是这种方法并没有达到人们所期望的效果，它本身存在一些问题，比如：它把语言作为研究对象，并没有对学习者的交际需求、类型和偏好进行分析；有时候 Focus on Forms 会导致教科书、课堂与语言成为一种人造的语言，而并不是实际交际中所使用的语言；Focus on

Forms 的课堂比较乏味，这会减少学习者的学习兴趣等。

所以少数有经验的教师、教学大纲的设计者以及研究第二语言习得的学者们倡导放弃 Focus on Forms，代之以 Focus on Meaning。Focus on Meaning 与 Focus on Forms 形成鲜明对照：Focus on Forms 强调学习过程中应该把注意力放在第二语言的形式上，而 Focus on Meaning 则要求学习者将其注意力放在所要习得语言的意义内容上。这部分学者认为第二语言的习得是偶然的，即学习者在可理解的目的语环境中无意识地、非故意地习得第二语言，就像小孩子习得母语那样。他们认为教学正应该对作为输入材料的例子加以修正，以便成为学习者可以理解的语言，但是这种"修正"的前提是"自然（nature）"。尽管 Focus on Meaning 进行了极大的改革，但是仍然存在很多问题：首先，青少年或成年第二语言学习者很少可以达到母语者的水平，并不是他们缺乏学习动机、学习机会或者学习能力，而是因为他们儿童时期那种天生的语言学习能力已经丧失了，所以期望他们像小孩子一样学习语言这个出发点本身就存在问题。其次，由于单一地强调内容的重要性，而忽视了语法问题，造成学习者语法上的错误很多，因为纠正不及时，已经化石化。所以可理解的意义输入是必要的，但仅仅这一方面是不够的。

Focus on Forms 和 Focus on Meaning 的局限性为另一种方法的产生提供了条件，即 Focus on Form。Focus on Form 指的是在以意义为主的教学活动中容纳对语言形式的注意，美国学者 Long 将其定义为"Focus on form refers to how attentional resources are allocated, and involves briefly drawing students' attention to linguistic elements (words, collocations, grammatical structures, pragmatic patterns, and so on), in context, as they arise incidentally in lessons whose overriding focus is on meaning, or communication, the temporary shifts in focal attention being triggered by students' comprehension or production problems"。Focus on Form 最理想的实施框架是任务型语言教学（TBLT）。Long（1988）认为语言形式的教学只有纳入到以意义为中心的教学背景中，而并不是单纯以形式为中心，才能发挥出最好的效果。任务教学法刚好可以满足其要求。任务型语言教学由学习者用目的语完成各种任务构成。任务可以是使用语言来完成一项活动或要达到的一个目的。任务型语言教学把交际任务作为分析单位，通过完成一系列以意义交流为前提，兼顾语言形式的交际任务，给学习者提供大量接触目的语和目的语产出的机会

（张一平，2006）。

　　明德暑校对 Focus on Form 的应用主要体现在两个方面：一方面是语法的操练，他们反对单纯的语言形式的操练，而是要在一定的语言环境中进行语法练习。白建华校长在教师培训中举了一个例子：对给别人提出建议时使用的语法点"你最好……"进行操练。教师先给出一个话题"我第一次来美国，我想去纽约玩儿"，随后提出问题：（1）我应该怎么去呢？（2）我应该住在什么地方呢？（3）我应该去纽约的什么地方看一看？（4）去哪里吃饭比较好呢？还有很多类似的问题可以问。这样就使教师和学生在一个正常的交际环境中进行对话，同时又练习了语言的形式。另一方面是体现在活动课中，明德暑校无论哪个年级都有活动课，一般是让学生用所学语言完成一项任务。学生通常被分成几个小组，共同完成某项任务。任课教师在学生进行交际的过程中的主要任务是纠错。还是以一年级活动课为例(BMC 第九课　祝你生日快乐　小班训练课 2)：

　　Find out the age, birthday and birthplace of at least four of your classmates. Make a list of their ages from the oldest to the youngest and find out the age differences. Ask each of them, how they are going to celebrate their birthday this year and give your suggestions.

　　Words and Patterns:

　　Subject 是…Verb 的

　　A 比 B S-Verb + Complement

　　过……，怎么庆祝？

　　要……，还要……

Name	age	birthday	Birthplace	How to celebrate

　　通过这个任务，使学生之间进行有意义的自然的交流，同时对学过的语法进行充分的练习。

七、教材

一年级：

Required texts: T. Richard Chi, Beginning Mandarin Chinese: the Textbook, forthcoming, Boston: Cheng & Tsui Company. T. Richard Chi, Beginning Mandarin Chinese: the Workbook, forthcoming, Boston: Cheng & Tsui Company.

Required texts: T. Richard Chi, Intermediate Mandarin Chinese: the Textbook, forthcoming, Boston: Cheng & Tsui Company. T. Richard Chi, Intermediate Mandarin Chinese: the Workbook, forthcoming, Boston: Cheng & Tsui Company.

Required texts: Bai J., et. al., Across the Straits, Cheng & Tsui Company; Bai J., Beyond Basics, Cheng & Tsui Company; Liu, Irene and Li, Xiaoqi, A Chinese Text for a Changing China, Cheng & Tsui Company.

Required texts: An Advanced Course in Chinese, forthcoming, Yale University Press.

八、结语

近年来，美国很多大学利用暑期时间在中国开办汉语学习项目，大部分都集中在北京，其中比较有名的是"普北班"，其教学管理和教学方法和明德有很多的相似之处。另外还有 ACC 项目、CET 项目，也从明德暑校吸取了很多的经验。可以说明德暑校教学、管理方法对中国的汉语教学产生了重要的影响，值得我们研究与学习借鉴。

参考文献

[1] Long, M. & Robinson, P. Focus on form: Theory, research and practice [A]. In C. Doughty & J. Williams (eds.) *Focus on Form in Classroom Second Language Acquisition*[C] . Cambridge: University Press,1998:15-41

[2] Catherine Doughty & Jessica Williams. Pedagogical choices in focus on form [A]. In C. Doughty & J. Williams (eds.) *Focus on Form in Classroom Second Language Acquisition*[C] . Cambridge: University Press,1998:197-261

[3] Robert M. Dekeyser. Beyond focus on form—Cognitive perspectives on learning and practicing second language grammar [A]. In C. Doughty & J. Williams (eds.) *Focus*

on Form in Classroom Second Language Acquisition[C] . Cambridge: University Press, 1998:41-63

[4] Long, M.H. Instructed interlanguage development. In L.Beebe (Ed.), *Issues in Second Language Acquisition: Multiple Perspectives*1988. (pp. 115-141). Rowley, MA: Newbury House.

[5] 张一平（2006）:《"Focus on Form"在第二语言教学中的理论和实践》,《西安外国语学院学报》第 4 期。

[6] 汲传波（2006）:《论对外汉语教学模式的构建——由美国明德大学汉语教学谈起》,《论对外汉语教学模式的构建》第 4 期。

[7] 张喜荣、田德新（2004）:《美国明德学院的中文教学》,《世界汉语教学》第 1 期。

[8] （中国香港）施仲谋（1994）:《明德中文暑校经验的启示》,《世界汉语教学》第 1 期。

邹雅艳

罗马大学的汉语专业学制及课程设置

一、引言

罗马大学是意大利最早开设汉语课程的著名高等学府之一，在东方学院，从 19 世纪末至今，汉语教学及汉学研究已历经百余年，一直是欧洲东方研究的中心。

20 世纪 90 年代开始，罗马大学实行了一系列改革措施，包括对现有院系进行调整。借助这个机会，东方学院终于得以脱离原来的文学哲学系，于 2001 年 3 月 7 日正式宣布成为独立的东方学系。新的东方学系总部设在今天的萨尼（Sani）校区，包括东方研究中心、语音实验室、教师会议室、12 个大教室和 10 小教室。而在总校的原属文哲系的部分教室、语音实验室、各学部研究室以及公共图书馆，仍归新的东方学系使用，任课教师也基本上是东方学院的原班人马。

新的萨尼（Sani）校区位于罗马特鲁米尼（Termini）中心火车站附近，和老校区比起来，不仅交通便利，设施也更为先进，更为巧合的是，附近的维多利奥·埃马努埃莱（Vittorio Emanuelle）广场及周边地区也是华人的聚居区，华人商铺、餐馆鳞次栉比，这无疑为学习汉语的学生们提供了一个进行语言实践和亲身体验中国文化的良好机会。

二、学制、专业和课程设置

1．学制和专业

2001 年，作为整个罗马大学实行的教学改革的一个重要组成部分，新独立的东方学系对原有的学制和专业重新进行了调整，取消了原来的四年制，实行了三年制。比起旧四年制，新三年制的优越性是在不改变学习内容的前提下缩短了毕业的时间，对学生更为有利。对于在 2001 年以前注册的旧制的学生，既可以通过评估后转为新制，也可以继续按旧制学习，所以，在 2006 年以前，是一个旧制与新制并存的过渡阶段。

此外，专业也由原先的一个增加为两个，即：东方语言与文化专业和亚非语言与文化专业。同时新设了一个研究生专业：东方语言与文化（学制为两年）；三个博士专业：印度次大陆文化、社会、经济，穆斯林文化、历史、哲学和东亚历史文化。

2．学分分配情况

每年 8 月至 10 月为新生报名注册时间，新生报名之后所要做的第一件事就是从下列七种语言——阿拉伯语、汉语、朝鲜语、希伯来语、日语、印地语、波斯语——中选择一种作为第一东方语言，同时还要选择一种欧盟国家的语言，如英语、法语、德语等。最后，要填写并提交一份个人学习计划表，确定三年中所有课程和学分总数。按规定，三年制本科生必须在三年之内修满 180 学分才可以毕业，平均每年要修完 60 学分的课程。具体到汉语专业的学生，三年中所有课程和学分分布情况如下：

学生只有在修满 171 学分以后才可以提交毕业论文，本科毕业论文不得少于 30 页 A4 纸（大概 60000 词左右），内容可以是和第一东方语言相关的文化、社会、政治、经济等人文学科领域内任何值得探讨的问题。在根据指导教师提出的修改意见进行修改后，还要提交评审委员会进行公开答辩。评审委员会成员（包括指导教师在内，不得少于 7 人）在经过讨论后给出论文成绩，满分为 110 分，优秀论文还可以得到 110 分+ Lode（特别嘉奖）的好成绩。

汉语语言与文化

第一学年	学分
汉语语言与翻译	10
语言学或普通语言学	8
欧洲语言与翻译（选择一种欧洲语言：如英语、法语或德语）	8
欧洲文学（如英国文学、法国文学或德国文学）	4
欧洲语史学	4
意大利文学	6
东亚历史	8 / 4
当代中国历史	4 / 8
远东艺术史	8
	60
第二学年	学分
汉语语言与翻译	10
意大利语言学或语史学	4
欧洲语言与翻译	8
第二东方语言（如日语、朝鲜语或印地语等）	10
远东艺术史	8
东亚历史/当代中国历史/印度或中亚历史	8
汉语语史学/中国现当代文学/藏学研究/印度学研究	8
东亚哲学与宗教/印度哲学与宗教/藏学研究/梵文语言与文学	4
	60
第三学年	学分
汉语语言与翻译	10
第二东方语言	10
汉语语史学/中国现当代文学	8
选修课（历史、艺术史、地理、社会学或语言等相关领域学科内任何一种）	4
选修课（哲学类，如中国哲学史等）	4
自由选修课（可选择任何其他院系的课程）	9
毕业论文	9

其	资料学	2	6
他	语言实践	4	

	60

3．课时分配情况

按照意大利大学的规定，学分与学习时间的关系为：

1 学分=25 学时（小时）

但实际上，由于受客观条件所限，这 25 个小时并不都是以课堂教学的方式进行的，而是被分成了教师课上讲解和学生课下自学两部分，具体的分配比例视不同课型而定。以 10 学分/年的"汉语语言与翻译"课为例，学时分配情况如下：

1 学分= 25 学时（小时）					
3.2	课堂授课（意大利老师）	×10 学分	32	年总授课数	比例
6.4	课下自学		64	年总自学数	1：2
7.7	母语教师授课（中国老师）		77	年总授课数	比例
7.7	课下自学		77	·年总自学数	1：1
25	小时		250	年总学时	小时

由于"汉语语言与翻译"属于语言技能类课，所以是由两位老师来配合进行的：一位是意大利老师，负责讲解语法和课文；另一位为中国老师，负责语音和练习。从上面的学时分配表中，我们不难发现，由于中国老师的任务是带领学生进行语言操练，所以，课堂授课时数要多于负责讲解语法和课文的意大利老师。

4．考试

所有学分都必须在通过考试后获得，考试一般都集中在每学期末的会考月进行，每年 2 月为冬季会考月，6 月到 7 月为夏季会考月，9 月底到 10 月中旬为秋季会考月。其中秋季考试主要是针对上一学年里未通过考试的学生的，如果补考仍未通过，则不能进入下一学年继续学习。文化类课程以口试为主，实行 30 分制，18 分及格，特别优秀的学生还可以获得 30 分+Lode（特别嘉奖）的好成绩。

而语言技能类课程则还需先参加笔试，若笔试未通过，则不可以参加口试；此外，笔试的成绩也是口试时老师打分的一个重要的参考因素。笔试成绩的计分方式由任课教师自己决定，汉语课一般采用百分制，60 分及格。值得一提的是，在考试的过程中，特别是口试时，老师必须当场根据学生的表现给出成绩，如果学生对自己的成绩并不满意，则可以宣布取消该成绩，下次再考，而这个成绩也就自然不被记入成绩册。

三、值得借鉴的办学方针和独特的教学特色

1. 均等的接受教育的机会

在意大利，为了普及高等教育，保证每个人都享有均等的接受教育的机会，自20世纪60年代以来，所有公立大学普遍取消了除医科以外其他专业的入学考试，任何人无论年龄大小，只要有高中毕业文凭，即可到任何一所公立大学报名注册，学习自己感兴趣的专业，学校不得以任何理由拒绝接受学生。

另外，还实行了按家庭收入情况分等级交纳学费的制度。每学年开学之初，学生报到注册时都要持有能证明家庭年收入的税收申报单，经学校审核测算后按比例交纳学费。对于来自贫困家庭的学生，不仅可以免交学费，还可以享受学校提供的免费食宿等优惠待遇。各大学还设有各种奖学金，以奖励成绩优秀的学生。所有这些措施都保障了学生不会因经济原因而中断学业。

2. 宽进严出的办学方针

取消入学考试这一政策的优越性自然是显而易见的，那就是使每个人都享有均等的机会接受高等教育，从而使全体国民的素质得以提高。但同时也带来了一个不可避免的弊病。由于大学的校门是向所有人敞开的，来者不拒，学校也因而丧失了选择学生的权利，只能被动地接受。所以，学生的质量无法得到保证，常常处于良莠不齐的参差状态，无法体现出一个整体的综合素质。

为了应对这一政策带来的不良后果，各学校纷纷采用"宽进严出"的办学策略。如果学生一年完成的学分数少于 50 学分，则要留级重修；若第二年仍未修满规定的60 学分，则被视为肄业。不过，若想继续学习，还可以以新生的身份重新注册。据统计，意大利每年新注册的大学新生中，只有 1/3 的人能按学习计划正常毕业，淘汰率高达 2/3。可以说，高淘汰率和大学无法对学生进行甄选是有直接联系的。

3. 自由宽松的学习氛围

这一点最突出的体现就是对学生没有考勤监控，除考试等特殊情况下有点名外，平时上课一律无须点名。本着"宽进严出"的原则，学校对考试与学分的关系作出了

详细的规定，但却并不与学生的平时表现挂钩。换句话说，不管学生平时的出勤情况和课堂表现如何，只要通过了考试即可获得学分。究其原因，这和欧洲大学的历史传统有关系。在欧洲，最早的大学不过是为一些学者宣讲自己的学说所设立的讲坛，作为听众，学生们感兴趣时可以听，不感兴趣了就可以不听，还可以随时向老师发问，就某个问题展开辩论。这种由来已久的自由宽松的学习风气往往不能为一向有着尊师重教传统的中国老师们所接受。

此外，在罗马大学任教最大感觉就是教师享有较强的自主权，从教材的选择到教学内容和教学活动的安排，全部由任课教师自行决定，可以不受任何干涉。没有固定的教学大纲，教师完全根据自己的喜好和偏爱上课，可以充分体现出个人特色，给学生以不同的感受。

四、结语

目前，在罗马大学，汉语教学事业发展的最大障碍就是师资的严重匮乏。近年来，随着"汉语热"的不断升温，学习汉语的人越来越多，每年报名的新生人数呈几何数倍增长，但目前的师资力量已远远不能满足实际需要。现在的罗马大学汉语专业有终身教授 1 位、合同教授 1 位、研究员 2 位（均为本专业毕业后留校的博士）、外教（中国老师）4 位，总共只有 8 个人，却要承担三个年级近 500 人的教学任务。

此外，是教学配套设施的落后。首先表现为教室的严重短缺。东方学院现有可容纳 80 人以上的大教室 12 间、小教室 10 间。很多教室从早上 8 点到晚上 8 点都排满了课，没有午休和课间休息，尽管如此，还有一部分课被排到了星期六上午。而汉语课由于学生人数暴增，远远超出了原先的计划，上汉语课时，常常会出现没有座位的学生席地而坐的场面。

虽然前面提到了一些在教学改革的过渡时期出现的暂时的困难，但是，作为一名汉语教师、一个中国语言文化的传播和推广者，我对汉语教学事业在罗马大学乃至整个意大利发展的前景仍然充满了信心。特别是第一个"孔子学院"在罗马大学的正式挂牌成立，将会对汉语教学事业起到更大的带动和促进作用。

首先，由国内的合作大学直接派遣教师，由中国教育部提供资金和设备，可以使罗马大学当前存在的师资短缺、设备落后问题得以缓解；其次，作为一个进修学院，

"孔子学院"可以以罗马大学为依托，面向社会进行招生，为那些对汉语和中国文化感兴趣的业余学习者提供一个良好的学习机会。

此外，罗马大学作为高等教育的基地和学术研究的前沿阵地，为汉语和中国文化提供了一个充分展示自己魅力的舞台。各种各样与之相关的研讨会、讲座、展览、电影赏析等学术交流活动的举办，进一步增进了人们对汉语和中国文化的了解，从而也吸引了更多的人开始关注中国的发展和变化。相信在不久的将来，汉语教学事业和汉学研究一定会取得更丰硕的成果。

何　杰　　在拉脱维亚的语言教学印象及启迪

　　笔者曾受国家教委的派遣赴拉脱维亚大学任教，也受波罗地海语言中心邀请在那里讲学，历时两年。在拉大除笔者进行汉语教学外，还有一些欧洲国家教师从事他们本国语教学。由于拉脱维亚优越的地理位置，欧州国家的语言教学及研究在拉开展积极。拉脱维亚首都里加设波罗地海语言研究中心，语言研究中心又在拉脱维亚大学设欧州语教学部。

　　欧州语教学部隶属拉脱维亚大学外文系，分西欧语专业（法语、德语、意大利语）、北欧语专业（挪威语、芬兰语、瑞典语）。外文系还设东亚语专业（汉语、日语、印度语）、拉语和俄语专业。北欧三国在拉大直接出资办学。

　　笔者有机会与异国同行讨论教学问题，那时特别感觉到欧洲语言教学思想活跃。他们关于语言教学应建立怎样的教学法体系，遵循怎样的教学原则，从理论研究到教学实践，都呈现着充满朝气的革新意识和学术氛围，有许多值得我们深思、借鉴、探讨的问题。

一、教学法的探讨

欧州同行热衷的话题是教学法的革新。新教学法流派对传统教学法处处呈现出挑战姿态。笔者在拉大遇到的第一件事就是，在拉大的外籍教师对自己所遵循的教学法都要自报家门，教师要大胆进行教学法的革新，强调教学法的创造性，提出"创造性教学"，明确亮出口号："走出传统教学法的园囿！"

欧州教育家在 20 世纪 20 年代就开始了针对传统教学法的争论和探讨，也产生了各种不同的新教学法流派。经过几十年的论战和比较，功能法（或称交际法）在欧洲得到了广泛肯定和推行，并且还在发展。法国同行介绍，现在他们推崇自然交际法，强调自然、得体交际；德国同行说，他们强调功能法，目前他们又提出结构—功能法；北欧采取自觉实践法（北欧三国在原苏联时期，大多接受原苏联的自觉实践法）。拉大在拉独立前，采取的是原苏联公认的最为完整的教学法——自觉实践法，独立后又吸收了西方的功能法（也称功能交际法）。

欧洲同行在教学法的革新上是旗帜鲜明的。近年来，由于受美国"运用能力为导向的教学体系"或称"能力运动"（《美国中文教师学会学报》，1989 年）口号的影响，有关知识教学和能力训练的探讨和争论也颇为活跃。他们十分强调培养学生的言语交际能力。

在了解欧洲国家的汉语教学时，欧洲同行介绍：不同的大学特点不同，但教学原则是一致的。课型安排上，技能课和语言知识课分野清楚，比例合理，突出言语能力的培养。如，德国汉语教学，把培养口头表达能力的口语课设为口头表达课，突出技能，另设口语特征课为辅助课。挪威除设口头表达课外，不设精读课，而设阅读能力课和阅读理解，突出能力。芬兰直接设说话课，设阅读能力课和语法知识课相配合，能力课为主课。瑞典设会话课，设口语理解课为辅助课。可以看出他们都是突出技能课，知识课型辅助于技能课。欧洲同行的语言知识课都设在高年级，初级及中级班以技能课为主（即以功能为主）。技能课教师的讲授不能超过教学课时的 1/3，必须安排 2/3 比例进行技能训练。传授也不能是灌注式，而是启发式。知识课教师的讲授不能超过 2/3。两种课型的教学目的都不应把学生作为知识的容器，而立足于培养学生的能力：言语能力及获得知识的能力。

能力在他们的考试中也是强调的重点，欧洲语部在拉大的招生就颇具特色：考试内容，除目的语国家的文化知识、文学、历史、地理是笔试外（使用母语），音乐欣赏及美术欣赏都是口试（使用母语），而目的语口试内容则主要是考学生使用目的语的应答能力。

在拉大的欧洲语教师都亲自主持自己本国语的招生考试，重视学生的实践技能，强调开口能力。

拉脱维亚高考时间长达一个月。不同大学、系、专业，时间均错开。考生没被录取，还可以考其他学校或系或专业。全国没有统考。考什么、怎样考，都由招考学校决定，报考及应考也由学生自己奔走联系。

在拉大学生入学后，欧洲语学生学年成绩要有30%的实践考核分。学生毕业必须有用人公司给该生使用目的语工作的评语。这一评语是语言实践分，占总成绩的30%。（拉大学生在校期间，必须有半年时间进行语言实践。学校提倡学生的语言打工）欧洲同行更为强调打破传统考试模式的束缚。他们认为，以教师一方主观拟定的试卷只能导引学生在词汇、语法中爬行，功能交际实践的检验才能使他们站立起来。欧洲语的期末考试都设语言实践考核项目。"叫学生从爬行中站立起来"这一教学思想，实在值得我们去思索。

总之，在教学法的讨论上，欧洲同行是认真的，也是活跃的。然而在语言教学上，哪一种教学法是最为完美的，谁都难以定论。在欧洲这种争论的趋势近年来出现了新的转向，人们不再刻意去争论哪一种教学法最好，而是转为探讨和研究语言教学的基本原则。这不能不说是一种新的启迪，因为教学原则是教学法的灵魂。

二、教学形式的思索

从教学活动产生伊始，课堂形式也便应运而生了。西方学者指出，它已有300年之久的历史。中国恐怕更长久。欧州教育家对这一传统教学形式的认识分两派：一派主张坚决废除班级授课制度，另一派主张以温和的步骤促进班级教学制度的现代化。两派主张的教学形式不同，但新教学法的核心都是把培养学生的能力放在首位。英国教育家阿·布莱默提出设想：在未来学校里，教学应该组织学生用70%的时间个人独立作业，独立获取知识，独立获取解决问题的能力。德国推行美国的"特拉姆普制"，用 40%的时间进行大班教学，20%时间进行小组教学，40%时间独立作业。而笔者在国外看到的他们的教学实践，较他们的理论则更为活跃。在我国国内，一向以铃声和课表编织的教学秩序在国外却不那么神圣。

拉大没有围墙，也没有铃声。老师和学生上课时间（总课时的 1/3）是师生共同商定的。上课地点也经常变化：有时在语音室，有时在餐厅，有时在咖啡间，有时在走廊、过道，有时在校外草坪……有时老师讲，有时学生讲，有时请来的人讲，有时学生表演，有时又是师生坐在一起，点着蜡烛，喝着咖啡，边饮、边说、边学。教学考勤管理由师生都要签到的出勤卡标示（此卡在楼道公布）。

西欧教学部更为活跃，他们有法语日、德语日。法语日，他们叫学生用法语在食堂卖饭，学法语的如不说法语就不能吃饭。练习中，老师有意误解百出，叫学生在多次重复中掌握词汇，学习交际。德语日，老师叫学生在存衣厅服务（在拉，外衣存在更衣室），学德语的如不说德语，则不能存取衣服。会话练习中，老师也是有意把学生的大衣、帽子、围巾张冠李戴，叫学生在笑声中学习礼貌用语、批评、解释、分辨、争论等功能项目。英语是他们的必修课，更是必须每天说。在更衣室、餐厅、图书馆都必须使用英语。外文系是英语村，是学生心目中的小英国。

瑞典在拉脱维亚专门办语言系，还办了经济系，从师资到设备都由瑞典出资。瑞典语教学全部都是现代化手段，多媒体教学早已进入课堂。学生可凭借书卡借用录音机、录音带、录像带。人机对话普遍，摄相机的使用频繁。老师经常把学生的会话表演录下来，然后再播放，叫学生边看边修改。有时学生也互相录制，互相帮助正音、正句，练习口头表达。他们办学相当投入。笔者曾去瑞典大使馆办理去瑞的签证，正赶上瑞典语老师带着学生上语言实践课，由大使亲自问话。去瑞典签证，填写项目繁多，手续复杂，需要回答许多问题，这一练习无疑具有实用性。

他们的课形式多样、生动活泼，不是单纯的铃声和课表所组织安排的，明显打破了传统教学法的单一课堂教学形式，强调了实践教学及能力的培养。欧洲同行在这方面的探讨是自觉的，他们称只拘泥于课堂的教学为"idleness teaching（懒惰教学）"，称只满足于课堂教学的老师为"idleness teacher（懒惰教师）"或"perfusion（罐儿装手）"。他们一致赞誉经过实践而取得优异效果为"success benefit（胜战效益）"、"Patton benefie（巴顿效益）"（意思是，教学也要像巴顿将军那样，在实战中提高学生的作战能力）。不难看出，打破单一课堂形式的实质是以学生为教学主体，教师只是教学内容的设计者和指导者，这是教学法的革新。原苏联教育家柯·巴班斯基说："让学生亲自克服认识领域和自身能力的困难，是激发兴趣动机最重要，最有效的方法，取得成绩也是最为卓著的。"（《教育学论丛》，1982年）相比较，我国国内的外语教学培养的学生大多是书本巨人、实践矮子，这一点确实值得深思。对外汉语教学实际上也存在着这样的问题。以社会为课堂的语言实践，图有形式或干脆被砍掉，这不能不反映出语言教学盲点。

由此，一个包含着多种课堂形式的教学总体设计，应在国内教学大纲的考虑之中了。当然，多种课堂形式各占比例，如何构建、组织也是一个复杂的问题，需要进一步探讨、研究。

三、教师素质的启示

拉大汉语教研室和欧洲语教研室比邻，笔者不但可以经常和欧洲同行互为观摩教学，还可以经常交换看法。平日在评论教学情况时，他们许多提法及反映出的教学思想都使笔者觉得新奇、振奋，给了笔者许多启迪。比如，他们上好课时说："啊，真妙，简直就是卡拉扬。"（奥地利著名指挥家）"今天的课，我很有灵感。""全部进入阵地！"没上好课时说："啊，今天的课没导好。""不好，不好，学生今天不进入角色。""糟糕，上了堂鹦鹉课。"他们评论学生，称有创见的为"开掘机"，相反为"一堆罐头"。评论教师的素质时，更叫人耳目一新，发人深思。他们批评自身语言理论基础不好的教师"底气不足，对学生的问题都找不到哪根弦"。对不懂教学艺术的教师称他们"二流指挥"，"某某老师没有吸引力"，"某某语言乏味，没有幽默感"。对不重视培养学生能力、不运用启发式教学的老师为"罐儿装手"。他们称不懂教育学和心理学的教师为"残疾教师"，称没有文学、音乐、美术素养的教师为"瘸腿教师"。更为发人深思的是，在称赞教学水平高时，则说"很有魅力"、"有灵感"、"有激情与活力"、"艺术家"……

这些思索起来，备觉意味深刻。

从这些提法，可以清楚地反映出他们的教学思想。他们把教师的素质、教师在教学中起的主导作用都放在了教学的首要位置。课堂教学水平的高低除了受教材及课堂形式的影响外，关键在于教师的自身素质。

分析、思索欧洲同行的提法不难看出，他们对一个教师的素质要求是相当严格的。在语言基础理论知识、文化素养、教育心理学、教学法理论、品德情操方面都要求一个教师有很高的修养，甚至课堂语言都要风趣、幽默，有深厚的语言储备。

著名教育家蔡元培说："教师的作用比总统大。"他还说："教师要有一种深沉美。"（《教育学参考丛书》，1986 年）

在拉脱维亚大学，笔者就遇到这样一件事：一次，笔者刚刚下课，一位挪威老师非常焦急地跑来请求帮助。原来她的毛衣领上的钮扣掉了。当时我什么都没有，劝她还是穿上，否则会冻着。她说，那样不好，对学生不礼貌，在课堂上，教师给学生留下的任何方面都应是美的。她坚持把缺少钮扣的毛衣脱掉了。于是，在隆冬季节，她就穿着一件薄衬衫上了一节课（那时拉经常没有暖气）。

教师的美是多方面修养的聚合，这个教师有着多么严肃的教学态度！一个教师的深沉美、一个教师的魅力，是需要我们教师用整个身心去追求、去缔造的，乃至奉献出自己毕生的精力。

总而言之，欧洲的语言教学教学思想活跃，在教学法的革新和探讨上积极，教学实践更是生动、活泼、充满朝气。他们的许多提法、做法给人以启迪、引人思索、探讨。他们的许多经验也都是宝贵的，为我们展示着汉语教学改革的新思路。

曹小琪　　**做一名合格的对外汉语教师**

10 年前，我被学院派到日本教授汉语，其间也认识了一些中国人，当他们得知我被公派到日本是教日本人汉语时，表现得异常吃惊，认为我的工作太简单了，是个中国人就能做，言外之意是我的钱挣得太容易了。我想这也是很多中国人对我们这项事业的偏见和误解。我走上对外汉语教学的岗位已经有 12 年了，我一直在思考这样一个问题：我们这项事业到底有什么意义？

一、汉语的国际化趋势

自 20 世纪 90 年代以来，特别是进入 21 世纪后，汉语作为第二语言教学也迎来了大好的春天。涵载着悠久、深邃、灿烂的中华文化底蕴的汉语，逐渐成为各国学习的热门语言，正逐渐跃升为在全球可能仅次于英语的新强势语言，汉语的国际化趋势日益增强。世界出现汉语热，这既跟 21 世纪的时代特点有关，也跟中国的国情和她在国际舞台上的地位与作用有关。我们知道，自 20 世纪 80 年代后，特别是进入 21 世纪之后，世界逐步进入信息时代，进入知识经济、经济全球化时代。从国际上看，和平、民主与发展将成为新世纪的主流。信息时代的到来与发展，使地球的空间距离越来越短。新型的国际环境使国与国之间、地区与地区之间的人员往来日益频繁。而不同国家、不同地区之间人员往来所需要克服的最大障碍就是语言交际问题。前联合国秘书长安南曾在一次讲话中指出，到 21 世纪，作为一个年轻人应该掌握三种语言——除母语外，必须还要掌握两门外语，这样才能适应社会的需要。这个意见是很有前瞻性的。中国是一个大国，世界上任何一个国家，任何一个地区，为了他们本国、本地区、本民族的利益，都不能不跟中国打交道，而中国为了自身的利益，得进一步走向世界，得跟世界上每个国家、每个地区打交道。这样，在中国出现了学习外语热；而在外国，汉语热就越来越升温。

从 1991 年至今，来华留学生的数量呈逐年上升趋势，尤其是最近十几年上升的速度相当快。在国外学习汉语的人数也不断上升，已达三千多万。许多国家的大中小学都开设了汉语课程。许多国家，汉语已被列入高考外语考试中任选的一种。在美国，汉语已成为第三大使用语言。在法国，学习汉语的人数增长速度之快、覆盖面之广，令人震惊，法国前总统希拉克曾在一次讲话中说："学习中文是对未来的一个极佳的选择。"我们在电视中还惊喜地看到，澳大利亚的总理操一口流利的普通话，泰国的中学生用流利的汉语接受中央电视台记者的采访……总之，随着中国经济的飞速发展和国际地位的日益提高，汉语的国际化趋势日益增强，中文正逐渐跃升为全球仅次于英文的新强势语言。汉语作为第二语言教学面临着前所未有的发展机遇，所以我们国家提出了"汉语国际推广"这个关键词。

进入 21 世纪以来，为适应形势发展的需要，推进和发展对外汉语教学，国家有关部门已经采取并将继续采取一系列重要的举措。比如说建立了北京语言大学等八大对外汉语教学基地，启动"汉语桥"工程，举办"世界汉语大会"，在全世界范围内建立孔子学院，向海外派遣公派教师、孔院教师和志愿者。现在是汉语教学发展最好的时期，但应该看到，当今世界，英语和英语文化仍独领风骚，法、德、西、日等语种也在强力蔓延。相比之下，世界范围内的"汉语热"虽然持续升温，可由于原先学习汉语的基数小，所以仍处于弱势地位。比如说，我在日本工作期间，发现日本学生在学习第二外语的时候，选择法语和德语的人数远远超过选择汉语的人数。在日外国人中的"日本通"也远远超过在华的"中国通"。我们不能没有紧迫感。真要让汉语走向世界，使汉语在世界主要国家和地区占有一席之地，使汉语在 21 世纪真正成为仅次于英语的国际强势语言，我们不能盲目乐观，必须认真考虑：我们还需做什么样的努力？

我们肩负着这种光荣的使命去世界各地做汉语推广工作，这就是我们工作的意义之所在。

二、对外汉语教师应具备的素质

如何做一名合格的对外汉语教师，我一直在思考这个问题。从自身的教学实践中，我总结出几点。

首先是教师的从业心态和道德素养。我们的工作决不是简简单单地教外国人说中国话，对外汉语教学跟英语教学、历史教学、数学教学等一样是一门独立的学科，我们不仅要在教学上，而且要在科研上认认真真地对待。我们的工作既是特殊的，又是普通的。说它特殊是因为我们的教学对象是外国人，说它普通是因为我们的工作并不神秘。高校中的对外汉语教学专业是个热门专业，有些年轻人觉得学了这个专业可以多跟外国人打交道，有出国机会。选择这个职业的人中也有人认为这个工作简单，追求的是待遇好，能出国。实际上，这个工作既不简单也很清苦。

师者，所以传道、授业、解惑者也。对外国人的教育也存在思想品德教育，这种教育不是讲大道理，而是体现在教师的课上教学与课下的言行中。如果一个老师经常上课迟到，在课上张口钱闭口钱，发泄对他人的不满，课下大声喧哗，不讲礼貌，那学生会怎么看待老师，怎么看待中国人？汉语老师是学生接触最频繁的中国人，所以我们不仅是汉语老师，更代表着13亿中国人的形象。作为老师，首要的任务是传道，其次才是授业和解惑。

第二是专业素养。我想专业素养应该包括扎实的汉语语音、词汇、语法、文字知识，丰富的中国历史、地理、文学、文化等方面的知识，标准的普通话，漂亮的板书，现代教育技术，国内外最先进的教学理论，多样有效的教学方法，灵活掌控课堂的能力，至少精通一门外语、掌握两种外语，能够展示中国文化的技能，如民族歌曲、民族舞蹈、民族乐器、书法、绘画、剪纸、京剧等。这只是对教师基本的要求。

我于1997年获得了对外汉语教师资格证书，当时获得此证的全国只有3000人；现在每年获得此证的人恐怕也超过3000了。我们为这个数字感到欢欣鼓舞，但之后令人忧虑的是：获得对外汉语教师能力证书的人都能胜任这项工作吗？以上所说的那些知识与技能绝不是通过短期的培训就能掌握的。国家每年都派遣教师赴海外工作，推广汉语。人数逐年递增。2008 年派出 150 余人，其中中文背景的占 60%，有对外汉语教学经验的占 30%，而有海外对外汉语教学经验的只有 10%。暂且不说其他的各项标准，仅普通话一项不合格的人就不在少数。但不是说对人才的选拔不严格不公平，据说这些教师是经过初选、复试、培训、考核层层筛选出来的。主管部门也有苦衷，合乎标准的教师报名的太少了。这当然有政策的问题。不断增长的数字确实令我们欣喜，这给我们这些从业者提出了更高的要求。

第三是研究意识。做一名合格的对外汉语教师要能做到从容应对学生提出的意想不到的问题，并加以解释和点拨。这不仅要求汉语老师要善于发现并抓住学生在学习汉语过程中出现的带普遍性的错误，加以改正，而且要求汉语老师要善于分析学生出现某种错误的原因，用已有的研究成果来作出明确而又通俗的说明。要做到这一点，不仅要求汉语老师有比较扎实的汉语基础知识，而且要求汉语老师有很强的研究意识。

在对外汉语教学中，最忌讳的解释是"这是汉语的习惯"、"差不多"、"一样"。这种回答会影响学生学习汉语的积极性，会让一些学生产生"汉语大概没有语法"的错误想法。因此汉语老师既要知其然，又要知其所以然。

第四是外语能力。在我们的对外汉语教师队伍中，几乎全体都能掌握一门外语，掌握两门外语的就不多了，而掌握三种以上外语的则少之又少。得益于在日本三年多的工作和生活，我掌握了除英语之外的第二门外语——日语，这对我的教学有很大的帮助。虽然我们不主张用翻译的方法进行汉语教学，但是针对初级水平学生，所讲授内容又是用汉语很难说明的语法或抽象的词语，往往一个外语单词和一句话的点拨就能轻松解决。掌握多种外语对于进行汉外对比研究也有很大的作用。比如说教授日本学生就应该对日语的特点有全面的认识。这并不是说要求汉语老师都要精通日语。书写日语的文字分为平假名、片假名和汉字，借助汉字、板书进行教学在大多数情况下都是有帮助的。但是日语的汉字和汉语的汉字有些写法不同，有些意义不同，如果全盘照搬会产生相反的效果。在汉语和日语中，有的词词形相同，意义也基本一致，但色彩义却有着很大的区别。举例来说，如果你问一个中国人："你喜欢淘气的孩子吗？"回答多半是肯定的，因为"淘气"往往代表聪明活泼，中国有句俗话也说"淘小子是好的，淘丫头是巧的"。"淘气"这个词在汉语里没有丝毫的贬义。同样的问题如果问日本人，回答 90% 以上会是否定的。为什么？因为他们觉得淘气的孩子讨厌。在中国人看来，"单纯"这个词也没有什么贬义色彩，"单纯的姑娘"往往是对人的赞美。而在日语中，"单纯"则代表幼稚、笨、傻。诸如此类的例子还有很多。

第五是教师的人格魅力。有魅力的人并不一定年轻漂亮，对外汉语教师的魅力体现在对学生的耐心和热情态度上，体现在广博的知识上，体现对课堂游刃有余的掌控上，体现在多才多艺上，体现在幽默的谈吐上，还体现在得体的穿着和优雅的举止上……

三、增强光荣感、使命感、责任感和紧迫感

10年前，我被南开大学派到日本任教，初到日本，不认识的老师和学生都称我为"中国来的老师"，一位美国老师叫我"Chinese Dragon"。啊！我代表中国！一种从未有过的自豪感油然而生。我知道我的一切都代表着中国和中国人，这是学校和国家赋予我的使命和责任。那么我们这些在国外工作的汉语教师所能做的就是认真教学，推广汉语，宣传优秀的中国传统文化和现代化的进程，并且通过自己的工作让更多的外国人学习汉语，了解中国文化，并吸引他们亲自到中国来感受现代化中国的气息。

一次和中国朋友在银行办事，一位日本老人问我们是不是中国人，得到肯定的回答后，他说一听到汉语，一看到中国人他就感到很亲切，他爱中国。我深受感动，永远不会忘记那位老人。在日本生活期间，切身感受到大部分日本民众对中国都很友好。当然也遇到了不友好的人和不顺心的事，每当那时，我就会想到，我的身后是我的学校，是强大的祖国，所有的困难也都克服了，这大概就是公派汉语教师的优越感吧。我们一个人去国外工作，但我们绝不仅仅是"一个人在战斗"。

随着汉语成为全球性的强势语言，许多国家对汉语教师的需求量都很大，而且非常迫切。国家汉办提供的数字是：马来西亚缺汉语教师9万人，印度尼西亚缺10万人，法国、日本等国家需求量也非常大。国家汉办预测，到2010年，全球对外汉语教师至少缺500万人。这是机会也是挑战，对汉语教师提出的要求也更高了。我们要增强光荣感、使命感、责任感和紧迫感，做一名合格的对外汉语教师。

曹 扬　　# 关于做好汉语教师志愿者工作的思考

　　南开大学汉语言文化学院受国家汉办的委托，自 2004 年至今已派硕士研究生 29 人前往 10 余个国家做志愿者，从事对外汉语教学工作和进行汉语教学志愿服务。由于具有较好的理论知识、教学技能，志愿者们在国外的对外汉语教学工作中成绩显著，受到了所在国教学机构和汉语学习者的普遍好评。

　　2007 年 9 月至 2008 年 10 月，2006 级研究生 11 名同学被派遣至 4 个大洲 9 国任国际汉语教师志愿者，在国外任教期间，同学们都积极努力，锐意进取，以极高的工作热情和奉献精神投入到教学中，以优秀的表现征服了外方师生，获得了外方学校、驻外使馆以及汉办领导的高度评价和赞扬，获得"国际汉语教师志愿者"证书。许多同学在国外教授汉语期间，还兼任其他的工作，加强了中外交流联系，进一步推动了汉语在国外的推广工作。如赴瓦努阿图共和国的同学负责教授华侨子弟普通话和当地移民局工作人员汉语，加强了他们对中国的了解；赴斯洛文尼亚的同学在卢布尔雅那大学汉学系任教，负责一二年级的汉语教学并协助斯洛文尼亚的"汉语桥"比赛，还积极参与了使馆活动；赴波兰的同学任教于波兹南大学汉学系，并参与组织了波兰"汉语桥"比赛和波兹南大学"中国文化周"

活动；赴保加利亚的同学在索非亚第 18 中学任汉语教师，与保籍教师合力推动该校汉语教学体系的建设，协助使馆教育组和索非亚孔子学院开展各种跟汉语和中国文化相关的活动；赴拉脱维亚的同学在道家瓦皮尔斯大学任教，并协办了拉脱维亚"汉语桥"比赛。

南开大学对外汉语教学志愿者们，发扬奉献精神，走出国门，以推广汉语和弘扬中华文化为己任、不畏艰苦、不计报酬、乐于奉献，在世界有需要的地方承担汉语教学和华文教育的任务，促进了中国语言文化在国外的传播，加深了中国人民与世界各国人民之间的相互了解，发展了友谊，促进了交流，在对外汉语教学工作中作出了自己的贡献。

回顾近几年的工作，我有以下几方面的心得。

第一，认真组织、遴选、培训高素质的志愿者人才。

汉语言文化学院将志愿者的报名、遴选范围确定为将毕业的本科生和二年级的研究生，聘请正副教授中资深教师负责志愿者的培训工作，培训内容包括对外汉语教学理论和方法，第二语言习得理论，汉语语音、词汇、语法，听力、口语、阅读、写作等课程教学指导，常见错误分析等。同时注重教师综合素质的提升，开设了包括现代教育教学理论、教学设计、现代化教学手段以及国学文化精粹等相关课程。培训中，注重理论与实践相结合，促进学生对外汉语教学综合能力的提升，在此基础上又对志愿者进行了心理辅导和心理测试工作，保证志愿者在国外有较强的适应能力和抗压能力。根据形势发展的需要，现在的对外汉语教学已不再是单纯的语言教学了，还须开设政治、经济、历史、文化等课程，即便在语言课中，也会牵涉到方方面面的相关知识。考虑到志愿者绝大部分都是来源于汉语类专业或外语类专业的学生，我们还加强了拓展知识面的培训，以改善他们的知识结构。

第二，树民族形象，展中华风采，驾友谊桥梁，显示文化魅力、国家魅力。

在培训中，我们还着力使对外汉语教学的志愿者教师们认识到，他们既担负着对外汉语教学的重任，还肩负着推广中华文明和文化的重大责任，要通过他们在国外树立中国美丽、富饶、充满活力、负责任的大国的良好形象，通过推广汉语推动中外全面交流，推动中国文化和文明的普及。因此他们能够自觉地把推广中华文明和文化作为自己义不容辞的责任。如我校赴拉美教授汉语的志愿者，经常举办中国文化周和各种主题的中国文化的讲座，在日常生活中他们也十分重视待人接物的品格习惯，除了每天的穿着要干净整洁之外，还特意从国内定做了两套中式服装，在第一节课和文化周等重要场合穿在身上，以展现中国文化的传统魅力。

同时，志愿者们广交当地的朋友，深入他们的生活，了解当地的文化、风俗、节日、历史，在旅行途中结交各国的朋友，和他们交流旅行中的感受，借此机会让他们认识和了解中国人，加深他们对中国的印象，推进文化的交流并加深彼此的理解，增进彼此之间的信任。

第三，发挥党员的战斗堡垒作用，保证志愿者工作顺利进行。

汉语言文化学院派出的志愿者中 80%是共产党员，在志愿者工作中起到了先锋和模范带头作用。我们鼓励学生党员在国外教学和文化交流过程中要注意提高文化鉴别力，积极宣传中国传统文化和现代中国文化，成为中国先进文化的宣传员。2008 年中国经历了太多的考验，志愿者们身在异国他乡，一直在宣传奥运、宣传北京，让国外了解中国、熟悉中国、理解中国、欣赏中国，发现并感受中国的魅力，身在国外的志愿者更加深切体会到了对祖国的热爱，体会到自己肩负的历史使命和民族责任。

第四，整合相关资源，统一规划管理。

尽管对外汉语志愿者工作发展迅速，但在其过程中也有一些现实困难，急需解决。

（1）志愿者所去的单位，由于每一期的派出人员来自不同的单位，因此各位老师所选取的教材不同，也不配套，先后的各位老师之间的教学不能很好地配合，导致衔接困难。学生的学习也会出现遗漏和断裂，对汉语的认知难以建立完整的架构，语言的操练也缺乏必要的系统性和层级性。因此，如果可能，换届时老师应做好交接工作，就教材、教学方法、学生水平等方面提前进行充分沟通，使用统一连贯的教材，这样会极大地提高工作效率。另外，如果前任老师能提供给继任老师相关教案、试卷等，也会让继任老师的前期启动工作更为顺利。

（2）一些志愿者到岗后发现缺乏必要的工具书，如词典、字典等。国家汉办在给志愿者所在国学校赠书的时候，如能根据需要提供一些学生便携的工具书，如双语的词典，就能为对外汉语教学工作的开展提供基础性保证。

另外，应尽可能地提供高质量的教学设施。例如汉办发给老师的对外汉语系列光碟，有的图像不清晰，甚至部分无法播放，导致教学工作发生困难。部分国家的教学条件和我国相比仍有相当的差距，还停留在传统的黑板加粉笔阶段，不能使用先进的教学工具，因此可以先期对相对落后的国家和地区开展调研，然后有针对性地准备对外汉语教学工作。

回　顾

孙　晖
张柏玉

南开大学对外汉语教学发展史略（1954～2001）

　　南开大学对外汉语教学事业，从 1954 年算起，已经走过了五十多年漫长而光辉的发展历程。这期间经历了建国初期的党办负责、基层具体管理的体制，"文革"前的留学生办公室，"文革"期间的中文系留学生教学小组，"文革"后的第二汉语教研室，对外汉语教学中心以及 1993 年成立的汉语言文化学院六个不同的发展阶段。回顾历史，我们深深地认识到，这是南开大学先后近百名忠诚于对外汉语教学事业的教职工辛勤耕耘、艰苦奋斗的创业历程，这是在开拓中前进、在前进中不断发展壮大的历程，这是一个新兴学科经由几代人的实践、探索、建设，确立其地位从而为其在新世纪开创新局面打下坚实基础的历程。它伴随着我们伟大祖国的成长而成长，它伴随着我们伟大祖国的发展而发展，它伴随着我们伟大祖国的辉煌而辉煌。

　　南开大学对外汉语教学事业大体上是与全国对外汉语教

学工作同步发展的，在宏观上同步发展的过程中，我们又总能紧随时代潮流，先人一步，高人一筹，在教学科研诸方面一直跻身于全国先进行列。特别是近一二十年来，在教育部、国家对外汉语教学领导小组的正确领导以及国家汉办的热心扶持、具体指导下，作为南开大学整体发展战略重要组成部分的对外汉语教学工作，更是取得了既有广度又有深度的高速发展和长足进步。

下面，我们拟从以下三个方面，对南开大学近半个世纪（1954～2001）的对外汉语教学事业的发展脉络及诸大事作一简要回顾。

一、近半个世纪的发展轨迹追踪

1. 1954～1964 年

南开大学从 1954 年开始接收外国留学生，是中国最早接收外国留学生的高等院校之一。10 年内共接受留学生 21 名，其中朝鲜 1 名、印尼 2 名、民主德国 1 名、缅甸 2 名、阿尔巴尼亚 3 名、保加利亚 1 名、阿联 1 名、越南 10 名。该阶段学校未设专门的外国留学生管理机构，实行的是党委办公室负责体制，教学方面（包括汉语教学和专业教学）则由接收外国留学生的各系选派专人负责。

2. 1965～1966 年

1965 年，两千多名越南留学生来华，分别分配到全国二十余所著名高等院校，南开大学是接收单位之一，共接收学生 150 人。为此，我校建立了专门的留学生管理机构——南开大学外国留学生办公室（简称留办）。留办主任由校办主任石玉民同志兼任，副主任为李玉和（主持工作）和龙敬昭同志。150 名学生分为 9 个班，每班配备 2 名教师。18 位教师分为 3 个教研室，整个教学工作由刚刚从越南讲学归来的中文系讲师孙昌同志负责。留办下设一个办公室，工作人员 10 人，分别担任政治辅导员、中国情况课、生活管理、图书资料、教学秘书等工作。当时留办共有教职工 32 人，是从多个基层单位挑选来的，是一支朝气蓬勃的外事工作队伍。

作为南开大学第一个对外汉语教学管理机构的留学生办公室，随着 1966 年"文革"的开始和越南留学生回国而自行解体。

这一时期的对外汉语教学工作，在很大程度上是作为一项特殊的外事工作和严肃的政治任务来对待的，故而各方面都受到特殊的重视；当然，也受到一些现在看来是不必要的清规戒律的约束。今天，当我们回顾这段历史的时候，必须承认，在当时的政治形势、经济体制等历史条件下，它还是在很大程度上保证和推进了对外汉语教学事业的发展。然而，无庸讳言，由此而逐步形成的一套管理、教学体系，随着时间的推移，越来越显露出其局限性，在以后相当长的时间里，阻遏了办学单位的积极性和创造性。

3．1974～1979 年

1974 年，随着我国在外交上取得的一系列重大突破，由于"文革"而停滞多年的对外汉语教学工作又重新被提到日程上来。这一年 9 月，我校接收了来自罗马尼亚、南斯拉夫、日本、丹麦、芬兰、加拿大、法国、德国（联邦德国）等国的 11 名留学生。随着这批学生的到来，我校对外汉语教学第三个发展阶段的留学生教学管理机构——南开大学中文系留学生教学小组应运而生。该教学小组组长为罗世洪同志，副组长为张柏玉同志。教师有著名语言学家邢公畹教授和张清常教授，国家出国汉语储备师资孙晖和贾甫田同志，原留办的杨惠芬、赵淑英、杨太跃等同志。这一阶段的特点是学生少教师多，师生比例 1∶1；再有就是教材大部分是由教师自己编写的，记得当时编写的教材有《语音讲义》、《实用对比语法讲义》、《词汇语音讲义》、《实用对比语法讲义》、《词汇讲义》、《方言调查讲义》、《现代汉语修辞讲稿》、《精读作品选编》8 部教材；三是"文革"中的"以阶级斗争为纲"的错误做法也给留学生教学及管理工作造成了一定的困难。

1976 年 7 月 28 日，唐山大地震波及天津市。考虑到外国留学生的安全，南开大学留学生暂时迁往北京大学借住，为时一年，其间，管理人员和任课教师仍由南开大学派遣。经过两年多的恢复，1978 年 9 月，南开大学又重新招收留学生。中文系留学生教学小组组长改由马光琅同志担任。

4．1979～1985 年

这一时期，随着对外汉语教学在全国范围内的逐步开展和国外语言教学理论越来越多的引进，我国对外汉语教学界开始对"对外汉语教学"这一定名提出质疑，但终无定论。与此有关，我校"中文系外国留学生教学小组"这一机构也出现了正名问题。鉴于国外对"对外汉语教学"的英译为"Teaching Chinese as Foreign or Second Language"，同时也是为了与中文系现代汉语教研室加以区别，"中文系外国留学生教学小组"遂更名为"南开大学第二汉语教研室",并自此脱离了中文系,成为南开大学外事处的下属机构,此时为 1979 年 9 月,室主任为邢公畹教授,主持工作的副主任为孙晖同志。教师最初只有 5 人,后来增至 13 人,学生人数达到 200 多人。是年秋,美国明尼苏达大学刘君若教授访问南开,与我校达成协议,自 1980 年起,每年 6 至 8 月为明大东亚学系举办暑期汉语学习班。转年,"南开—明大暑期汉语学习班"的成功举办,其影响波及全国,蜚声海外。作为汉语短期速成教育,我校再次走在了全国的前列。

1985 年,孙晖同志出国任教,主任由王振昆同志接任。

5. 1985~1993 年

随着对外汉语教学作为一个独立学科的地位问题被逐渐提上日程,要求改变我国对外汉语教学管理体制的呼声亦变得越来越强烈,建立脱离外事工作体制的独立的教学实体成为大家的共识。正是在这种形势下,更是考虑到开展对外教学工作的需要以及我校对外汉语教学工作在全国的地位,经申报和审批,"南开大学第二汉语教研室"于 1985 年初更名为"南开大学对外汉语教学中心"。这次更名标志着我校对外汉语教学工作又进入了一个新的发展阶段。先后担任中心主任的有王振昆、谢文庆和孙晖同志,副主任为王彦承、崔建新同志。这段时间,发展最为迅速的是汉语短期速成教育。短期汉语学习班从暑期扩展到寒假,国外不同大学纷纷组团慕名而来,学生人数每年都超过 200 人。这期间,我校汉语短期教育搞得热火朝天,积累了丰富的经验。

为了充分发挥南开大学作为综合大学的优势,积极贯彻第一次全国对外汉语教学工作会议提出的"主动适应国际社会的需要,加快对外汉语教学事业的发展"的总战略,我们于 20 世纪 80 年代末就开始筹划将原来的对外汉语教学中心提升为二级学院建制,以便拓宽对外汉语教学的领域,扩大对外汉语教学的规模,完善汉语作为外语或第二语言教育的格局。为此,经学校同意,我们向原国家教委呈递了关于在南开大学建立汉语言文化学院的报告。1993 年 5 月,经原国家教委批准,南开大学汉语言文化学院正式宣告成立。这是我国在综合大学建立的第一个对外汉语教学专业学院。南开大学汉语言文化学院的建立是南开大学对外汉语教学事业发展史上具有里程碑意义的事件,是我们积极贯彻国家对外汉语教学总战略迈出的有力步伐。自此,我们在建设一个完整的、独立的教学实体的道路上又大大向前迈进了一步。学院成立后,主持工作的副院长为王振昆同志,行政副院长由国际学术交流处副处长张树增同志兼任。1997 年之后主持工作的副院长为孙晖同志,主管教学工作的副院长先后为郑天刚同志、王吉辉同志。2000 年 9 月,主持工作的副院长为李赓扬同志,主管教学工作的副院长为王吉辉同志。

南开大学汉语言文化学院经过多年的建设,到 20 世纪后期已经成为一个建制基本健全的教学实体,院内设有在主持工作的副院长领导下的院务委员会、学术委员会、教师职务评审分委员会、系级教师专业技术职务评审委员会,下设三个教学部,即汉语言文化教学一部(主要承担本科生的教学和中国文化课教学任务)、汉语言文化教学二部(主要承担长期进修生的教学和汉语言课的教学任务)、汉语言文化教学三部(主要承担短期生的教学任务),另设有汉语言文化研究室(主要负责硕士研究生的教学和院学术研究方面的工作)和学院办公室(主要负责教务、教学保障及其他行政方面的工作)。全院共有教职工 37 人,此外还有返聘教师和外聘兼职教师数人。

汉语言文化学院的学生类型有四种,即短期进修生、长期进修生、本科生、硕士研究生。上述四类学生在校总人数年平均约 700 人(以上情况详见孙晖:《加大学科建设力度,开创对外汉语教学的新局面》,《天津市对外汉语教学论文集》,百花文艺出版社,1999)。

二、南开大学对外汉语教学大事纪略

回顾南开大学对外汉语教学所走过的道路,近五十年来的人和事不禁一幕幕地闪现在脑际,有太多的曲折,太多的艰辛,太多的汗水,但更有太多太多的授业乐趣,太多太多的果实收获,太多太多的师生情深。原是一片荒土,半个世纪的耕耘变得芳菲满园,令过来人慨叹之余无不深感欣慰。五十年间能够印证南开大学对外汉语教学发展历程的人和事可谓百千桩、千万桩,岂一纸所能书尽?这里只能择其要而略纪之。

(1)著名语言学家邢公畹教授 1953 年受我国教育部派遣赴原苏联东方学院和莫斯科大学讲学,1956 年回国,开我校教师应聘前往国外大学讲学之先河。

(2)中文系孙昌讲师 1963 年赴越南讲学,1965 年回国,后任留办教学负责人。

(3)孙晖同志 1963 年在南开大学中文系毕业后,作为国家出国汉语储备师资被选送到北京外语学院进修英语,1968 年返回南开大学。同年,贾甫田同志在北京语言学院进修三年西班牙语后分配到南开大学。

（4）1970 年，孙晖、贾甫田前往北京语言学院，参加由国务院下达的、周恩来总理亲自批示的编写对外基础汉语教材的紧急任务，编写人员以北京语言学院王还、吕必松等有经验的教师为主，另有北大、南开各一二人参加。这套教材于 1971 年由商务印书馆出版，即黄皮《基础汉语》（上、下册）、《汉语读本》（上、下册）。

（5）孙晖同志 1972 年受我国对外经济联络部派遣赴斯里兰卡维迪亚兰卡拉大学外语系任教，1975 年回国，转年调至南开大学中文系留学生教学小组。

（6）1976 年，中文系留学生教学小组带领来自德国（联邦德国）、罗马尼亚、丹麦、意大利等国的留学生到河北省遵化县四十里铺开门办学，把课堂搬到田间地头，与当地农民相处甚欢，学生深受教育和感动。德国学生回国后，写文章介绍并赞扬南开大学对外汉语教学，影响远及美国。

（7）孙晖同志 1977 年 9 月应聘赴丹麦奥尔胡斯大学东亚学院任教，1979 年回国。

（8）1979 年秋，中文系留学生教学小组改名为第二汉语教研室，划归南开大学外事处领导。

（9）1980 年 6 月，"南开大学—明尼苏达大学暑期汉语学习班"开班，为期两个月，学生 26 人，领队为美籍华人徐美龄教授（前期）和刘君若教授（后期）。根据双方协议，此后每年 6 至 8 月都为明大举办一期。

（10）1981 年，贾甫田同志应聘赴意大利威尼斯大学任教，1983 年回国。

（11）1981 年，日本爱知大学与南开大学达成协议，每年春季为其开办一期短期汉语学习班，这一合作项目一直延续到 1997 年，后因改为另一规模更大的合作项目，该合作项目宣告终止。

（12）1982 年 3 月，中国汉语教师代表团应美国教育部和全美中国语文教师学会邀请赴美出席美国在旧金山举办的亚洲年会，会后访问了斯坦福、芝加哥、夏威夷等十余所大学。代表团团长为张道一（北语院长），代表团成员有张志公、王还等 11 人，孙晖为南开大学代表。

（13）1982 年 4、5 月份，由北京语言学院牵头召集复旦大学、南京大学、南开大学等在北京聚会，商讨成立中国对外汉语教学研究会事宜。

1983 年 6 月 4 至 11 日，中国教育学会对外汉语教学研究会成立大会暨第一次学术讨论会在北京语言学院举行。孙晖被选为第一届理事会理事。研究会会长为吕必松同志。会后出版了第一届学术讨论会论文选。

（14）1984 年 3 月，南开大学外事处逢诵丰处长受校长派遣，前往日本进行工作访问，孙晖陪同。其间，先后与爱知、神户、早稻田等 10 所大学草签了校际合作协议，其中也包括短期汉语教学方面的项目。

（15）1983 年王彦承同志应邀赴日本四国松山大学任教，1985 年回国。嗣后，前往该校任教的教师，根据双方协议，每两年轮换一次，直到 1995 年该项目因故结束。按先后顺序前往任教的教师有刘景春、王振昆、谢文庆、郑天刚、阎立羽。

（16）1984 年，根据与美国明尼苏达大学的协议，自该年起，南开大学每年选派一位对外汉语教师以访问学者的身份前往明大东亚学系进修 3 到 9 个月，最长可延至一年。先后前往的教师有孙晖、李赓扬、杨惠芬、李端美、吴星云、段文菡、王锦绣（后三位开始在明大任课，其中吴星云和段文菡各去过两次）。

（17）1985 年孙晖由前国家教委派遣赴奥地利维也纳大学汉学系任教，1987 年回国。

（18）1986 年，对外汉语教学中心经申报批准，以二级学科汉语言文字学对外汉语教学与研究方向建立硕士点，并开始招收研究生。1997 年，经重新申报并获批准，该硕士点专业名称确定为语言学及应用语言学，设对外汉语教学与研究和跨文化交际两个方向。

（19）1986 年，南开大学对外汉语专业不定期学术刊物《汉语研究》（自第 4 期更名为《汉语言文化研究》）创刊。此刊物经学校有关部门审核批准，为南开大学专业核心刊物。

（20）1986 年，王振昆同志随中国对外汉语教师代表团赴德国（联邦德国）访问并出席联邦德国汉语教学研讨会，代表团团长为吕必松同志。

（21）1987 年，南开大学对外汉语教学中心与美国明尼苏达大学东亚学系合作编写的教材《开明中级汉语》由语文出版社出版。此前，与该教材配套的录像教学片已由南开大学汉教中心、南开大学电教中心、天津人民艺术剧院联合摄制完成，连同文字教材一道发行后，在国内外受到广泛欢迎。

（22）1987 年 3 月，刘春雨同志由国家教委派遣，赴日本大阪骏河台外国语专门学校任教，1989 年 10 月回国。

（23）1988 年，根据校际协议，张柏玉同志应邀赴日本爱知大学任教，1989 年回国。接替其前往任教的先后有张筱平同志和刘平同志。

（24）1989 年，贾甫田同志由国家教委派遣，赴意大利罗马大学任教，1991 年回国。

（25）1990 年 6 月，南开大学与明尼苏达大学为暑期汉语学习班开办十周年在南大新图书馆隆重举行庆祝仪式，仪式结束后召开了有双方教师参加的教学研讨会，并宣布"南开—明大暑期汉语学校"成为两校永久性合作项目。自 1980 年与明大合作办学开始，到上世纪末，我们先后又与美国、加拿大、澳大利亚、芬兰、韩国、日本等国数十所大学建立了合作关系，短期汉语教学从寒暑假扩展到全年。

（26）1990 年，李庚扬同志由教育部派遣赴原苏联国立塔什干大学任教，1992 年回国。

（27）1991 年，孙晖同志应邀并经教育部批准第二次赴奥地利维也纳大学汉学系任教，1994 年回国。

（28）1992 年 8 月，李增吉同志由教育部派遣赴乌兹别克斯坦塔什干外国语大学任教，1994 年回国。

（29）1993 年，张柏玉同志由教育部派遣赴墨西哥任教，1997 年回国。

（30）1994 年，南开大学汉语言文化学院开设本科学历教育，专业挂靠在汉语言文学上。1998 年在教育部本科专业压缩调整工作中，经我院重新申报并经学校和教育部两级评审、批准，对我国留学生实施的本科学历教育正式纳入由教育部确定的"汉语言"专业。

（31）1995 年，经国家汉办授权，南开大学汉语言文化学院成为中国对外汉语教学教师资格考试点。

（32）1996 年，何杰同志应聘赴拉脱维亚任教，1998 年回国。

（33）1996 年南开大学按照教育部的部署在全校范围内开展了为期三年的本科教学优秀单位建设与评价活动。南开大学汉语言文化学院在两年多的时间里，按照本科教学优秀单位建设与评价指标体系，即 10 项一级指标、58 项二级指标和 114 项三级指标，进行了认真改革和建设。

（34）1997 年，日本爱知大学就该校现代中国学部的"中国现地教学项目"与我校达成协议：自 1997 年起，爱知大学每年向南开大学派遣 150～200 名学生，南开大学按日方的要求完成其教学计划规定的汉语言文化教学任务，并提供专为该项目编写的汉语言文化系列教材；爱知大学将出资 3 亿日元筹建"南开爱大会馆"，该会馆建成后每年约有 5 个月的时间专供爱知大学使用，南开大学则以十年免收 125 名日方学生学费及宿费方式偿还日方的投资，十年后该会馆所有权归南开。这一项目于 1997 年当年起动，会馆于 1998 年建成并投入使用。

（35）1997 年 11 月，我校协同天津商学院与日本茶道里千家短期大学通过协商达成"日本茶道里千家短期大学学员转接本科学历教育"的协议。根据该协议，设在天津商学院的日本茶道里千家短期大学的学员在天津商学院学习两年后，转入南开大学汉院或其他系本科三年级继续学习两年，成绩合格并通过论文答辩后获得南开大学颁发的本科毕业证书和学士学位证书。为保证学生的入学水平符合我国教育部的有关规定，上述学员每年 3 月份在短期大学毕业后，先转入汉院补习汉语及相关课程一学期，至每年 9 月份再转入汉语本科三年级学习。该协议已于 2000 年开始实施。

（36）1997 年，贾甫田同志受教育部派遣赴巴西圣保罗大学任教，2000 年回国。

（37）1997 年来，由人民日报海外版举办的《中国见闻》——外国留学生汉语作文比赛在北京举行颁奖大会，南开大学汉院外国留学生有 1 人获二等奖，14 人获优秀奖。南开大学汉院是全国获奖最多单位。获奖作品此前陆续发表在人民日报海外版文艺副刊上，后收入《外国学生汉语作文比赛——获奖作品选项》（华语教学出版社，1998 年）一书中。

（38）1998 年，汉语言文化学院在我校开展的本科教学优秀单位建设与评价工作的两次自评中，均得到校专家组的充分肯定。在教育部专家组来校进行评价中，汉院被上调查阅的有关教学档案材料因其完整、规范而受到好评。在学校召开的本科教学优秀单位建设与评价工作总结与表彰大会上，汉院获得"本科教学优秀单位建设奖"。

（39）1998 年，经汉院推荐并通过国家汉办主持的考试，汉院青年教师张慧晶、王辉、白宏钟、邹雅艳被分别选送到北京外国语大学和北京语言大学学习法语、阿拉伯和俄语，学习期限两年（国内一年，国外一年）。这是国家汉办为培养汉语出国储备师资采取的一项措施。

（40）1998 年和 1999 年，汉院教师田桂民、郭继懋、卢福波、王吉辉、吴星云通过考试先后被录取攻读在职博士学位。到 2001 年，汉院 45 岁以下教师已全部具有硕士学位。

（41）1998 年，曹小琪同志应聘赴日本立命馆大学宇治高中任教，2001 年回国。

（42）1999 年 7 月，教育部在北京隆重召开"1961～1964 年国家出国汉语储备师资纪念座谈会"，会上韦钰副部长代表国家对外汉语教学领导小组和教育部，向与会教师颁发了"语出华夏，桥架五洲"纪念牌。南开大学汉院刘春雨（1962 年）、孙晖（1963年）、贾甫田（1964 年）应邀出席了座谈会并获纪念牌。

（43）1999 年 8 月，第六届国际汉语教学讨论会在德国汉诺威市召开，南开大学汉院有 6 位教师提交了论文并应邀出席了这次盛会。

（44）2000 年 1 月，中国教育部代表团与越南教育培训部代表团在中国昆明就中越双方选派专家合编供越南大学本科和专科中文系或中文专业使用的系列教材问题进行会谈并达成协议。南开大学汉院孙晖同志参加了这次会谈。会后，教育部将该任务下达给北京大学、南开大学和天津师范大学。南开大学汉院承担中级教材（共 16 册）的编写任务，由孙晖担任主编，参加编写的教师有李增吉、关键、崔建新、陆平舟、李宇凤。该套教材已于 2002 年 6 月编写完毕并通过了北京专家组的评审。

三、结语

近半个世纪来，南开大学对外汉语教学事业从无到有，从小到大，从简陋到完备，从单一到综合，从低层次到高层次，从被视为小儿科到终被公认为新兴学科，应该说是经历了一个充满曲折的艰辛历程。道路虽然并不平坦，但我们的事业却从未有哪怕是一分一秒的停顿，把一切烦恼抛在脑后，前进，前进，这就是我南开对外汉语教学人的性格。事业的艰辛磨炼了我们，事业的崇高净化了我们。事业第一，奉献第一，是我们集体高举的旗帜；严谨、认真、开拓、创新，是我们作为院训自觉遵循的职业准则；在业务上亦师亦徒般切磋琢磨，在生活上如兄如弟如姐如妹般充满亲情，是永远温暖我们心田的优良院风。

作为在对外汉语教学事业上贡献了尽管微薄却是全部力量的人，作为将一张白纸经过多人挥毫彩绘变成一幅优美画卷的过程中曾经抹过几笔的人，作为虽不情愿却不得不退出"语出华夏,桥架五洲"这一宏伟工程的人,我们欣慰地看到,南开大学对外汉语教学事业在新世纪里又迈出了更加雄健的步伐,人丁兴旺,事业发达,全体汉院人正在大手笔续写着新的辉煌。这里,我们愿借此一纸,把最美好的祝愿送给曾经同我们携手并肩前行而如今仍殚精竭虑忙碌在岗位上的同事们,送给晚近投身到对外汉语教学事业一展身手并有望以此来建功立业的年轻朋友们,祝大家在"桥架五洲"的宏伟事业中,不断有新的创造、新的建树,让南开大学对外汉语教学事业永远迈着朝气蓬勃的青春步伐,前进,前进!

肖胜利　　　# 汉语言文化学院近年发展回顾

一、学院事业发展的基本状况

1. 学院规模发展迅速

1954 年，南开大学已开始招收外国留学生，是新中国最早接收留学生的高校之一。1965 年接收的越南留学生人数已达 150 人。在管理体制上先后经历了由校党办兼管的留学生办公室、中文系下属的留学生教学小组、第二汉语教研室等组织机构形式。

1985 年成立外事处下属的对外汉语教学中心。1993 年 5 月，经原国家教委批准，南开大学汉语言文化学院成立。

2000 年 10 月学院人事编制从职能部门单独分离出来，2001 年 5 月财务独立，汉语言文化学院成为南开大学 16 个实体学院之一。石锋教授任院长。

2001 年成立实体化专业学院，当时有职工 31 人，其中专职教师 25 人，管理人员 6 人。

目前在册职工 58 人，其中管理教辅人员 12 人，专任教师 46 人。教师中教授 7

人，副教授 19 人，讲师 19 人，助教 1 人。

院内设行政办公室、教学办公室、招生办公室、留学生汉语一系、留学生汉语二系、对外汉语系、短期培训部、师资培训部、中国语言研究所。

本年度有留学本科生 320 名，爱大合作本科生 178 名，进修留学生 720 名，短期班留学生 320 名，留学研究生 11 名，对外汉语专业本科生 4 个年级 105 人，本国研究生 43 名。

2. 师资队伍不断发展壮大

2001 年成立实体化学院前，有专职教师 25 人，2006 年达到 46 人；2001 年时只有 1 名教授，2006 年达到 7 人；2001 年有副教授 16 人，2006 年达到 19 人；当时没有具有博士学历的教师，至 2006 年，具有博士学位、博士学历、正在攻读博士学位的教师达到 26 人。

除北京语言大学之外，我院师资队伍的规模和水平在同行中处于前列。

此外，学院投入大量的人力、物力，加强教师培训，加强兼职教师队伍建设，取得明显效果。形成了一支较稳定的、水平较高的兼职教师队伍。

3. 办学层次逐步走向完整，学科建设不断发展

从 20 世纪 50 年代初开始，南开大学已经招收长期汉语进修留学生。1979 年起招收短期汉语进修留学生。1986 年开始招收语言学与应用语言学专业——对外汉语教学与研究方向的本国硕士研究生，1994 年开始招收外国研究生。2003 年增加汉语言文字学硕士点。1994 年开始招收汉语言专业本科留学生。2002 年开始与文学院联合培养博士生，培养博士后研究人员。2002 年获准设立对外汉语本科专业，2003 年正式招生。2006 年增设经贸汉语方向留学本科专业。学院现有硕士学位授权学科（专业）2 个：语言学与应用语言学、汉语言文字学。本科专业 2 个：汉语言、对外汉语。博士专业和博士后研究专业各 2 个：语言学及应用语言学、汉语言文字学。

目前，我院在研究生院的主持下正在筹备申报汉语国际推广专业硕士点。

4. 留学生招生规模大幅攀升

对外汉语教学事业取得长足发展，留学生招生和培养规模不断创历史高水平，2004 年首次突破千人大关，2005 年创历史最高水平。

与 2000～2001 学年相比，当时我院全年在校长期进修生 266 人，本科生 66 人，

研究生 29 人，合计 361 人；另加爱大合作本科生 205 人，总计 566 人。

2004 年在校长期进修生 807 人，本科留学生 297 人，留学研究生 11 人，爱大合作本科生 186 人，全年共招收 20 个国外大学和教育机构组成的 46 个短期教学班，培养短期留学生 400 多人，全年在学学生规模达到 1758 人。其中留学生总数 1663 人。

2005 年全年各类留学生注册人数达 1814 人次，创历史最高水平。其中留学本科生 545 人次（上半年注册 292 人，下半年注册 253 人），爱知大学合作本科生 165 人，研究生 11 人，进修生 1012 人次（上半年 478 人，下半年 534 人），短期生 334 人。

5. 自费生学费收入创出历史最高水平

2001 年 418 万；2002 年第一年独立办学学费收入 670 万；2003 年 910 万；2004 年首次突破千万元大关，超过 1200 万；2005 年创历史最高水平，达到 1600 万，为学校创收和学院发展经费的筹措作出显著贡献。

6. 硬件建设面貌一新

2001 年至 2003 年，我院旧教学楼的教学环境是全校最差的，这与我院作为我校国际交流窗口单位的地位极不相符。学院费尽辛苦，争取到校领导和财务、基建、房管、后勤等部门的大力支持，2004 年盖了新楼，2005 年翻修了旧楼，教学环境有了显著的改善。其次，多媒体教学和计算机办公设备的建设基本满足了教学科研和管理的需要，在全校应属条件比较好的。

7. 加强教学管理，深入教学改革，提高教学质量，创出一流教学水平

经过几年的努力，我们从师资队伍建设、教材建设、教学设备建设、教学改革、教务管理等方面都发生了根本的变化，逐步改变了过去比较混乱的入学和分班秩序，逐步形成了制度健全的教学监管程序和良好的教学秩序。投入大笔资金，建立了留学生奖学金制度、社会实践和专业实习制度，调动了学生的积极性，促进了学生汉语水平的提高。

特别是实验班教学改革，经过全院教师的艰苦奋斗，锤炼了一批素质全面的高水平的专兼职骨干教师，提高了师资队伍的整体素质和水平，建立了严谨的教学管理程序，全面提高了教学质量和教学水平，创出了南开特色和南开品牌，在留学生中和社会上产生了很好的反响。

8. 学生活动丰富多彩

留学生精神文明建设工作和学生活动蓬勃开展，坚持在留学生中广泛开展法制教育、交通安全教育、校规校纪教育、环境卫生和文明教育，收到良好效果。

为留学生组织了篮球赛、排球赛、摄影赛、作文赛、卡拉OK赛、文艺演出比赛、趣味运动会、评选优秀生及表彰大会、迎新生典礼及迎新年联欢会等丰富多彩的课外活动，极大地活跃了留学生的文体生活，调动了他们爱校爱院的积极性，配合了留学生招生和培养工作，为不断扩大影响和巩固生源奠定了基础。

2005年，南开留学生在首届世界汉语大会"汉语桥"朗诵艺术大赛中获奖。由中国国家对外汉语教学领导小组办公室主办的首届全国"汉语桥"来华留学生朗诵艺术大赛，于7月22日至25日在北京中国传媒大学举行。我校选送的韩惠贞（韩国）、安迪（美国）、武碧玉（越南）、纽卡姆（喀麦隆）4名选手，从全国36所高校80多名选手中脱颖而出，顺利晋级复赛。韩惠贞以声情并茂的诗歌朗诵《雨巷》获得大赛评委的高度评价，被评委称为"唯一进入朗诵状态的选手"，从复赛选手中脱颖而出，与其他18名选手一起冲进决赛。在经过自选项目和随机项目的激烈角逐后，韩惠贞最终获得二等奖。武碧玉与纽卡姆也以别具一格的彩装表演《钗头凤》赢得评委和观众的高度评价，获得鼓励奖。南开大学也因此荣获此次大赛的优秀组织奖。在天津市组织的留学生文艺晚会上，我校留学生认真准备，积极参与，演出了精彩的节目，获得了组织奖。

对外汉语专业同学举办两届汉语节，取得圆满成功。连续两年在校运会上获精神文明奖励。

9. 民主建院工作逐步形成制度，工会活动较为活跃，职工福利大大改善

学院积极支持民主管理委员会积极开展工作，发挥作用。民主管理委员会主持召开第一次全院教职工民主管理大会，制定了教职工民主管理大会条例，讨论审议学院工作的重要规章制度，对党政管理工作的重要方面提出具体的意见、建议。讨论、修改、通过了党政联席会议制度及议事规则，校务、院务公开制度，党风廉政建设责任制实施办法，财务审批制度，教师因公、因私出国管理规定，教学改革相关工作量计算办法，岗位津贴工作量考核办法等规章制度。

坚持党政联席会议制度和三重一大院务公开和民主决策制度。对重要人事任免、重大事项决策、重要项目安排和大额资金使用由党政联席会议集体议决，并坚持每学

期召开学院中层干部会议对关系全局的重大事项进行广泛讨论，征求意见。

工会活动比较活跃，积极参加校工会组织的活动，校运会、歌咏比赛、球类比赛均获奖励。

学院在积极为教职工改善集体福利条件、组织职工外出参观考察活动等方面也作出了努力。

10. 汉语国际推广事业成绩显著

在第一轮基地建设工作中，我校已进入前列。

孔子学院工作占据先机。在学校领导和各部门的共同努力下，经竞争选拔，接受国家汉办委托，2004 年承办了在美国马里兰大学开办孔子学院的项目；2006 年初又承办了爱知大学孔子学院项目。目前，与哥伦比亚国安第斯大学共建孔子学院的申办工作正在积极进行中。

成为国际汉语教师中国志愿者派出和培训点建设骨干院校。承办了向泰国派遣国际汉语教师中国志愿者的项目；承担了国际汉语教师中国志愿者的培训项目。首批派出人员已圆满完成任务回国，受到国家汉办的表彰。

汉语水平考试天津考点的工作有多年历史和很好的基础。

教师能力资格认定考试天津考点的工作有多年历史和很好的基础。

教材及音像、多媒体编写、制作方面，在基地评估中已获好评。

"汉语桥"中文比赛和世界汉语大会期间我校在协助邀请国外校长、专家方面做了大量工作；我校教师出席大会的学术影响和阵容在国内同行中应属前列；我校留学生在汉语桥中文演讲比赛中取得优异成绩。

国际学术交流空前活跃（老师出国任教、讲学、培训汉语师资、参加学术会议、举办学术会议）。近五年来，学院教师有 277 人次参加了国内外有关的学术研讨会（其中 81 人次参加国际学术研讨会，23 人次参加国家汉办举办的学术会议）。

最近五年，本院出国任教、进修、参加学术会议（不包括在境内召开的国际性学术会议）的共 45 人次，接待国外来访、学术交流、外籍教师共 56 人次，总计 101 人次。

多年来学院一直坚持每年举办一次学术讨论会，经常聘请国内外知名学者前来讲学、作报告和交流。美国哈佛大学、哥伦比亚大学、威斯康辛大学、华盛顿大学等著名学府的汉语教学机构，均与我院有教授互访或互派教师讲学等学术交流活动。

本院与其他单位合作举办国际学术会议，也是加强国内外学术交流的重要举措。五年来本院主办国际国内学术会议 11 次，累计有 1600 人次参加。

国际学术交流工作在同行中产生广泛影响。2004 年 6 月主办的第十二届国际汉语语言学会议，经精心筹备、组织，与会国内外专家学者 500 多人，其中许多都是所在国家、地区或院校汉语教学、研究的带头人。这是该国际学术会议首次在中国大陆召开，会议圆满成功，国际反响很好，为南开赢得了声誉。

2004 年 12 月 23 日与北京语言大学共同承办的由哈佛大学、哥伦比亚大学、北京语言大学、南开大学四校联合主持的"新世纪对外汉语教学——海内外的互动与互补"学术演讲讨论会，邀请了 14 位在美国高校长期担任中文教学的著名专家和 9 位国内知名学者作了学术报告，来自国内外 99 所高校 300 余位对外汉语教师和对外汉语专业研究生参加了此次演讲讨论会。

学院积极进行国际合作办学的探索，多年来通过与日本爱知大学、国学院大学、名古屋学院大学，加拿大蒙特利尔大学、拉瓦尔大学，美国马里兰大学、威斯康辛大学，韩国建阳大学等 20 多所国外学校友好合作，拓展了办学空间和生源渠道，扩大了南开的影响。

二、今后努力的方向

1. 认清形势和机遇

（1）一个被党和国家赋予了崇高历史使命的新学科：对外汉语教学。

中央领导多次讲话、部委专门会议和文件不断强调一个主题："对外汉语教学是国家和民族的事业，关系到民族的振兴、中国的和平崛起和祖国的统一"，"加强汉语在国际上的推广，对于配合我国的整体外交战略，促进中外各领域的合作交流，为我国的发展创造良好的国际舆论环境，具有十分重要的战略意义"。

（2）党中央、国务院高度重视，把对外汉语教学和汉语国际推广提高到"国家民族的事业"这一高度，批准实施汉语国际推广规划，加强汉语的国际推广工作。

（3）我们的优势：在汉语国际推广各项任务和措施方面，我校在多项工作中有显著成果，在国家汉办的各项工作考察中取得好成绩，在国内同行中产生广泛影响。

当前，我校加快对外汉语教学学科发展和事业发展的瓶颈就是组织保障和基本建设，突破点在于改革和完善体制，在于加快基本建设。

2. 明确思路和目标：不断加强学院工作思路和长远规划的研究，做到工作思路清楚、目标明确

指导思想：从战略发展的高度，充分认识对外汉语教学事业学科发展的前景、机遇、挑战、紧迫性，树立"抢抓机遇、抢抓制高点、加快发展、建国内外一流"的雄心壮志，强化不进则退的市场意识、客户意识、竞争意识、危机意识，总结我校在20世纪80年代抢抓机遇发展经济学科的成功经验，按照社会主义市场经济条件下对外汉语教学事业发展的规律，把握这一学科"名利双收"的新特点，不断开拓创新，以对外汉语教学基地建设为龙头，整合全校资源，为我校学科发展培育新的增长点，大力发展留学生教育，在对外汉语教学办学规模和水平方面上一个大的台阶。

总体发展方向和目标（2006~2010）：确保对外汉语教学学科建设在国内外的领先地位，巩固国家对外汉语教学基地建设的成果，建设一流的师资队伍、教学硬件资源和后勤服务保障设施，抓出一流的教学质量和培养水平，留学生培养规模全市第一，实施汉语桥工程各项目成绩突出，全国综合实力排名三年上四、五年争三，为把南开大学建成国内外知名高水平大学、实施南开大学国际发展战略作出突出贡献。

中长期目标（2020年）：在对外汉语教学和国家对外推广汉语事业中不断发展壮大，学科建设在综合性大学中争当第一。

具体目标与任务：留学生培养规模至2010年达到2000人。专任固定编制和人事代理教师人数达到70人，兼职教师人数50人。专任教师博士学位的比例达到80%。留学生宿舍廉租床位1000个，普通床位500个，兴建留学生食堂1个。增加教学楼面积5000平米。建立一级学科博士点。建成5个孔子学院。

3. 全局工作的主要着眼点

继续推动学校建立实体化的"南开大学国际教育学院"，实现全校招生、培养、管理一体化的留学生教育管理体制（全国重点大学普遍改革了旧有的名称，采用了实体化、一体化的办学模式，我校也在多个层面酝酿已久）。

推动实行全校后勤一体化，由后勤集团统一规划、管理留学生后勤服务，以利于整合全校资源，统筹改善留学生后勤服务设施、管理水平、服务质量（现有留学生生

活设施的规模、管理和服务水平不适应留学生教育规模迅速发展的要求，不能满足留学生的合理需求，与兄弟院校相比严重滞后）。

争取学校规划兴建国际教育交流学院大楼，规模照党代会规划的 2500 人为目标。

加强兼职教师、合同制教师、专职教师三位一体的师资队伍建设，解决快速增长的招生规模带来的师资紧张以及由此引起的教学管理和教学质量问题。（1）建设一支稳定的兼职教师队伍。（2）完善人事代理机制合同制教师管理办法，使兼职教师中的优秀人才能够长期为我所用，同时又可以减轻编制压力。（3）加强在职青年教师的培养培训。在职称晋升和岗位聘任方面，学校对教学、科研、管理骨干教师，给予政策倾斜和照顾，通过提高待遇、减轻负担、加强管理，建设一支高水平的专职教师队伍，成为兼职教师、合同制教师、专职教师三位一体的师资队伍的核心、骨干。

加快学科建设步伐。（1）完善学科层次，尽快建立对外汉语教学方向博士点。（2）引进高水平拔尖人才，充实学术骨干队伍。（3）出台鼓励政策，调动科研工作积极性，多出成果。

李赓扬　　邢公畹先生二三事

　　邢公畹先生不仅是我国著名的语言学家，也是对外汉语教学事业的开拓者和奠基人之一。他老人家虽然已经离开我们五年了，但他的音容笑貌、人品学识，仍深深印刻在我们这些对外汉语教学事业的继承者和后来人的心里。

　　早在 20 世纪 50 年代，邢先生即奉国家之命前往原苏联莫斯科大学，从事语言研究和对外汉语教学工作，成为中国人民对外友好与对外文化交流的使者。70 年代末、80 年初又亲任南开大学第二汉语教研室（当时南开大学负责外国留学生汉语教学的机构）主任。后来，第二汉语教研室先改称对外汉语教学中心，1993 年经国务院有关部门批准成立了汉语言文化学院，邢先生一直担任汉教中心和汉院顾问。长期以来，他老人家为对外汉教这项国家和民族的事业出主意，想办法，干实事，直至病逝前，他还在关注着汉教事业发展的方向与每个细节。

　　当然，作为语言学大师，邢先生在对外汉语教学领域的贡献主要还是在学术理论方面。是不是可以这样说：他在语言学研究方面的成果，夯实了对外汉语教学的理论基础；他在汉藏系语言比较和汉语语法研究方面的成果，充实了对外汉语教学的知识基础；他在对外汉语教学研究方面的成果，构建了对外汉语教学的学科基础。这是应该专文专著研究的大题目，笔者力不胜任。本文只写几件"小事"，力求显现邢先生治学为人的高风亮节——这其实是邢先生留给我们的另一份更为宝贵的精神遗产！

邢先生读书之刻苦、学识之渊博、治学之严谨，是人所共知的。记得 20 世纪 70 年代末，有篇文章说到当时的知识分子"仰事俯蓄都很艰难"，开会在座的中青年教师都不解"仰事俯畜"之意，请教坐在前排的邢先生，他不假思索，应声回答："'仰足以事父母，俯足以畜妻子'，见《孟子·梁惠王上》。"我们钦佩得五体投地，便问："基本功差，怎么补呢？"他回答："不可能让你们从头再学，只能边干边学，边干边补。"三十年来，我们以邢先生的教诲为座右铭，受益匪浅。

笔者到第二汉语教研室工作以后，逢年过节，常随同仁一起拜望邢先生。进门以后，十之有九看到的是他老人家正在书丛中伏案工作。据邢先生家里人讲，在送我们到门口以后，一转身，他又埋头读书写字了。无论是严冬酷暑还是节假日，除了出门讲课、开会、散步以外，邢先生整天呆在书房，直至耄耋之年，笔耕不辍。

给我们印象更深的是，邢先生见客，一般只寒暄两句，便"三句话不离本行"。他曾多次说到，对外汉语教学要教会学生使用"言语"，而不是只教学生懂得"语言"；要使学生掌握规范的汉语，不能止步于洋腔洋调；不能因为可以说"出版了一本书"，就默认"吃饭了一碗米饭"这样的病句，否则就是误人子弟。邢先生曾兴奋地谈到，他发现《辽史》记载，臣下谒见萧太后时山呼"滋达洛渥"，这是俄语问候语"здоро́вье（谨祝健康）"的音译，可证契丹与俄罗斯来往密切。他曾问我们："谁的老家在太行山周边？能不能说两句老家的方言？"当我和另一位老师说了几句老家的方言之后，他高兴地说："现在太行山周边居民讲的方言是古晋语的遗存，用这些语言的'活化石'，说不定可以破解许多古书和古文献的难解之谜。"……他老人家以治学为本分，以治学为乐趣，绝无言不及义之时，给我们留下了不可磨灭的印象。有时我攻书畏难，读写偷懒，邢先生不苟言笑的面容和伏案疾书的背影便出现在我的脑海里，使我惭愧，催我奋进。

邢先生为人之耿直，在南开园是出了名的。为此，他多次吃亏，有时还吃了大亏，但他"虽九死而犹未悔"。"文革"复课后，他照旧严格要求学生，以致个别洋学生上书领导，批他"师道尊严"，很多人为他担心，可他决不随波逐流，放松要求。有的门生未达到标准，他决不讲情面，更不会马虎放过。听说邢先生担任市高校职称评委时，个别人携礼拜访，求邢先生"高抬贵手"，邢先生将其拒之门外，并斥责说："你这样做，可见你根本不具备正高条件！要想评正高，拿论文、拿专著！"

因为坚持原则，连邢先生的门生和部下对他也有些敬畏；可是如果以为邢先生是个冷面铁心之人，那就大错特错了。他特别喜欢用功的晚辈，特别爱惜人才，特别是晚年，培养接班人，提携后进，慈爱之心，天日可鉴。他不顾年老体衰，对汉院几乎是每请必到，有求必应。在五年前进入汉院的师生，都会清楚地记得他在学术讨论会上演讲的情形：他掰开揉碎地为我们讲索绪尔、乔姆斯基，讲马克思主义的语言观，讲语言言语的辩证关系……可以说，在汉院学习过、工作过的人都曾受教于他，都是他老人家的学生。

他为培养人才不遗余力，颇有孺子牛之风格。现任汉院院长、博士生导师石锋先生就是邢先生"文革"后培养出来的第一个博士弟子。汉院教授、现在美国马里兰大学孔子学院任教的崔建新先生也是邢先生的门生。对志在治学的学子和学业有成的学者，尽管与他并无师承关系，甚至素不相识，他同样是满腔热忱，寄予无限的期望。现任汉院副院长、博士生导师施向东先生是北师大俞敏先生的研究生，施先生的专著《汉语和藏语同源体系的比较研究》问世时，邢先生年事已高且患重病，但他仍然一丝不苟，认真披阅，并写下了奖掖的评论，对该著作获得第三届中国高校人文社科优秀成果奖，起了很大作用。施先生提到此事时说："邢先生鼓励后学，令人感动。提携之恩，永志不忘！"

对学生的具体困难，邢先生也想方设法，热情帮助。他叫他的研究生教一些对外汉语教学课程，一来专业上取得实践经验，二来经济上小有收益，三来弥补了师资力量的不足，用他的话说："一举三得，何乐不为呢！"

邢先生亦曾有恩于我。在我工作上陷于困境之时，是邢先生给予了我决定我生活道路的帮助，使我有幸致力于对外汉语教学事业，并曾赴美、苏、英三国教学。滴水之恩，便当涌泉相报，我却从未报答过先生，因为我知道先生不喜欢那些庸俗的做法。

我想，我们继承他未竟的事业，特别是学习他清白做人、忘我治学的高贵品德，继承和发扬他爱国爱校、敬业乐群的精神，邢先生就会含笑九泉了！我虽未报答过先生，但先生永远活在我的心里，永远活在我们这些受业于他、受益于他的晚辈心中！